Unione degli Atei
e degli Agnostici
Razionalisti

Dedico questo libro a tutti gli amici dell'U.A.A.R. (unione atei, agnostici e razionalisti) che hanno deciso di fare "outing" e che espongono pubblicamente il loro pensiero, pur fra le mille difficoltà dovute ad una società sempre più clericale ed appiattita sui dogmi e sulle imposizioni della chiesa cattolica. Un pensiero particolare va agli amici del Circolo U.A.A.R. di Pescara ed al Coordinatore Roberto Anzellotti, infaticabile ed insostituibile nel suo impegno.

PREFAZIONE

Sulla falsariga di grandi divulgatori scientifici non credenti del calibro di Isaac Asimov (In principio…) e Piergiorgio Odifreddi (Il Vangelo secondo la scienza), il dottor Micaroni ci regala questo suo volume di "esegesi" biblica, critica, ironica e totalmente scevra da quell'atteggiamento fastidiosissimo di " sudditanza culturale " che a volte anche i non credenti sembrano avere verso quel libro.

Quel che l'autore ci mostra, una volta sgombrato il campo da trascendenze e "parole di dio ", è l'essenza meramente umana del testo; dunque un libro pieno di incoerenze, di errori, di orrori, e a volte di poesia… esattamente come dovrebbe essere qualunque libro umano.

Vista cosi, la Bibbia "quadra"; il suo discorso diviene chiaro e intelligibile, diventa cronaca, al massimo mito, e tutto rientra nella logica della storia.

Si spiegano, dunque, coerentemente le stragi, gli incesti, le guerre, le sottomissioni, gli imbrogli e le violenze in generale di cui la Bibbia è piena: non dio, ma semplicemente e inevitabilmente gli uomini hanno agito in tal modo completamente adeguato a quel preciso contesto storico.

Non c'è da stupirsi se questo tipo di approccio al testo viene costantemente tacciato di superficialità, di infantilismo, di dilettantismo; non c'è da stupirsi perché chi fonda il proprio potere (che sia temporale o spirituale poco importa) sulle interpretazioni di quel libro, vede come pericolosissima l'operazione di umanizzazione del testo cosiddetto sacro: Gli si toglierebbe ogni giustificazione trascendente del suo potere, il " dio lo vuole " non varrebbe più.

Ben vengano, dunque, libri come questo; ben vengano, dunque, persone come l'autore che hanno il coraggio di scrivere ciò che moltissimi già pensano (ma che per conformismo si guardano bene dal dire) e cioè che il RE E' NUDO!

Roberto Anzellotti
Coordinatore Circolo UAAR
Pescara

INTRODUZIONE

La Bibbia è il libro sacro di molte religioni, diciamo di tutte quelle che riconoscono la divinità della figura di Cristo e, relativamente al solo Vecchio Testamento, è anche il libro sacro degli Ebrei.
Ma, mentre le religioni cristiane non cattoliche, come le protestanti, incoraggiano fortemente la lettura della Bibbia, la diffondono fra la popolazione e ne consigliano anche una lettura personale ed una propria interpretazione, pur se guidata dai pastori, la chiesa cattolica ha sempre evitato che la Bibbia fosse davvero letta da tutti.
In passato la Bibbia in lingua volgare era nell'indice dei libri proibiti ed il suo possesso poteva comportare la condanna da parte dell'inquisizione.
Ma anche ai nostri giorni la diffusione della Bibbia fra i cattolici è esigua ed ancora minimo è il numero dei fedeli che l'abbia letta integralmente.
I vertici ecclesiastici scoraggiano la lettura individuale del testo e raccomandano di farlo sotto guida e sorveglianza di un padre spirituale.
Di solito i cattolici conoscono i passi del Vangelo e qualcosa del Vecchio Testamento, cioè i brani che vengono letti durante le funzioni religiose, ma ignorano del tutto i passi che non vengono mai letti durante le stesse.

Io contesto la pretesa di teologi e capi religiosi di avere l'esclusiva sulla lettura ed interpretazione del libro, io nella mia vita ho letto molti libri, di vario genere e MAI si è posto il problema di dover essere aiutato nella lettura. Certo, a volte fanno comodo le note a piè di pagina, e magari leggere i commenti di un critico, perché è comunque l'opinione di una persona di grande spessore culturale, ma MAI l'interpretazione finale di ciò che ho letto l'ho delegata al critico.

Nella Bibbia c'è anche il problema della traduzione dai testi antichi (di solito copie in greco degli originali andati perduti), ma il presente studio esula dai problemi di traduzione.
Il mio interesse si appunta sul risultato finale: la Bibbia approvata dalla C.E.I. ed attualmente in uso fra i cattolici.
Per tale ragione non entro in merito alle leggere differenze di scrittura fra le varie edizioni della Bibbia in uso presso le altre religioni cristiane, dato

che il mio obiettivo è farla conoscere ai cattolici (ed agli atei, naturalmente).

Insomma rivendico il diritto per me e per tutti i lettori disposti a seguirmi, a leggere la Bibbia dalla prima all'ultima pagina e di capirla, interpretarla, commentarla come vogliamo, secondo la nostra sensibilità, secondo la nostra cultura, esattamente come un qualsiasi altro libro.

Dato che io mi sono dichiarato ateo (ed a tratti anticlericale) i credenti che non sono in grado di accettare critiche alla loro religione e che non hanno il senso dell'umorismo sono pregati di NON leggere questo libro!

Nella lettura ho seguito, per l'appunto, la versione C.E.I. datata 2008, della quale ho solo evidenziato i passi del libro che a mio avviso sono controversi, per contraddizioni interne (un libro dettato da dio a mio avviso non può contraddirsi) oppure perché dio si dimostra diverso dall'idea che i preti ne hanno diffuso, oppure perché la Bibbia appare in contraddizione con la dottrina imposta dalla chiesa ai loro fedeli.

I miei commenti sono frutto della rielaborazione di identiche tematiche trattate online su Facebook, social network a mio avviso straordinario e che permette una rapida ed efficacissima comunicazione e discussione fra gruppi che condividano interessi simili.

Voglio infine aggiungere che alcuni nomi come dio, angeli, papa, li scriverò regolarmente con la lettera minuscola (il correttore di bozze è avvisato). Se qualcuno afferma che sia un errore grammaticale, semplicemente rispondo che la cosa non m'interessa.
Allo stesso modo non scriverò mai, salvo adesso, "Sacra Bibbia" o "Santo Natale" o "San Pio da Pietrelcina" ma "Bibbia", "natale" "Pio da Pietrelcina" dato che Santo, Sacro etc. sono giudizi di merito che ovviamente non condivido.

GENESI

GENESI Cap. 1, vv. 11-15 (La Bibbia spiegata ai botanici)

^{11}Dio disse: "La terra produca germogli, erbe che producono seme e alberi da frutto, che fanno sulla terra frutto con il seme, ciascuno secondo la propria specie". E così avvenne.
^{12}E la terra produsse germogli, erbe che producono seme, ciascuna secondo la propria specie, e alberi che fanno ciascuno frutto con il seme, secondo la propria specie. Dio vide che era cosa buona. ^{13}E fu sera e fu mattina: terzo giorno.
^{14}Dio disse: "Ci siano fonti di luce nel firmamento del cielo, per separare il giorno dalla notte; siano segni per le feste, per i giorni e per gli anni ^{15}e siano fonti di luce nel firmamento del cielo per illuminare la terra". E così avvenne.

Dio avrebbe prima creato le piante e poi la luce e le stagioni.
Come facevano le piante a sopravvivere senza luce?

GENESI Cap. 1, v. 21 (La Bibbia spiegata a Loch Ness)

^{21}Dio creò i grandi mostri marini e tutti gli esseri viventi che guizzano e brulicano nelle acque, secondo la loro specie, e tutti gli uccelli alati, secondo la loro specie. Dio vide che era cosa buona.

Ma di che mostri parla il libro "sacro"?
Io non conosco mostri marini ma animali, pesci, mammiferi marini come le balene, che di mostruoso non hanno nulla.

GENESI Cap. 1, v. 26 (La Bibbia spiegata agli anatomisti)

^{26}Dio disse: "Facciamo l'uomo a nostra immagine, secondo la nostra somiglianza: dòmini sui pesci del mare e sugli uccelli del cielo, sul bestiame, su tutti gli animali selvatici e su tutti i rettili che strisciano sulla terra".

E' davvero poco credibile questa religione così terra-terra da decidere di farsi un dio con la stessa faccia di noi umani.

Almeno avessero fatto dio con grandi orecchie verdi, con tre piedi, con una lunghissima lingua, ma proprio a nostra immagine... che fantasia!
E non ditemi che si tratta di un'allegoria, anche a livello psichico questo dio presenta i nostri stessi miseri difetti: gelosia, odio, ira etc.

GENESI Cap. 1, v. 26 (La Bibbia spiegata agli animalisti)

[26]Dio disse: "Facciamo l'uomo a nostra immagine, secondo la nostra somiglianza: domini sui pesci del mare e sugli uccelli del cielo, sul bestiame, su tutti gli animali selvatici e su tutti i rettili che strisciano sulla terra".

Ancora il discusso versetto 26 del cap. 1 della Genesi ed altra arcaica, inaccettabile idea della Bibbia:
l'uomo può fare il comodo suo con le altre creature viventi perché sarebbero state create per il suo esclusivo interesse.
Quanto è diversa questa violenta religione dall'idea dei popoli primitivi che credevano nella sacralità della natura, da cui l'uomo può attingere solo un base alle necessità impellenti, ma non a piacimento!
E quanto diversa è anche dalla nostra sensibilità di uomini moderni, che abbiamo imparato il rispetto per gli animali!

GENESI Cap. 1, vv. 27-28 (la Bibbia spiegata ai coerenti)

[27]E Dio creò l'uomo a sua immagine;
a immagine di Dio lo creò:
maschio e femmina li creò.
[28]Dio li benedisse e Dio disse loro:
"Siate fecondi e moltiplicatevi,
riempite la terra e soggiogatela,
dominate sui pesci del mare e sugli uccelli del cielo
e su ogni essere vivente che striscia sulla terra".

Non ancora si parla di Adamo ed Eva e già la Bibbia dice che ha creato maschi e femmine.
Non solo, già ordina ai maschi ed alle femmine di moltiplicarsi, ma secondo l'altra successiva versione, solo dopo la cacciata dal paradiso terrestre dio avrebbe imposto alla donna di partorire.
E' evidente che la favola di Adamo ed Eva è stata appiccicata con un copia ed incolla incurante delle eventuali contraddizioni, la Genesi è un collage venuto male di almeno due miti precedenti.

GENESI cap. 1, v. 30 (La Bibbia spiegata ai vegetariani)

³⁰A tutti gli animali selvatici, a tutti gli uccelli del cielo e a tutti gli esseri che strisciano sulla terra e nei quali è alito di vita, io do in cibo ogni erba verde". E così avvenne.

Il pastore errante, scrittore della Genesi, dimentica che molti animali non si cibano di erba ma di altri animali, di carne, ed anche gli uomini per la maggior parte non sono vegetariani.
Inoltre in qualche versetto prima si diceva che l'uomo poteva disporre a piacimento degli animali e quindi anche cibarsene.
Un poco incerto questo dio!

GENESI Cap. 2, vv. 4-6 (la Bibbia spiegata ai rabdomanti)

⁴Queste sono le origini del cielo e della terra, quando vennero creati.
Nel giorno in cui il Signore Dio fece la terra e il cielo ⁵nessun cespuglio campestre era sulla terra, nessuna erba campestre era spuntata, perché il Signore Dio non aveva fatto piovere sulla terra e non c'era uomo che lavorasse il suolo, ⁶ma una polla d'acqua sgorgava dalla terra e irrigava tutto il suolo.

Da dove proveniva l'acqua che sgorgava?
Dal sottosuolo?
E come si ricaricava l'acqua del sottosuolo se non pioveva?

GENESI Cap. 2, v. 7 (La Bibbia spiegata ai vasai)

⁷Allora il Signore Dio plasmò l'uomo con polvere del suolo e soffiò nelle sue narici un alito di vita e l'uomo divenne un essere vivente.

L'idea che siamo stati creati esattamente come siamo oggi risulta ridicola, e cozza con tutte le ricerche ed i reperti fossili acquisiti.
Ma quello che mi rende ancora più perplesso è questo dio che soffia (quindi ha polmoni, bocca, narici) e che plasma la creta come un vasaio e quindi ha le mani.
ma se dici ad un cattolico che credono ad un dio antropomorfo si offendono...
P.S. Ma dio non poteva scegliere, per plasmarci, un materiale un poco più bello della polvere?

GENESI Cap. 2, vv. 8-14 (la Bibbia spiegata all'Istituto Geografico)

⁸Poi il Signore Dio piantò un giardino in Eden, a oriente, e vi collocò l'uomo che aveva plasmato. ⁹Il Signore Dio fece germogliare dal suolo ogni sorta di alberi graditi alla vista e buoni da mangiare, e l'albero della vita in mezzo al giardino e l'albero della conoscenza del bene e del male. ¹⁰Un fiume usciva da Eden per irrigare il giardino, poi di lì si divideva e formava quattro corsi. ¹¹Il primo fiume si chiama Pison: esso scorre attorno a tutta la regione di Avila, dove si trova l'oro ¹²e l'oro di quella regione è fino; vi si trova pure la resina odorosa e la pietra d'ònice. ¹³Il secondo fiume si chiama Ghicon: esso scorre attorno a tutta la regione d'Etiopia. ¹⁴Il terzo fiume si chiama Tigri: esso scorre a oriente di Assur. Il quarto fiume è l'Eufrate.

Sinceramente non sapevo che Tigri, Eufrate, Pison , Ghicon originassero da uno stesso fiume che nasce dal paradiso terrestre.
Non conoscevo l'esistenza di questa meravigliosa regione di Avila dove scorre il Pison dove si trova oro fino, resina odorosa e pietra d'onice.
Inoltre ignoravo che attorno a tutta l'Etiopia scorresse un fiume chiamato Ghicon, non si finisce mai di imparare.
Anche il riferimento dell'eden ad oriente non ha senso, ad oriente di che cosa?

GENESI Cap. 2, vv. 16-17 (la Bibbia spiegata ai fruttivendoli)

[16] Il Signore Dio diede questo comando all'uomo: "Tu potrai mangiare di tutti gli alberi del giardino, [17] ma dell'albero della conoscenza del bene e del male non devi mangiare, perché, nel giorno in cui tu ne mangerai, certamente dovrai morire".

Uno dei peggiori passi della Genesi:
I progetti di dio riguardo l'uomo erano questi: l'uomo doveva rimanere in eterno uno stupido e non doveva capire il bene ed il male, insomma doveva essere un quasi vegetale.

GENESI Cap. 2, vv. 18-20 (La Bibbia spiegata agli smemorati)

[18] E il Signore Dio disse: "Non è bene che l'uomo sia solo: voglio fargli un aiuto che gli corrisponda". [19] Allora il Signore Dio plasmò dal suolo ogni sorta di animali selvatici e tutti gli uccelli del cielo e li condusse all'uomo, per vedere come li avrebbe chiamati: in qualunque modo l'uomo avesse chiamato ognuno degli esseri viventi, quello doveva essere il suo nome. [20] Così l'uomo impose nomi a tutto il bestiame, a tutti gli uccelli del cielo e a tutti gli animali selvatici, ma per l'uomo non trovò un aiuto che gli corrispondesse.

Tutto normale, se non fosse che gli animali erano già stati creati nel capitolo precedente, ben prima della creazione dell'uomo!
dio smemorato!

GENESI Cap. 2, vv. 21-25 (La Bibbia spiegata alle donne)

[21] Allora il Signore Dio fece scendere un torpore sull'uomo, che si addormentò; gli tolse una delle costole e richiuse la carne al suo posto. [22] Il Signore Dio formò con la costola, che aveva tolta all'uomo, una donna e la condusse all'uomo. [23] Allora l'uomo disse:
> *"Questa volta*
> *è osso dalle mie ossa,*
> *carne dalla mia carne.*
> *La si chiamerà donna,*
> *perché dall'uomo è stata tolta"*

²⁴*Per questo l'uomo lascerà suo padre e sua madre e si unirà a sua moglie, e i due saranno un'unica carne.*
²⁵*Ora tutti e due erano nudi, l'uomo e sua moglie, e non provavano vergogna.*

Celeberrimo passo della Bibbia in cui si sancisce che le donne sono un pezzo dell'uomo e quindi inferiori.
Ma il solito il pastore errante che ha scritto la Genesi dimentica che uomo e donna erano già stati creati (Genesi 1-27) ed aveva detto loro di crescere e moltiplicarsi!
Inoltre la Genesi parla di un'età felice in cui gli uomini vivevano nudi senza vergogna. in molte tribù cosiddette primitive la gente viveva proprio così fino a pochi decenni fa, e solo il contatto con un'orrenda religione ha costretto loro a vestirsi ed a vergognarsi del loro corpo.

GENESI Cap. 3, vv. 1-5 (La Bibbia spiegata al povero serpente)

¹*Il serpente era il più astuto di tutti gli animali selvatici che Dio aveva fatto e disse alla donna: "È vero che Dio ha detto: "Non dovete mangiare di alcun albero del giardino"?".* ²*Rispose la donna al serpente: "Dei frutti degli alberi del giardino noi possiamo mangiare,* ³*ma del frutto dell'albero che sta in mezzo al giardino Dio ha detto: "Non dovete mangiarne e non lo dovete toccare, altrimenti morirete"".* ⁴*Ma il serpente disse alla donna: "Non morirete affatto!* ⁵*Anzi, Dio sa che il giorno in cui voi ne mangiaste si aprirebbero i vostri occhi e sareste come Dio, conoscendo il bene e il male".*

Insomma il grande peccato degli uomini è stato mangiare il frutto della conoscenza, che ci avrebbe resi uguali a dio.
E vi domandate se religione e scienza possano essere conciliabili?
alla luce dei versetti che vi ho citato, continuate a farvi questa domanda?

GENESI Cap. 3, vv. 6-13 (La Bibbia spiegata ai ricercatori)

⁶*Allora la donna vide che l'albero era buono da mangiare, gradevole agli occhi e desiderabile per acquistare saggezza; prese del suo frutto e ne mangiò, poi ne diede anche al marito, che era con lei, e anch'egli ne mangiò.* ⁷*Allora si aprirono gli occhi di tutti e due e conobbero di essere nudi; intrecciarono foglie di fico e se ne fecero cinture.*

⁸*Poi udirono il rumore dei passi del Signore Dio che passeggiava nel giardino alla brezza del giorno, e l'uomo, con sua moglie, si nascose dalla presenza del Signore Dio, in mezzo agli alberi del giardino. ⁹Ma il Signore Dio chiamò l'uomo e gli disse: "Dove sei?". ¹⁰Rispose: "Ho udito la tua voce nel giardino: ho avuto paura, perché sono nudo, e mi sono nascosto". ¹¹Riprese: "Chi ti ha fatto sapere che sei nudo? Hai forse mangiato dell'albero di cui ti avevo comandato di non mangiare?". ¹²Rispose l'uomo: "La donna che tu mi hai posto accanto mi ha dato dell'albero e io ne ho mangiato". ¹³Il Signore Dio disse alla donna: "Che hai fatto?". Rispose la donna: "Il serpente mi ha ingannata e io ho mangiato".*

Continua la favoletta di Adamo ed Eva e la parabola dell'uomo che viene punito se vuole sapere troppo e viene invece premiato da dio se resta un perfetto idiota.
Ma è davvero comico il passo in cui il signore, come un padrone, passeggia nel giardino ed Adamo ode i suoi passi.
Quindi non solo dio sarebbe fatto a nostra immagine, ma avrebbe anche una massa, un peso, su questo pianeta (l'eden era sulla terra) e quindi si possono udire i suoi passi!
va da sé inoltre che la Bibbia addossi tutta la colpa alla donna, mentre Adamo, da perfetto paraculo, tradisce subito Eva, piagnucolando alla Stanlio e dicendo: "E' stata lei a tentarmi!"

GENESI Cap. 3, vv. 14-15 (la Bibbia spiegata ai biologi)

¹⁴Allora il Signore Dio disse al serpente:
"Poiché hai fatto questo,
maledetto tu fra tutto il bestiame
e fra tutti gli animali selvatici!
Sul tuo ventre camminerai
e polvere mangerai
per tutti i giorni della tua vita.
¹⁵Io porrò inimicizia fra te e la donna,
fra la tua stirpe e la sua stirpe:
questa ti schiaccerà la testa
e tu le insidierai il calcagno".

Inutile spiegare ai biblisti che i serpenti sono importantissimi nell'equilibrio naturale e che quindi non vanno schiacciati!

E' poi illuminante questa antinomia-somiglianza fra la donna ed il serpente, la donna nemica del serpente, ma in fondo serpente tentatore ella stessa.
Si può inoltre cominciare la discussione sulla palese contraddizione Onnipotenza di dio/libero arbitrio:
Se dio sapeva che l'uomo avrebbe mangiato la mela che senso ha tutta questa sceneggiata?
se l'uomo poteva davvero scegliere se mangiare o no la mela, allora dio non è onnipotente perché deve accettare anche una soluzione contraria al suo volere.
Se invece tutto era predeterminato l'uomo non ha colpa.
Certo, frotte di Gesuiti hanno cercato di spiegare questa contraddizione, ma , a mio avviso, senza nessun risultato

GENESI Cap. 3, v. 16 (La Bibbia spiegata alle ostetriche)

[16]Alla donna disse:
"Moltiplicherò i tuoi dolori
e le tue gravidanze,
con dolore partorirai figli.
Verso tuo marito sarà il tuo istinto,
ed egli ti dominerà".

Da questo passo si deduce che il parto indolore è una grave offesa contro dio.
Guardate che non è una battuta. In Italia, da sempre, sono stati ostacolati il parto indolore e la terapia del dolore in genere, anche quello oncologico, proprio per motivi religiosi, dato che per una certa corrente di pazzi sadici cattolici il dolore avvicina a dio e non va combattuto.
A me sinceramente il dolore fisico avvicina solo alla pazzia!
Naturalmente questo passo, come tanti altri, è la base "giuridica" dell'oppressione dell'uomo sulla donna, penso che il verbo dominare non lasci spazio a dubbi, la donna deve essere succube totalmente dei voleri dell'uomo, anche dei più abietti.

GENESI Cap. 17 vv. 17-19 La Bibbia spiegata ancora ai vegetariani)

17All'uomo disse: "Poiché hai ascoltato la voce di tua moglie e hai mangiato dell'albero di cui ti avevo comandato: "Non devi mangiarne",
maledetto il suolo per causa tua!
Con dolore ne trarrai il cibo
per tutti i giorni della tua vita.
18Spine e cardi produrrà per te
e mangerai l'erba dei campi.
19Con il sudore del tuo volto mangerai il pane,
finché non ritornerai alla terra,
perché da essa sei stato tratto:
polvere tu sei e in polvere ritornerai!".

Morale della favola:
mai ascoltare la voce delle mogli (donne in genere) hanno torto per definizione!
Ma da questo passo sembrerebbe che dio consigli una dieta totalmente vegetariana al genere umano: erba campestre, cardi, pane, ma pochi passi prima si diceva che dio aveva creato gli animali per metterli a nostra disposizione.
si vede che dopo il furto della mela era davvero incazzato:
ma è attributo di un dio onnipotente ed onnisciente essere incazzato?

GENESI Cap. 3, vv. 20-24 (La Bibbia spiegata ai sarti)

20L'uomo chiamò sua moglie Eva, perché ella fu la madre di tutti i viventi.
21Il Signore Dio fece all'uomo e a sua moglie tuniche di pelli e li vestì.
22Poi il Signore Dio disse: "Ecco, l'uomo è diventato come uno di noi quanto alla conoscenza del bene e del male. Che ora egli non stenda la mano e non prenda anche dell'albero della vita, ne mangi e viva per sempre!". 23Il Signore Dio lo scacciò dal giardino di Eden, perché lavorasse il suolo da cui era stato tratto. 24Scacciò l'uomo e pose a oriente del giardino di Eden i cherubini e la fiamma della spada guizzante, per custodire la via all'albero della vita.

Qui scopriamo che dio, pur cattivo e crudele, confezionò amorevolmente con le sue mani (mani?) tuniche di pelli e ne vestì Adamo ed Eva.

Non sappiamo se nello stile di Versace o di Armani ma quegli abiti ad Eva stavano da dio.
Non si capisce perché dio pone a custodia dell'albero della vita i cherubini e la fiamma della spada folgorante (!) visto che ormai la mela era stata mangiata e quindi la conoscenza del bene e del male era avvenuta.
Forse questa conoscenza andrebbe rinverdita con qualche mela ogni tanto?
Ma soprattutto, se fosse situata ad est dell'eden, questa pianta che risolverebbe ogni problema, si troverebbe dalle parti dell'Afghanistan, sarà per questo che gli americani l'hanno invaso?
Ce la faranno i bombardieri contro i cherubini e la super spada folgorante?
Ed infine: chi sarebbero questi cherubini che la Genesi non aveva ancora definito?
Se è per questo non aveva definito nemmeno cosa fosse dio, sappiamo solo che è irascibile, geloso, fa rumore quando cammina, ha mani e piedi e respira!

GENESI Cap. 4, vv. 2-7 (La Bibbia spiegata agli agnelli)

^{2}Poi partorì ancora Abele, suo fratello. Ora Abele era pastore di greggi, mentre Caino era lavoratore del suolo.
^{3}Trascorso del tempo, Caino presentò frutti del suolo come offerta al Signore, ^{4}mentre Abele presentò a sua volta i primogeniti del gregge e il loro grasso. Il Signore gradì Abele e la sua offerta, ^{5}ma non gradì Caino e la sua offerta. Caino ne fu molto irritato e il suo volto era abbattuto. ^{6}Il Signore disse allora a Caino: "Perché sei irritato e perché è abbattuto il tuo volto? ^{7}Se agisci bene, non dovresti forse tenerlo alto? Ma se non agisci bene, il peccato è accovacciato alla tua porta; verso di te è il suo istinto, e tu lo dominerai".

Questo dio incontentabile e brontolone, non gradisce i sacrifici vegetali, ma solo animali, ma se Caino era un agricoltore e non un pastore, che colpa ne aveva?
E' normale che in quel periodo gli uomini parlassero in continuazione con dio, anche se il cellulare non era stato inventato, lo garantisce la Genesi e questa potrebbe essere l'intercettazione del discorso fra Caino e dio:
- Ti piace questa offerta di erba di campagna e melecotogne?
- No, i vegetali mi fanno schifo!
- Dai dio mangiane un poco, non ho altro quest'anno

- No, mi piace di più l'agnello grasso di Abele
- Ma lui è un pastore, mentre io non allevo animali!
- Non mi interessa, tuo fratello mi piace e tu No.
- Ma io non posso fare di più, ti prego, mangiati una susina!
- puah!
e così via, è comprensibile che alla fine Caino si incazzi come una iena!

GENESI Cap. 4, vv. 8-16 (La Bibbia spiegata agli assassini)

[8]Caino parlò al fratello Abele. Mentre erano in campagna, Caino alzò la mano contro il fratello Abele e lo uccise. [9]Allora il Signore disse a Caino: "Dov'è Abele, tuo fratello?". Egli rispose: "Non lo so. Sono forse io il custode di mio fratello?".[10]Riprese: "Che hai fatto? La voce del sangue di tuo fratello grida a me dal suolo![11]Ora sii maledetto, lontano dal suolo che ha aperto la bocca per ricevere il sangue di tuo fratello dalla tua mano. [12]Quando lavorerai il suolo, esso non ti darà più i suoi prodotti: ramingo e fuggiasco sarai sulla terra". [13]Disse Caino al Signore: "Troppo grande è la mia colpa per ottenere perdono. [14]Ecco, tu mi scacci oggi da questo suolo e dovrò nascondermi lontano da te; io sarò ramingo e fuggiasco sulla terra e chiunque mi incontrerà mi ucciderà". [15]Ma il Signore gli disse: "Ebbene, chiunque ucciderà Caino subirà la vendetta sette volte!". Il Signore impose a Caino un segno, perché nessuno, incontrandolo, lo colpisse. [16]Caino si allontanò dal Signore e abitò nella regione di Nod, a oriente di Eden.

Assolutamente contraddittorio e caotico questo passaggio: da una parte dio o chi per lui esprime il meraviglioso concetto "nessuno tocchi Caino" ma dall'altra lo condanna ad essere inseguito e perseguitato all'infinito ed a non godere più dei prodotti della terra. Non mi pare comunque un segno di clemenza, anzi, forse era meglio ammazzarlo senza tante ipocrisie.
Naturalmente è inutile chiedere ad un geografo dove fosse la terra di Nod, ad est dell'eden, dato che l'eden è un luogo immaginario!

GENESI Cap. 4, vv. 17-22 (La Bibbia spiegata ad Edipo)

[17]Ora Caino conobbe sua moglie, che concepì e partorì Enoc; poi divenne costruttore di una città, che chiamò Enoc, dal nome del figlio. [18]A Enoc nacque Irad; Irad generò

Mecuiaèl e Mecuiaèl generò Metusaèl e Metusaèl generò Lamec.[19]Lamec si prese due mogli: una chiamata Ada e l'altra chiamata Silla. [20]Ada partorì Iabal: egli fu il padre di quanti abitano sotto le tende presso il bestiame. [21]Il fratello di questi si chiamava Iubal: egli fu il padre di tutti i suonatori di cetra e di flauto. [22]Silla a sua volta partorì Tubal-Kain, il fabbro, padre di quanti lavorano il bronzo e il ferro. La sorella di Tubal-Kain fu Naamà.

La discendenza di Adamo ed Eva viene descritta in ogni particolare, sia maschi sia femmine, ed allora da dove scaturisce la moglie di Caino?
Non poteva che essere Eva, sua madre!
L'umanità figlia di un incesto e tutto questo suggellato dal favore di dio!
Naturalmente inutile dire che tutti i nomi dei discendenti sono purissima fantasia, così come la precoce specializzazione degli uomini in allevatori, suonatori, ramai ecc.

GENESI Cap. 4, vv. 23-24 (La Bibbia spiegata ai poligami)

[23]Lamec disse alle mogli:
"Ada e Silla, ascoltate la mia voce;
mogli di Lamec, porgete l'orecchio al mio dire.
Ho ucciso un uomo per una mia scalfittura
e un ragazzo per un mio livido.
[24]Sette volte sarà vendicato Caino,
ma Lamec settantasette".

Pare che anche la Bibbia dei cattolici non si faccia problemi per la poligamia, Lamech aveva due mogli che andavano perfettamente d'accordo.
Per il resto di questi versetti non si capisce nulla:
Lamech avrebbe ucciso un uomo ed un ragazzo per una scalfittura e dei lividi ed in quel modo sarebbe vendicato Caino e Lamech stesso!
Qualche Gesuita può spiegare la logica e la santità di questo passaggio?

GENESI Cap. 4, vv. 25-26 (la Bibbia spiegata alle puerpere)

^{25}*Adamo si unì nuovo alla moglie, che partorì un figlio e lo chiamò Set. Perché disse - Dio mi ha concesso un'altra discendenza al posto di Abele, poiché Caino l'ha ucciso. ^{26}Anche a Set nacque un figlio, che egli chiamò Enos. Allora si cominciò ad invocare il nome del Signore.*

Che significa che si cominciò ad invocare il nome del signore dopo la nascita di Enos? Prima il signore non se lo filava nessuno o significa che Enos era davvero bruttissimo da vedersi?

GENESI Cap. 5, vv. 1-5 (La Bibbia spiegata ai geriatri)

^{1}*Questo è il libro della discendenza di Adamo. Nel giorno in cui Dio creò l'uomo, lo fece a somiglianza di Dio; ^{2}maschio e femmina li creò, li benedisse e diede loro il nome di uomo nel giorno in cui furono creati. ^{3}Adamo aveva centotrenta anni quando generò un figlio a sua immagine, secondo la sua somiglianza, e lo chiamò Set. ^{4}Dopo aver generato Set, Adamo visse ancora ottocento anni e generò figli e figlie. ^{5}L'intera vita di Adamo fu di novecentotrenta anni; poi morì.*

Col capitolo 5 lo stile del libro torna quello dei primi capitoli e viene ripetuto: "lo fece a somiglianza di dio", poi viene aggiunto "li benedisse", ma in palese contraddizione con l'episodio della cacciata dall'eden in cui dio MALEDISSE l'uomo e la donna, è evidente che la Genesi è un copia-incolla di almeno due libri.
Non c'è più traccia di Caino ed Abele, che dovrebbero essere i primi figli di Adamo.
E' naturalmente totalmente assurdo che Adamo ed in seguito gli altri discendenti vivessero più di 900 anni, poiché tutti gli studiosi sanno che in passato si viveva molto meno e nella preistoria (di questo si starebbe parlando) la vita media era inferiore a 30 anni!

GENESI Cap. 5, vv. 21-29 (la Bibbia spiegata ai genetisti)

^{21}*Enoc aveva sessantacinque anni quando generò Matusalemme. ^{22}Enoc camminò con Dio; dopo aver generato Matusalemme, visse ancora per trecento anni e generò figli e*

figlie. ²³*L'intera vita di Enoc fu di trecentosessantacinque anni.* ²⁴*Enoc camminò con Dio, poi scomparve perché Dio l'aveva preso.*
²⁵*Matusalemme aveva centoottantasette anni quando generò Lamec;* ²⁶*Matusalemme, dopo aver generato Lamec, visse ancora settecentoottantadue anni e generò figli e figlie.* ²⁷*L'intera vita di Matusalemme fu di novecentosessantanove anni; poi morì.*
²⁸*Lamec aveva centoottantadue anni quando generò un figlio* ²⁹*e lo chiamò Noè, dicendo: "Costui ci consolerà del nostro lavoro e della fatica delle nostre mani, a causa del suolo che il Signore ha maledetto".*

Il quinto è il lungo capitolo delle genealogie, naturalmente totalmente inventate, notare i nomi di fantasia!
Strano che solo di Enoch si dica che camminò con dio (ripetuto due volte) gli altri erano tutti criminali?
Inoltre di Noè si dice:
"Costui ci consolerà del nostro lavoro e della fatica delle nostre mani, a causa del suolo che il Signore ha maledetto".
secondo la logica questa frase non ha alcun senso!

GENESI Cap. 6, vv. 1-3 (La Bibbia spiegata ad Asimov)

¹*Quando gli uomini cominciarono a moltiplicarsi sulla terra e nacquero loro delle figlie,* ²*i figli di Dio videro che le figlie degli uomini erano belle e ne presero per mogli a loro scelta.* ³*Allora il Signore disse: "Il mio spirito non resterà sempre nell'uomo, perché egli è carne e la sua vita sarà di centoventi anni".*

Un altro totale cambio di registro della Genesi (altro copia-incolla?).
Adesso entrano in azione i figli di dio (ma i figli di dio sono dei o sono i giganti descritti dopo?), comunque si prendevano le donne degli uomini, quante ne volevano, evidentemente le figlie di dio erano totalmente racchie.
L'ultima frase è ancora priva di senso:
"Il mio spirito non resterà sempre nell'uomo, perché egli è carne e la sua vita sarà di centoventi anni".
cosa c'entrano i cento venti anni con la carne e con lo spirito di dio? follie di un pastore errante.

GENESI Cap. 6, v. 4 (La Bibbia spiegata a Polifemo)

⁴C'erano sulla terra i giganti a quei tempi - e anche dopo -, quando i figli di Dio si univano alle figlie degli uomini e queste partorivano loro dei figli: sono questi gli eroi dell'antichità, uomini famosi.

Questo passaggio non chiarisce se i giganti fossero i figli di dio o se sulla terra imperversassero sia giganti sia i figli di dio.
(Ma non doveva essere uno solo il figlio di dio, quello che sarebbe venuto molto tempo dopo?)
Comunque i semidei, figli degli uomini e degli dei, sono un racconto di molte altre religioni e dei miti ellenici, insomma un altro copia- incolla venuto proprio male.

GENESI Cap. 6, vv. 5-8 (La Bibbia spiegata agli animali)

⁵Il Signore vide che la malvagità degli uomini era grande sulla terra e che ogni intimo intento del loro cuore non era altro che male, sempre. ⁶E il Signore si pentì di aver fatto l'uomo sulla terra e se ne addolorò in cuor suo. ⁷Il Signore disse: "Cancellerò dalla faccia della terra l'uomo che ho creato e, con l'uomo, anche il bestiame e i rettili e gli uccelli del cielo, perché sono pentito di averli fatti". ⁸Ma Noè trovò grazia agli occhi del Signore.

Sempre il discorso sulla onniscienza ed onnipotenza di dio:
Come fa dio a pentirsi se già all'inizio sapeva come sarebbe andata a finire?
L'essere perfettissimo che si pente!
Che poi voglia sterminare l'uomo è comprensibile, ma che c'entravano i poveri uccelli e gli innocui rettili?
Ed inoltre, di quali malvagità si sarebbero macchiati gli uomini?
Viene riportata la pena, ma non le motivazioni della condanna!

GENESI Cap. 6, vv. 13-16 (La Bibbia spiegata ai cantieristi)

¹³Allora Dio disse a Noè: è venuta per me la fine di ogni uomo, perché la terra, per causa loro, è piena di violenza; ecco, io li distruggerò insieme con la terra. ¹⁴Fatti un'arca di legno di cipresso; dividerai l'arca in scompartimenti e la spalmerai di bitume dentro e fuori. ¹⁵*Ecco come devi farla: l'arca avrà trecento cubiti di lunghezza, cinquanta di larghezza e trenta di altezza.* ¹⁶*Farai nell'arca un tetto e a un cubito più sopra la terminerai; da un lato metterai la porta dell'arca. La farai a piani: inferiore, medio e superiore.*

Continua l'assurdità di un dio che per i presunti peccati degli uomini (tutti?) fa pagare le conseguenze a tutti gli esseri viventi, anzi alla terra tutta.
Ma che dire sul fatto che nella preistoria (perché di questo si sta parlando) gli uomini fossero in grado di costruire una barca di trecento cubiti di lunghezza, che dentro c'entrasse una coppia per ciascun animale più il cibo per 40 giorni, che i leoni avessero mangiato erba dato che non potevano mangiarsi la coppia di gazzelle, che anche pidocchi, cavallette, mosche e zanzare fossero entrati ordinatamente in coppia?
Inoltre dobbiamo immaginare gli animali entrare spontaneamente nell'arca, altrimenti Noè sarebbe dovuto andare in giro a caccia di lepri ed antilopi (da prendere vive!).
Insomma follia allo stato puro, ma in tanti ci credono ed ogni 3-4 anni ritirano fuori la fandonia che sul monte Ararat sarebbero stati trovati i resti dell'arca!

GENESI Cap. 6, vv. 17-22
(La Bibbia spiegata agli alimentaristi)

¹⁷*Ecco, io sto per mandare il diluvio, cioè le acque, sulla terra, per distruggere sotto il cielo ogni carne in cui c'è soffio di vita; quanto è sulla terra perirà.* ¹⁸*Ma con te io stabilisco la mia alleanza. Entrerai nell'arca tu e con te i tuoi figli, tua moglie e le mogli dei tuoi figli.* ¹⁹*Di quanto vive, di ogni carne, introdurrai nell'arca due di ogni specie, per conservarli in vita con te: siano maschio e femmina.* ²⁰*Degli uccelli, secondo la loro specie, del bestiame, secondo la propria specie, e di tutti i rettili del suolo, secondo la loro specie, due di ognuna verranno con te, per essere conservati in vita.* ²¹*Quanto a te, prenditi ogni sorta di cibo da mangiare e fanne provvista: sarà di nutrimento per te e per loro".*
²²*Noè eseguì ogni cosa come Dio gli aveva comandato: così fece.*

Continua la favola assurda dell'arca, a cui molti credono tanto è vero che alcuni cosiddetti ricercatori avrebbero individuato i resti del super transatlantico preistorico.

Ma hanno provato, ad esempio a calcolare le provviste necessarie per 40 giorni solo per la coppia di elefanti?

GENESI Cap. 7, vv. 1-5 (La Bibbia spiegata ai matematici)

¹Il Signore disse a Noè: "Entra nell'arca tu con tutta la tua famiglia, perché ti ho visto giusto dinanzi a me in questa generazione. ²Di ogni animale puro prendine con te sette paia, il maschio e la sua femmina; degli animali che non sono puri un paio, il maschio e la sua femmina. ³Anche degli uccelli del cielo, sette paia, maschio e femmina, per conservarne in vita la razza su tutta la terra.⁴Perché tra sette giorni farò piovere sulla terra per quaranta giorni e quaranta notti; cancellerò dalla terra ogni essere che ho fatto". ⁵Noè fece quanto il Signore gli aveva comandato.

Solita contraddizione del libro "perfetto": due paia di ogni specie animale o sette paia?
E quali sono gli animali mondi e quali gli immondi? Finora non è stato ancora spiegato! Ed a che servono sette paia se già con due (secondo la logica divina) si assicura la prosecuzione della specie? In quel modo le provviste non si sarebbero esaurite prima?

GENESI Cap. 7, vv. 10-16
(La Bibbia spiegata ai maggiordomi)

¹⁰Dopo sette giorni, le acque del diluvio furono sopra la terra; ¹¹nell'anno seicentesimo della vita di Noè, nel secondo mese, il diciassette del mese, in quello stesso giorno, eruppero tutte le sorgenti del grande abisso e le cateratte del cielo si aprirono. ¹²Cadde la pioggia sulla terra per quaranta giorni e quaranta notti. ¹³In quello stesso giorno entrarono nell'arca Noè, con i figli Sem, Cam e Iafet, la moglie di Noè, le tre mogli dei suoi tre figli; ¹⁴essi e tutti i viventi, secondo la loro specie, e tutto il bestiame, secondo la propria specie, e tutti i rettili che strisciano sulla terra, secondo la loro specie, tutti i volatili, secondo la loro specie, tutti gli uccelli, tutti gli esseri alati. ¹⁵Vennero dunque a Noè nell'arca, a due a due, di ogni carne in cui c'è il soffio di vita. ¹⁶Quelli che venivano, maschio e femmina d'ogni carne, entrarono come gli aveva comandato Dio. Il Signore chiuse la porta dietro di lui.

Lo sappiamo tutti che quando piove erompono le sorgenti del grande abisso e si aprono le cateratte del cielo!
E' scienza, mica fandonie!
Ma è fantastica l'immagine di questo signore, magari in bombetta e guanti bianchi, che chiude la porta dell'arca dietro Noè, davvero un quadretto da cartoni animati!

GENESI Cap. 7, vv. 17-22 (La Bibbia spiegata ai meteorologi)

[17]Il diluvio durò sulla terra quaranta giorni: le acque crebbero e sollevarono l'arca, che s'innalzò sulla terra. [18]Le acque furono travolgenti e crebbero molto sopra la terra e l'arca galleggiava sulle acque. [19]Le acque furono sempre più travolgenti sopra la terra e coprirono tutti i monti più alti che sono sotto tutto il cielo. [20]Le acque superarono in altezza di quindici cubiti i monti che avevano ricoperto.
[21]Però ogni essere vivente che si muove sulla terra, uccelli, bestiame e fiere e tutti gli esseri che brulicano sulla terra e tutti gli uomini. [22]Ogni essere che ha un alito di vita nelle narici, cioè quanto era sulla terra asciutta, morì.

Come fa l'acqua a sollevarsi al di sopra dei monti?
Da dove proveniva quell'acqua?
Ah già dal profondo degli abissi e dalle cateratte del cielo.
Vallo a spiegare ai meteorologi!

GENESI Cap. 8, vv. 1-5 (La Bibbia spiegata ancora ai meteorologi)

[1]Dio si ricordò di Noè, di tutte le fiere e di tutti gli animali domestici che erano con lui nell'arca. Dio fece passare un vento sulla terra e le acque si abbassarono. [2]Le fonti dell'abisso e le cateratte del cielo furono chiuse e fu trattenuta la pioggia dal cielo; [3]le acque andarono via via ritirandosi dalla terra e calarono dopo centocinquanta giorni. [4]Nel settimo mese, il diciassette del mese, l'arca si posò sui monti dell'Araràt. [5]Le acque andarono via via diminuendo fino al decimo mese. Nel decimo mese, il primo giorno del mese, apparvero le cime dei monti.

In conclusione sull'arca Noè sarebbe rimasto non per 40 giorni ma per 10 mesi!

quindi nell'arca Noè aveva provviste per tutti gli animali per ben 10 mesi!
E per conservare la carne destinata a sfamare carnivori aveva capienti frigoriferi?
Ovvio che le acque si ritirarono grazie al vento ed alla chiusura delle cateratte del cielo e delle fonti dell'abisso, quale meteorologo non sa queste cose?

GENESI Cap. 8, vv. 18-21 (La Bibbia spiegata ai macellai)

[18]Noè uscì con i figli, la moglie e le mogli dei figli. [19]Tutti i viventi e tutto il bestiame e tutti gli uccelli e tutti i rettili che strisciano sulla terra, secondo le loro specie, uscirono dall'arca.
[20]Allora Noè edificò un altare al Signore; prese ogni sorta di animali puri e di uccelli puri e offrì olocausti sull'altare. [21]Il Signore ne odorò il profumo gradito e disse in cuor suo: "Non maledirò più il suolo a causa dell'uomo, perché ogni intento del cuore umano è incline al male fin dall'adolescenza; né colpirò più ogni essere vivente come ho fatto.

Noè fece subito sacrifici di animali (naturalmente mondi) , ma se li sacrificò a dio come avranno fatto poi a non estinguersi?
Comunque è proprio piccolo questo dio che si delizia del fumo della carne arrosto, esattamente come gli dei dell'olimpo fra i pagani.
Non mi pare per niente diverso al vecchio Zeus!

GENESI Cap. 9, vv. 1-5 (La Bibbia spiegata agli esperti biblisti)

[1]Dio benedisse Noè e i suoi figli e disse loro: "Siate fecondi e moltiplicatevi e riempite la terra. [2]Il timore e il terrore di voi sia in tutti gli animali della terra e in tutti gli uccelli del cielo. Quanto striscia sul suolo e tutti i pesci del mare sono dati in vostro potere.[3]Ogni essere che striscia e ha vita vi servirà di cibo: vi do tutto questo, come già le verdi erbe. [4]Soltanto non mangerete la carne con la sua vita, cioè con il suo sangue. [5]Del sangue vostro, ossia della vostra vita, io domanderò conto; ne domanderò conto a ogni essere vivente e domanderò conto della vita dell'uomo all'uomo, a ognuno di suo fratello.

Orrendo questo dio che ordina agli uomini di terrorizzare tutte le bestie selvatiche, il bestiame e gli uccelli etc. etc.

Quindi se qualcuno tortura a morte un gatto od un cane, se lo fa morire a calci, se lo acceca etc. sappiate che sta eseguendo il volere del nostro signore...
E' anche divertente sapere che il libro "infallibile" attribuisce al sangue l'origine della vita, diciamo l'anima dell'uomo, e quindi sembrerebbe dare ragione ai testimoni di Geova, e non venite a dirmi che qui si parla di non versare sangue nel senso di non ammazzare, c'è sicuramente ANCHE questo concetto, ma non solo!
Insisto anche sul famigerato "siate fecondi e moltiplicatevi" che tanti danni ha prodotto, giustificando ad esempio il divieto di uso di contraccettivi.
I grandi esegeti biblici dicono di storicizzare e contestualizzare il testo, ma fingono di non capire che quella prescrizione, essenziale quando l'umanità ed in particolare la razza eletta era composta da poche centinaia di migliaia di persone, al giorno d'oggi, quando l'umanità rischia l'estinzione per sovrappopolazione, non ha alcun senso!
Questo ci fa capire che lo shift fra interpretazione letteraria od allegorica viene fatta dai teologi non in base ad un ragionamento logico ma in base alla convenienza del momento con il solito obiettivo finale: trovare il modo migliore per ingannare e dominare il popolo.

GENESI Cap. 9, v. 7 (La Bibbia spiegata ai demografi)

[7] *E voi, siate fecondi e moltiplicatevi,*
siate numerosi sulla terra e dominatela.

Concetto ripetuto infinite volte nella Bibbia:
moltiplicatevi come conigli e distruggete tutto ciò che sta sulla terra fino alla vostra estinzione per mancanza di risorse.
Non è che se la cosa non fosse stata scritta sulla Bibbia gli uomini si sarebbero comportati meglio: no di certo.
Ma mentre alcune religioni "primitive" erano profondamente rispettose della natura, identificando il sacro con essa, e permettevano di attingere alla natura con rispetto e moderazione, le religioni "evolute" autorizzano, anzi impongono, di devastare tutto a nostro piacimento

GENESI Cap. 9, vv. 8-11 (La Bibbia spiegata a Pinocchio)

[8]*Dio disse a Noè e ai suoi figli con lui:* [9]*"Quanto a me, ecco io stabilisco la mia alleanza con voi e con i vostri discendenti dopo di voi,* [10]*con ogni essere vivente che è con voi, uccelli, bestiame e animali selvatici, con tutti gli animali che sono usciti dall'arca, con tutti gli animali della terra.* [11]*Io stabilisco la mia alleanza con voi: non sarà più distrutta alcuna carne dalle acque del diluvio, né il diluvio devasterà più la terra".*

Mi pare che mai promessa di dio sia stata MENO mantenuta di questa, dio ci fa la figura di Pinocchio:
la terra è stata devastata infinite volte da alluvioni spaventose che hanno fatto milioni e milioni di morti.
che dio inaffidabile!

GENESI Cap. 9, vv. 13-16 (La Bibbia spiegata agli ottici)

[13]*Pongo il mio arco sulle nubi,*
perché sia il segno dell'alleanza
tra me e la terra.
[14]*Quando ammasserò le nubi sulla terra*
e apparirà l'arco sulle nubi,
[15]*ricorderò la mia alleanza*
che è tra me e voi
e ogni essere che vive in ogni carne,
e non ci saranno più le acque per il diluvio,
per distruggere ogni carne.
[16]*L'arco sarà sulle nubi,*
e io lo guarderò per ricordare l'alleanza eterna
tra Dio e ogni essere
che vive in ogni carne che è sulla terra".

E' difficile da capire che l'arcobaleno è solo un fenomeno di diffrazione della luce all'interno delle goccioline di pioggia? E comunque in questo passo confuso dio ripete la solita promessa che non ci saranno più diluvi, naturalmente non mantenuta

GENESI Cap. 9, vv. 20-23 (La Bibbia spiegata ai nudisti)

[20]*Ora Noè, coltivatore della terra, cominciò a piantare una vigna.* [21]*Avendo bevuto il vino, si ubriacò e si denudò all'interno della sua tenda.* [22]*Cam, padre di Canaan, vide la nudità di suo padre e raccontò la cosa ai due fratelli che stavano fuori.*[23]*Allora Sem e Iafet presero il mantello, se lo misero tutti e due sulle spalle e, camminando a ritroso, coprirono la nudità del loro padre; avendo tenuto la faccia rivolta indietro, non videro la nudità del loro padre.*

Perché non sarebbe possibile guardare il proprio padre nudo?
E perché questo dio perfetto consentì a Noè di piantare la vite, così dannosa alla psiche degli uomini?
Ecco, la Bibbia ci instilla la velenosa idea che la nudità sia un male, idea che tanti disastri ha provocato nella società occidentale.

GENESI Cap. 9, vv. 24-27 (La Bibbia spiegata ai razzisti)

[24]*Quando Noè si fu risvegliato dall'ebbrezza, seppe quanto gli aveva fatto il figlio minore;* [25]*allora disse:*
"Sia maledetto Canaan!
Schiavo degli schiavi
sarà per i suoi fratelli!"
[26]*E aggiunse:*
"Benedetto il Signore, Dio di Sem,
Canaan sia suo schiavo!
[27]*Dio dilati Iafet*
ed egli dimori nelle tende di Sem,
Canaan sia suo schiavo!".

La generazione di Cam avrebbe quindi la gravissima colpa, ereditata da Canaan di aver visto il padre nudo e di averlo raccontato ai fratelli senza coprirlo!
In base a questo spaventoso crimine, per millenni, la presunta stirpe di Canaan, i neri d'Africa, furono perseguitati e fatti schiavi, perché così ha voluto il dio misericordioso.
Davvero equanime questo dio che ammette la schiavitù e per ragioni così elevate.

E non venitemi a raccontare di allegorie e di interpretazioni, non vedo cosa ci sia da interpretare in questo passo orrendo!

GENESI Cap. 10, vv. 1-32 (La Bibbia spiegata agli storici)

¹*Questa è la discendenza dei figli di Noè: Sem, Cam e Iafet, ai quali nacquero figli dopo il diluvio.*
²*I figli di Iafet: Gomer, Magòg, Madai, Iavan, Tubal, Mesec e Tiras.* ³*I figli di Gomer: Aschenàz, Rifat e Togarmà.* ⁴*I figli di Iavan: Elisa, Tarsis, i Chittìm e i Dodanìm.* ⁵*Da costoro derivarono le genti disperse per le isole, nei loro territori, ciascuna secondo la propria lingua e secondo le loro famiglie, nelle rispettive nazioni.*
⁶*I figli di Cam: Etiopia, Egitto, Put e Canaan.* ⁷*I figli di Etiopia: Seba, Avìla, Sabta, Raamà e Sabtecà. I figli di Raamà: Saba e Dedan.* ⁸*Etiopia generò Nimrod: costui cominciò a essere potente sulla terra.* ⁹*Egli era valente nella caccia davanti al Signore, perciò si dice: "Come Nimrod, valente cacciatore davanti al Signore".* ¹⁰*L'inizio del suo regno fu Babele, Uruc, Accad e Calne, nella regione di Sinar.* ¹¹*Da quella terra si portò ad Assur e costruì Ninive, Recobòt-Ir e Calach,* ¹²*e Resen tra Ninive e Calach; quella è la grande città.* ¹³*Egitto generò quelli di Lud, Anam, Laab, Naftuch,* ¹⁴*Patros, Casluch e Caftor, da dove uscirono i Filistei.* ¹⁵*Canaan generò Sidone, suo primogenito, e Chet* ¹⁶*e il Gebuseo, l'Amorreo, il Gergeseo,* ¹⁷*l'Eveo, l'Archeo e il Sineo,* ¹⁸*l'Arvadeo, il Semareo e il Camateo. In seguito si dispersero le famiglie dei Cananei.* ¹⁹*Il confine dei Cananei andava da Sidone in direzione di Gerar fino a Gaza, poi in direzione di Sòdoma, Gomorra, Adma e Seboìm fino a Lesa.* ²⁰*Questi furono i figli di Cam secondo le loro famiglie e le loro lingue, nei loro territori e nelle rispettive nazioni.*
²¹*Anche a Sem, fratello maggiore di Iafet e capostipite di tutti i figli di Eber, nacque una discendenza.* ²²*I figli di Sem: Elam, Assur, Arpacsàd, Lud e Aram.* ²³*I figli di Aram: Us, Ul, Gheter e Mas.* ²⁴ *Arpacsàd generò Selach e Selach generò Eber.* ²⁵*A Eber nacquero due figli: uno si chiamò Peleg, perché ai suoi tempi fu divisa la terra, e il fratello si chiamò Ioktan.*²⁶*Ioktan generò Almodàd, Selef, Asarmàvet, Ierach,* ²⁷*Adoràm, Uzal, Dikla,* ²⁸*Obal, Abimaèl, Saba,* ²⁹*Ofir, Avìla e Iobab. Tutti questi furono i figli di Ioktan;* ³⁰*la loro sede era sulle montagne dell'oriente, da Mesa in direzione di Sefar.* ³¹*Questi furono i figli di Sem secondo le loro famiglie e le loro lingue, nei loro territori, secondo le rispettive nazioni.*
³²*Queste furono le famiglie dei figli di Noè secondo le loro genealogie, nelle rispettive nazioni. Da costoro si dispersero le nazioni sulla terra dopo il diluvio.*

Assolutamente spassoso il capitolo 10 della Genesi, che illustra la discendenza di Noè: nomi che paiono inventanti semplicemente digitando a caso sulla tastiera (ah non esisteva?) insieme ad altri nomi di aree geografiche sicuramente esistenti ma che non traggono di certo il nome da una persona.

Naturalmente è ovvio che dal cattivo Cam si fa discendere Sodoma e Gomorra che fecero la fine che sappiamo!

GENESI Cap. 11, vv. 1-9 (La Bibbia spiegata ai muratori)

[1]Tutta la terra aveva un'unica lingua e uniche parole. [2]Emigrando dall'oriente, gli uomini capitarono in una pianura nella regione di Sinar e vi si stabilirono. [3]Si dissero l'un l'altro: "Venite, facciamoci mattoni e cuociamoli al fuoco". Il mattone servì loro da pietra e il bitume da malta. [4]Poi dissero: "Venite, costruiamoci una città e una torre, la cui cima tocchi il cielo, e facciamoci un nome, per non disperderci su tutta la terra". [5]Ma il Signore scese a vedere la città e la torre che i figli degli uomini stavano costruendo. [6]Il Signore disse: "Ecco, essi sono un unico popolo e hanno tutti un'unica lingua; questo è l'inizio della loro opera, e ora quanto avranno in progetto di fare non sarà loro impossibile. [7]Scendiamo dunque e confondiamo la loro lingua, perché non comprendano più l'uno la lingua dell'altro". [8]Il Signore li disperse di là su tutta la terra ed essi cessarono di costruire la città. [9]Per questo la si chiamò Babele, perché là il Signore confuse la lingua di tutta la terra e di là il Signore li disperse su tutta la terra.

Insomma dio non ha gradito che tutti gli uomini della terra parlassero una sola lingua e fossero un solo popolo?
Come mai?
Eppure questa poteva essere la premessa per la pace universale e per la fine di tutte le guerre!
Evidentemente dio vuole le divisioni fra gli uomini (magari per colpa delle religioni) e vuole che si ammazzino a vicenda.
Inutile ricordare ai credenti che una volta si parlavano molte più lingue di oggi e che solo l'incremento delle comunicazioni potrà portare ad una lingua universale (l'inglese?).

GENESI Cap. 11, vv. 10-32 (La Bibbia spiegata ai creduloni)

[10]Questa è la discendenza di Sem: Sem aveva cento anni quando generò Arpacsàd, due anni dopo il diluvio; [11]*Sem, dopo aver generato Arpacsàd, visse cinquecento anni e generò figli e figlie.*
[12]Arpacsàd aveva trentacinque anni quando generò Selach; [13]*Arpacsàd, dopo aver generato Selach, visse quattrocentotré anni e generò figli e figlie.*
[14]Selach aveva trent'anni quando generò Eber; [15]*Selach, dopo aver generato Eber, visse quattrocentotré anni e generò figli e figlie.*
[16]Eber aveva trentaquattro anni quando generò Peleg; [17]*Eber, dopo aver generato Peleg, visse quattrocentotrenta anni e generò figli e figlie.*
[18]Peleg aveva trent'anni quando generò Reu; [19]*Peleg, dopo aver generato Reu, visse duecentonove anni e generò figli e figlie.*
[20]Reu aveva trentadue anni quando generò Serug; [21]*Reu, dopo aver generato Serug, visse duecentosette anni e generò figli e figlie.*
[22]Serug aveva trent'anni quando generò Nacor; [23]*Serug, dopo aver generato Nacor, visse duecento anni e generò figli e figlie.*
[24]Nacor aveva ventinove anni quando generò Terach; [25]*Nacor, dopo aver generato Terach, visse centodiciannove anni e generò figli e figlie.*
[26]Terach aveva settant'anni quando generò Abram, Nacor e Aran.
[27]Questa è la discendenza di Terach: Terach generò Abram, Nacor e Aran; Aran generò Lot. [28]*Aran poi morì alla presenza di suo padre Terach nella sua terra natale, in Ur dei Caldei.* [29]*Abram e Nacor presero moglie; la moglie di Abram si chiamava Saràı e la moglie di Nacor Milca, che era figlia di Aran, padre di Milca e padre di Isca.* [30]*Saràı era sterile e non aveva figli.*
[31]Poi Terach prese Abram, suo figlio, e Lot, figlio di Aran, figlio cioè di suo figlio, e Saràı sua nuora, moglie di Abram suo figlio, e uscì con loro da Ur dei Caldei per andare nella terra di Canaan. Arrivarono fino a Carran e vi si stabilirono.
[32]La vita di Terach fu di duecentocinque anni; Terach morì a Carran.

Non si può non tornare a commentare queste assurde genealogie con nomi di fantasia, inventati mettendo insieme lettere a casaccio.
Ed è ancora più assurdo far credere che in epoca preistorica la gente vivesse dai cinquecento ai mille anni, quando i dati in nostro possesso dimostrano una vita media non superiore ai trenta anni!
Della serie sparale grosse, ripetile molte volte e qualcosa resterà (famoso detto berlusconiano)

GENESI Cap. 12, vv. 2-3 (La Bibbia spiegata agli imperialisti)

*²Farò di te una grande nazione
e ti benedirò,
renderò grande il tuo nome
e possa tu essere una benedizione.
³Benedirò coloro che ti benediranno
e coloro che ti malediranno maledirò,
e in te si diranno benedette
tutte le famiglie della terra".*

La pretesa di ogni popolo di essere il popolo eletto da dio è all'origine di infinite guerre e disastri, la cosa è chiaramente evidente per il popolo eletto per eccellenza, quello ebraico, che è stato sterminato ed ha sterminato in base a queste orrende parole della Bibbia:
"maledirò coloro che ti malediranno".
ma che dio è questo che fa figli e figliastri, che dio è questo che fomenta l'odio fra gli uomini e che non ha voluto che gli uomini fossero un solo popolo?

GENESI Cap. 12, vv. 11-15 (La Bibbia spiegata ai protettori)

*¹¹Quando fu sul punto di entrare in Egitto, disse alla moglie Saràì: "Vedi, io so che tu sei donna di aspetto avvenente.¹²Quando gli Egiziani ti vedranno, penseranno: "Costei è sua moglie", e mi uccideranno, mentre lasceranno te in vita. ¹³Di', dunque, che tu sei mia sorella, perché io sia trattato bene per causa tua e io viva grazie a te".
¹⁴Quando Abram arrivò in Egitto, gli Egiziani videro che la donna era molto avvenente. ¹⁵La osservarono gli ufficiali del faraone e ne fecero le lodi al faraone; così la donna fu presa e condotta nella casa del faraone.*

Il primo edificante episodio a sfondo sessuale della Bibbia: Abramo che finge che la moglie sia sua sorella perché sia bene accolta dal faraone e ne diventi la sua amante, con la benedizione del marito che, come vedremo in seguito, ci guadagnerà e non poco.
Quindi, cari cattolici, quando siete in difficoltà chiedetevi se vostra moglie possa soddisfare i desideri di qualche potente e non fatevi scrupoli: il tutto è benedetto da dio!

GENESI Cap. 12, vv. 16-20 (La Bibbia spiegata ai mariti liberali)

16A causa di lei, egli trattò bene Abram, che ricevette greggi e armenti e asini, schiavi e schiave, asine e cammelli. 17Ma il Signore colpì il faraone e la sua casa con grandi calamità, per il fatto di Saràì, moglie di Abram. 18Allora il faraone convocò Abram e gli disse: "Che mi hai fatto? Perché non mi hai dichiarato che era tua moglie? 19Perché hai detto: "È mia sorella", così che io me la sono presa in moglie? E ora eccoti tua moglie: prendila e vattene!". 20Poi il faraone diede disposizioni su di lui ad alcuni uomini, che lo allontanarono insieme con la moglie e tutti i suoi averi.

Come spiegato nel precedente commento Abramo consegna sua moglie al Faraone (non pare che Sarai ci stesse proprio male!) e ne riceve, in premio della sua liberalità, greggi, armenti, asini, schiavi e schiave (di solito le schiave erano anche schiave sessuali) e cammelli.
Dio come al solito si vendica... contro chi non c'entra nulla e cioè con il popolo egiziano!
L'unico che ci fa una decente figura in questa storia è proprio il "pagano" Faraone.
P.s.: tutta la storia sembra l'esatta fotocopia di Mosè e della sua permanenza in Egitto.
Altro frutto di copia/incolla uscito male o gli ebrei ogni tanto andavano a svernare in Egitto?

GENESI Cap. 13, vv. 6-9 (La Bibbia spiegata ai geometri)

6e il territorio non consentiva che abitassero insieme, perché avevano beni troppo grandi e non potevano abitare insieme. 7Per questo sorse una lite tra i mandriani di Abram e i mandriani di Lot. I Cananei e i Perizziti abitavano allora nella terra. 8Abram disse a Lot: "Non vi sia discordia tra me e te, tra i miei mandriani e i tuoi, perché noi siamo fratelli. 9Non sta forse davanti a te tutto il territorio? Separàti da me. Se tu vai a sinistra, io andrò a destra; se tu vai a destra, io andrò a sinistra".

Difficile capire perché quando due persone o tribù sono troppo ricche non possono vivere insieme!
A me pareva vero il contrario...

Va segnalato inoltre che questi due invasero il terreno dei Cananei, che essendo la discendenza di Cam, valevano meno di niente, forse si tratta della prima pulizia etnica raccontata dal libro dell'amore divino.

GENESI Cap. 13, vv. 11-17 (La Bibbia spiegata ai sodomiti)

[11]*Lot scelse per sé tutta la valle del Giordano e trasportò le tende verso oriente. Così si separarono l'uno dall'altro:* [12]*Abram si stabilì nella terra di Canaan e Lot si stabilì nelle città della valle e piantò le tende vicino a Sòdoma.* [13]*Ora gli uomini di Sòdoma erano malvagi e peccavano molto contro il Signore.*
[14]*Allora il Signore disse ad Abram, dopo che Lot si era separato da lui: "Alza gli occhi e, dal luogo dove tu stai, spingi lo sguardo verso il settentrione e il mezzogiorno, verso l'oriente e l'occidente.* [15]*Tutta la terra che tu vedi, io la darò a te e alla tua discendenza per sempre.* [16]*Renderò la tua discendenza come la polvere della terra: se uno può contare la polvere della terra, potrà contare anche i tuoi discendenti.* [17]*Àlzati, percorri la terra in lungo e in largo, perché io la darò a te".*

Che facevano di così terribile gli abitanti di Sodoma?
Forse un'attività sessuale naturale e comune in molti animali!
Questi pregiudizi contro l'intera popolazione di una città è un evidente esempio di razzismo e lo sterminio degli abitanti è chiaramente la conseguenza di questo razzismo, non a caso Sodoma era una città Cananea!
Il dio biblico è un dio razzista.
Inoltre non mi pare un bene che un popolo diventi numeroso come polvere della terra, perché in quel modo trasformano la terra in polvere... del deserto.

GENESI Cap. 14, vv. 11-12 (La Bibbia spiegata ai vincitori)

[11]*Gli invasori presero tutti i beni di Sòdoma e Gomorra e tutti i loro viveri e se ne andarono.* [12]*Prima di andarsene catturarono anche Lot, figlio del fratello di Abram, e i suoi beni: egli risiedeva appunto a Sòdoma.*

E' normale che ci siano le guerre

E' normale che i vincitori prendano tutti i beni degli sconfitti e quindi li lascino morire di fame, è ancora più normale se si tratta di Sodoma e Gomorra e se gli abitanti sono discendenti di Cam.
Questa è la Bibbia, dall'inizio alla fine, il libro dell'amore!

GENESI Cap. 15, vv. 8-11
(La Bibbia spiegata agli squartatori di bestiame)

[8]*Rispose: "Signore Dio, come potrò sapere che ne avrò il possesso?".* [9]*Gli disse: "Prendimi una giovenca di tre anni, una capra di tre anni, un ariete di tre anni, una tortora e un colombo".* [10]*Andò a prendere tutti questi animali, li divise in due e collocò ogni metà di fronte all'altra; non divise però gli uccelli.* [11]*Gli uccelli rapaci calarono su quei cadaveri, ma Abram li scacciò.*

Assolutamente sanguinolento questo passaggio di vecchi sacrifici animali.
Ma se sulla Bibbia c'è scritto che dio gradisce i sacrifici di animali perché non se ne fanno più?
Ah già perché dopo c'è stato il sacrificio umano di Cristo. Sacrificio per modo di dire, dato che si sapeva già che sarebbe risorto...

GENESI Cap. 15, vv. 17-21 (La Bibbia spiegata agli imperialisti)

[17]*Quando, tramontato il sole, si era fatto buio fitto, ecco un braciere fumante e una fiaccola ardente passare in mezzo agli animali divisi.* [18]*In quel giorno il Signore concluse quest'alleanza con Abram:*
"Alla tua discendenza
io do questa terra,
dal fiume d'Egitto
al grande fiume, il fiume Eufrate;
[19]*la terra dove abitano i Keniti, i Kenizziti, i Kadmoniti,* [20]*gli Ittiti, i Perizziti, i Refaìm,* [21]*gli Amorrei, i Cananei, i Gergesei e i Gebusei".*

Adesso dio diventa un braciere fumante ed una fiaccola ardente che esplora gli animali divisi! il senso?
- Follia di pastori erranti.

Ecco inoltre il peccato originario di questa religione: la pretesa di conquistare il mondo perché dio lo vuole.
E che fine dovevano fare i keniti, kenizziti etc?
- Una bella pulizia etnica e via!

GENESI Cap. 16, vv. 1 - 4 (La Bibbia spiegata ai poligami)

¹ *Saràì, moglie di Abram, non gli aveva dato figli. Avendo però una schiava egiziana chiamata Agar,* ²*Saràì disse ad Abram: "Ecco, il Signore mi ha impedito di aver prole; unisciti alla mia schiava: forse da lei potrò avere figli". Abram ascoltò l'invito di Saràì.*³*Così, al termine di dieci anni da quando Abram abitava nella terra di Canaan, Saràì, moglie di Abram, prese Agar l'Egiziana, sua schiava, e la diede in moglie ad Abram, suo marito.* ⁴*Egli si unì ad Agar, che restò incinta. Ma, quando essa si accorse di essere incinta, la sua padrona non contò più nulla per lei.*

Comincia un'altra parte molto edificante della Genesi:
Una moglie che fornisce una schiava (sessuale) al marito al fine di avere figli.
In poche righe l'elogio della poligamia e della schiavitù.
Ma da dove esce fuori il sacramento del matrimonio come unione indissolubile di un solo uomo e di una sola donna?

**GENESI Cap. 16, vv. 6 - 9
(La Bibbia spiegata agli schiavisti)**

⁶*Abram disse a Saràì: "Ecco, la tua schiava è in mano tua: trattala come ti piace". Saràì allora la maltrattò, tanto che quella fuggì dalla sua presenza.* ⁷*La trovò l'angelo del Signore presso una sorgente d'acqua nel deserto, la sorgente sulla strada di Sur,* ⁸*e le disse: "Agar, schiava di Saràì, da dove vieni e dove vai?". Rispose: "Fuggo dalla presenza della mia padrona Saràì".* ⁹*Le disse l'angelo del Signore: "Ritorna dalla tua padrona e restale sottomessa".*

In questo capitolo si spiega bene come vanno trattati gli schiavi, secondo dio e la religione cristiana:
Abramo consegna Agar a Sara per trattarla come le pareva e cioè maltrattarla!

Lei fugge, ma l'angelo del signore la rimanda indietro imponendole di restare sottomessa!
Questa è la religione dell'amore, la religione degli uomini tutti uguali e con pari diritti!

GENESI Cap. 16, vv. 11-12 (La Bibbia spiegata agli asini)

^{11}*Soggiunse poi l'angelo del Signore:*
"Ecco, sei incinta:
partorirai un figlio
e lo chiamerai Ismaele,
perché il Signore ha udito il tuo lamento.
^{12}*Egli sarà come un asino selvatico;*
la sua mano sarà contro tutti
e la mano di tutti contro di lui,
e abiterà di fronte a tutti i suoi fratelli".

A dire il vero il signore non aveva udito proprio nulla dato che l'angelo rimandò la schiava dalla moglie di Abramo, per esserle ancora sottomessa e sottomessa significa subire qualsiasi genere di angherie.
Naturalmente per il dio della Genesi Ismaele sarà un grande uomo perché sarà contro tutti e quindi pronto a fare guerre.

GENESI Cap. 17, vv. 6-8 (La Bibbia spiegata alle vittime)

^{6}*E ti renderò molto, molto fecondo; ti farò diventare nazioni e da te usciranno dei re.* ^{7}*Stabilirò la mia alleanza con te e con la tua discendenza dopo di te, di generazione in generazione, come alleanza perenne, per essere il Dio tuo e della tua discendenza dopo di te.* ^{8}*La terra dove sei forestiero, tutta la terra di Canaan, la darò in possesso per sempre a te e alla tua discendenza dopo di te; sarò il loro Dio".*

Tutti i trionfi militari ottenuti nel nome di dio comportano delle vittime, intere popolazioni sterminate, a maggiore gloria di dio.
Ma che importa se sono solo Cananei?

GENESI Cap. 17, vv. 9-14 (La Bibbia spiegata ai bambini intagliati)

⁹*Disse Dio ad Abramo: "Da parte tua devi osservare la mia alleanza, tu e la tua discendenza dopo di te, di generazione in generazione.* ¹⁰*Questa è la mia alleanza che dovete osservare, alleanza tra me e voi e la tua discendenza dopo di te: sia circonciso tra voi ogni maschio.* ¹¹*Vi lascerete circoncidere la carne del vostro prepuzio e ciò sarà il segno dell'alleanza tra me e voi.* ¹²*Quando avrà otto giorni, sarà circonciso tra voi ogni maschio di generazione in generazione, sia quello nato in casa sia quello comprato con denaro da qualunque straniero che non sia della tua stirpe.* ¹³*Deve essere circonciso chi è nato in casa e chi viene comprato con denaro; così la mia alleanza sussisterà nella vostra carne come alleanza perenne.* ¹⁴*Il maschio non circonciso, di cui cioè non sarà stata circoncisa la carne del prepuzio, sia eliminato dal suo popolo: ha violato la mia alleanza".*

Sicuramente salterà qualcuno in piedi a difendere a spada tratta la pratica della circoncisione, in quanto norma igienica che garantirebbe una maggiore pulizia delle parti intime maschili.
Per me la circoncisione è una MUTILAZIONE SESSUALE e l'igiene una scusa, per quanto mi riguarda sono ben contento che il mio "lui" abbia ancora il cappuccio col quale coprirsi dal freddo.

GENESI Cap. 17, vv. 23-27
(La Bibbia spiegata agli intagliatori di prepuzi)

²³*Allora Abramo prese Ismaele, suo figlio, e tutti i nati nella sua casa e tutti quelli comprati con il suo denaro, tutti i maschi appartenenti al personale della casa di Abramo, e circoncise la carne del loro prepuzio in quello stesso giorno, come Dio gli aveva detto.* ²⁴*Abramo aveva novantanove anni, quando si fece circoncidere la carne del prepuzio.* ²⁵*Ismaele, suo figlio, aveva tredici anni quando gli fu circoncisa la carne del prepuzio.* ²⁶*In quello stesso giorno furono circoncisi Abramo e Ismaele, suo figlio.* ²⁷*E tutti gli uomini della sua casa, quelli nati in casa e quelli comprati con denaro dagli stranieri, furono circoncisi con lui.*

Io taglio un prepuzio a te, tu tagli un prepuzio a me, che divertimento deve essere stato vedere tutti quei prepuzietti sanguinolenti ammonticchiati!

Solo le religioni possono far fare tali follie agli uomini. Quanti bambini saranno morti nel corso dei secoli per infezioni conseguenti alle circoncisioni fatte nelle precarie condizioni igieniche di allora? Anche queste morti vanno addebitate alle religioni!

GENESI Cap. 18, vv. 17-20 (La Bibbia spiegata a Gianna Nannini)

Allora Abramo si prostrò con la faccia a terra e rise e pensò: "A uno di cento anni può nascere un figlio? E Sara all'età di novant'anni potrà partorire?". [18] *Abramo disse a Dio: "Se almeno Ismaele potesse vivere davanti a te!".* [19] *E Dio disse: "No, Sara, tua moglie, ti partorirà un figlio e lo chiamerai Isacco. Io stabilirò la mia alleanza con lui come alleanza perenne, per essere il Dio suo e della sua discendenza dopo di lui.* [20]*Anche riguardo a Ismaele io ti ho esaudito: ecco, io lo benedico e lo renderò fecondo e molto, molto numeroso: dodici principi egli genererà e di lui farò una grande nazione.*

E' normale che in epoca preistorica la gente vivesse centinaia di anni ed è ancora più normale che le donne partorissero a 99 anni.
- Ma è stato un miracolo!
- Ed allora come mai oggi i miracoli riesce a farli solo la scienza e non dio?
P.S.: perché i bigotti cattolici condannano la Nannini che ha avuto un figlio a 54 anni, quando Sara addirittura l'avrebbe avuto a 90 anni?

GENESI Cap. 18, vv. 22-32 (La Bibbia spiegata ai piazzisti)

[22]*Quegli uomini partirono di là e andarono verso Sòdoma, mentre Abramo stava ancora alla presenza del Signore.* [23]*Abramo gli si avvicinò e gli disse: "Davvero sterminerai il giusto con l'empio?* [24]*Forse vi sono cinquanta giusti nella città: davvero li vuoi sopprimere? E non perdonerai a quel luogo per riguardo ai cinquanta giusti che vi si trovano?* [25]*Lontano da te il far morire il giusto con l'empio, così che il giusto sia trattato come l'empio; lontano da te! Forse il giudice di tutta la terra non praticherà la giustizia?".* [26]*Rispose il Signore: "Se a Sòdoma troverò cinquanta giusti nell'ambito della città, per riguardo a loro perdonerò a tutto quel luogo".* [27]*Abramo riprese e disse: "Vedi come ardisco parlare al mio Signore, io che sono polvere e cenere:* [28]*forse ai cinquanta giusti ne mancheranno cinque; per questi cinque distruggerai tutta la città?". Rispose: "Non la distruggerò, se ve ne troverò quarantacinque".* [29]*Abramo riprese*

ancora a parlargli e disse: "Forse là se ne troveranno quaranta". Rispose: "Non lo farò, per riguardo a quei quaranta". ³⁰*Riprese: "Non si adiri il mio Signore, se parlo ancora: forse là se ne troveranno trenta". Rispose: "Non lo farò, se ve ne troverò trenta".* ³¹*Riprese: "Vedi come ardisco parlare al mio Signore! Forse là se ne troveranno venti". Rispose: "Non la distruggerò per riguardo a quei venti".* ³²*Riprese: "Non si adiri il mio Signore, se parlo ancora una volta sola: forse là se ne troveranno dieci". Rispose: "Non la distruggerò per riguardo a quei dieci".*

Dopo questa lunghissima contrattazione si conclude che è giustissimo distruggere un popolo empio, anche se fra loro ci sono nove giusti (ma non si può fare se ce ne sono di più).
Ma chi stabilisce chi è giusto e chi no, ed in base a cosa?
Sempre i fanatici della religione dominante lo stabiliscono, ovvio, ed in nome del loro dio radono al suolo intere città, ma solo se non ci sono più di 9 "giusti"!

GENESI Cap. 19, vv. 4-8 (La Bibbia spiegata ai violentatori)

⁴*Non si erano ancora coricati, quand'ecco gli uomini della città, cioè gli abitanti di Sòdoma, si affollarono attorno alla casa, giovani e vecchi, tutto il popolo al completo.* ⁵*Chiamarono Lot e gli dissero: "Dove sono quegli uomini che sono entrati da te questa notte? Falli uscire da noi, perché possiamo abusarne!".* ⁶*Lot uscì verso di loro sulla soglia e, dopo aver chiuso la porta dietro di sé,* ⁷*disse: "No, fratelli miei, non fate del male!* ⁸*Sentite, io ho due figlie che non hanno ancora conosciuto uomo; lasciate che ve le porti fuori e fate loro quel che vi piace, purché non facciate nulla a questi uomini, perché sono entrati all'ombra del mio tetto".*

Questo è uno degli episodi più vergognosi dell'intero libro "sacro".
Lot che per salvare gli angeli di dio (ma non sono immortali?) **non** offre sé stesso alla folla, come sarebbe logico, ma offre le sue due figlie vergini affinché la folla si placasse facendone quello che a loro piaceva!
Questo episodio **non** è condannato da dio, visto che a compierlo è stato uno dei pochi uomini giusti presenti a Sodoma e che dio salverà.
Insomma chi offre le figlie ai violentatori è molto ben visto agli occhi del signore.

GENESI Cap. 19, vv. 23-26 (La Bibbia spiegata ai neonati)

²³*Il sole spuntava sulla terra e Lot era arrivato a Soar,* ²⁴*quand'ecco il Signore fece piovere dal cielo sopra Sòdoma e sopra Gomorra zolfo e fuoco provenienti dal Signore.* ²⁵*Distrusse queste città e tutta la valle con tutti gli abitanti delle città e la vegetazione del suolo.* ²⁶*Ora la moglie di Lot guardò indietro e divenne una statua di sale.*

Ecco il dio della Bibbia: incenerisce una città in un attimo e ci dice che è giusto così perché erano...sodomiti.
Ammesso che per dio tale peccato sia così grave, ammesso che tutti meno 9 giusti praticassero la sodomia, che colpa avevano i neonati che sicuramente perirono in gran numero?
Ma non è che Sodoma sia stata distrutta da qualche esercito che affermava di agire, come al solito, per conto di dio?
Infine, guarda caso, a non rispettare gli ordini di dio ed a subirne le conseguenze è sempre una donna, la moglie di Lot, trasformata in una statua di sale, le donne sempre mentitrici ed inaffidabili.

GENESI Cap. 19, vv. 30-38 (La Bibbia spiegata agli incestuosi)

³⁰*Poi Lot partì da Soar e andò ad abitare sulla montagna con le sue due figlie, perché temeva di restare a Soar, e si stabilì in una caverna con le sue due figlie.* ³¹*Ora la maggiore disse alla più piccola: "Nostro padre è vecchio e non c'è nessuno in questo territorio per unirsi a noi, come avviene dappertutto.* ³²*Vieni, facciamo bere del vino a nostro padre e poi corichiamoci con lui, così daremo vita a una discendenza da nostro padre".* ³³*Quella notte fecero bere del vino al loro padre e la maggiore andò a coricarsi con il padre; ma egli non se ne accorse, né quando lei si coricò né quando lei si alzò.* ³⁴*All'indomani la maggiore disse alla più piccola: "Ecco, ieri io mi sono coricata con nostro padre: facciamogli bere del vino anche questa notte e va' tu a coricarti con lui; così daremo vita a una discendenza da nostro padre".* ³⁵*Anche quella notte fecero bere del vino al loro padre e la più piccola andò a coricarsi con lui; ma egli non se ne accorse, né quando lei si coricò né quando lei si alzò.* ³⁶*Così le due figlie di Lot rimasero incinte del loro padre.* ³⁷*La maggiore partorì un figlio e lo chiamò Moab. Costui è il padre dei Moabiti, che esistono ancora oggi.* ³⁸*Anche la più piccola partorì un figlio e lo chiamò "Figlio del mio popolo". Costui è il padre degli Ammoniti, che esistono ancora oggi.*

Questo è uno dei passaggi più hard core dell'intera Bibbia:
le figlie di Lot che fanno ubriacare il padre e che ci dormono insieme.
Per avere una discendenza bastava anche solo la figlia maggiore, ma evidentemente ci presero gusto.
Inoltre è impossibile che una persona, per quanto ubriaco, non si accorga con chi stia facendo sesso, evidentemente l'episodio racconta di un episodio incestuoso di cui Lot non può non averne colpa!
Quanto accaduto non risulta sia stato punito da dio, che quindi ammette l'incesto.
Forse anche la pedofilia dato che non si sa esattamente l'età della figlia minore...
Certo che la Bibbia non è un libro da mettere in mano ai bambini, almeno ci scrivessero sopra:
VIETATO AI MINORI DI 18 ANNI!

GENESI Cap. 20, vv. 1-7 (La Bibbia spiegata agli smemorati)

[1]*Abramo levò le tende, dirigendosi nella regione del Negheb, e si stabilì tra Kades e Sur; poi soggiornò come straniero a Gerar.*[2]*Siccome Abramo aveva detto della moglie Sara: "È mia sorella", Abimèlec, re di Gerar, mandò a prendere Sara.* [3]*Ma Dio venne da Abimèlec di notte, in sogno, e gli disse: "Ecco, stai per morire a causa della donna che tu hai preso; lei appartiene a suo marito".*[4]*Abimèlec, che non si era ancora accostato a lei, disse: "Mio Signore, vuoi far morire una nazione, anche se giusta?* [5]*Non è stato forse lui a dirmi: "È mia sorella"? E anche lei ha detto: "È mio fratello". Con cuore retto e mani innocenti mi sono comportato in questo modo".* [6]*Gli rispose Dio nel sogno: "So bene che hai agito così con cuore retto e ti ho anche impedito di peccare contro di me: perciò non ho permesso che tu la toccassi.* [7]*Ora restituisci la donna di quest'uomo, perché è un profeta: pregherà per te e tu vivrai. Ma se tu non la restituisci, sappi che meriterai la morte con tutti i tuoi".*

Questo episodio è successivo alla gravidanza di Sara, che a questo punto avrebbe oltre 100 anni.
E' credibile che potesse ancora suscitare interesse sessuale in un re, visto che i monarchi a quei tempi si intrattenevano con schiave anche minorenni?
Inoltre la stessa Sara dubitava che sarebbe riuscita ad avere il rapporto sessuale col marito per fare il figlio che dio voleva darle!

Incredibilmente smemorato il pastore errante scrittore della Genesi!
Tra l'altro è la seconda volta che Abramo fa il giochino di far passare la moglie per sorella, in modo da poterla ben piazzare fra i potenti del luogo ed averne ritorni economici, ruffiano e recidivo!

GENESI Cap. 20, vv. 11-13 (La Bibbia spiegata alle mogli-sorelle)

[11]*Rispose Abramo: "Io mi sono detto: certo non vi sarà timor di Dio in questo luogo e mi uccideranno a causa di mia moglie.* [12]*Inoltre ella è veramente mia sorella, figlia di mio padre, ma non figlia di mia madre, ed è divenuta mia moglie.* [13]*Quando Dio mi ha fatto andare errando lungi dalla casa di mio padre, io le dissi: "Questo è il favore che tu mi farai: in ogni luogo dove noi arriveremo dirai di me: è mio fratello"".*

Per giustificarsi da una menzogna Abramo confessa un altro comportamento degno di lui:
Lui ha davvero sposato sua sorella, anche se solo di parte di padre, essendo la madre diversa.
Sono gli usi e costumi del popolo prediletto da dio!
Cosa c'è di male a sposare una sorella?

GENESI Cap. 20, vv. 17-18 (La Bibbia spiegata alle donne sterili)

[17]*Abramo pregò Dio e Dio guarì Abimèlec, sua moglie e le sue serve, sì che poterono ancora aver figli.* [18]*Il Signore, infatti, aveva reso sterili tutte le donne della casa di Abimèlec, per il fatto di Sara, moglie di Abramo.*

E' normale che se un re insidia (inconsapevolmente) una donna sposata dio renda sterili tutte le donne di quel popolo.
Si chiama giustizia divina!

GENESI Cap. 21, vv. 9-12 (La Bibbia spiegata agli illegittimi)

⁹*Ma Sara vide che il figlio di Agar l'Egiziana, quello che lei aveva partorito ad Abramo, scherzava con il figlio Isacco.* ¹⁰*Disse allora ad Abramo: "Scaccia questa schiava e suo figlio, perché il figlio di questa schiava non deve essere erede con mio figlio Isacco".* ¹¹*La cosa sembrò un gran male agli occhi di Abramo a motivo di suo figlio.* ¹²*Ma Dio disse ad Abramo: "Non sembri male ai tuoi occhi questo, riguardo al fanciullo e alla tua schiava: ascolta la voce di Sara in tutto quello che ti dice, perché attraverso Isacco da te prenderà nome una stirpe.*

Veramente odiosa questa Sara, che anche dopo aver avuto un figlio suo, imperversa contro la povera schiava Agar.
La cosa assurda ed orrenda è che proprio lei, Sara, aveva consegnato Agar al marito per farle fare un figlio!
E naturalmente dio vuole tutto questo!

GENESI Cap. 21, vv. 14-20 (La Bibbia spiegata ai diseredati)

¹⁴*Abramo si alzò di buon mattino, prese il pane e un otre d'acqua e li diede ad Agar, caricandoli sulle sue spalle; le consegnò il fanciullo e la mandò via. Ella se ne andò e si smarrì per il deserto di Bersabea.* ¹⁵*Tutta l'acqua dell'otre era venuta a mancare. Allora depose il fanciullo sotto un cespuglio* ¹⁶*e andò a sedersi di fronte, alla distanza di un tiro d'arco, perché diceva: "Non voglio veder morire il fanciullo!". Sedutasi di fronte, alzò la voce e pianse.* ¹⁷*Dio udì la voce del fanciullo e un angelo di Dio chiamò Agar dal cielo e le disse: "Che hai, Agar? Non temere, perché Dio ha udito la voce del fanciullo là dove si trova.* ¹⁸*Àlzati, prendi il fanciullo e tienilo per mano, perché io ne farò una grande nazione".* ¹⁹*Dio le aprì gli occhi ed ella vide un pozzo d'acqua. Allora andò a riempire l'otre e diede da bere al fanciullo.* ²⁰*E Dio fu con il fanciullo, che crebbe e abitò nel deserto e divenne un tiratore d'arco.*

Anche se dio gli indora la pillola la realtà é questa: la profonda ingiustizia subita da Agar, che viene costretta da Sara a fare un figlio con il marito, Abramo, ma che poi viene scacciata con un pane ed un otre d'acqua non appena Sara riuscì ad avere un figlio suo.
Si tratta degli imperscrutabili voleri di dio...

GENESI Cap. 22, vv. 1-12 (La Bibbia spiegata ai bambini sgozzati)

¹Dopo queste cose, Dio mise alla prova Abramo e gli disse: "Abramo!". Rispose: "Eccomi!".²Riprese: "Prendi tuo figlio, il tuo unigenito che ami, Isacco, va' nel territorio di Mòria e offrilo in olocausto su di un monte che io ti indicherò".
³Abramo si alzò di buon mattino, sellò l'asino, prese con sé due servi e il figlio Isacco, spaccò la legna per l'olocausto e si mise in viaggio verso il luogo che Dio gli aveva indicato. ⁴Il terzo giorno Abramo alzò gli occhi e da lontano vide quel luogo.⁵Allora Abramo disse ai suoi servi: "Fermatevi qui con l'asino; io e il ragazzo andremo fin lassù, ci prostreremo e poi ritorneremo da voi". ⁶Abramo prese la legna dell'olocausto e la caricò sul figlio Isacco, prese in mano il fuoco e il coltello, poi proseguirono tutti e due insieme. ⁷Isacco si rivolse al padre Abramo e disse: "Padre mio!". Rispose: "Eccomi, figlio mio". Riprese: "Ecco qui il fuoco e la legna, ma dov'è l'agnello per l'olocausto?". ⁸Abramo rispose: "Dio stesso si provvederà l'agnello per l'olocausto, figlio mio!". Proseguirono tutti e due insieme.
⁹Così arrivarono al luogo che Dio gli aveva indicato; qui Abramo costruì l'altare, collocò la legna, legò suo figlio Isacco e lo depose sull'altare, sopra la legna. ¹⁰Poi Abramo stese la mano e prese il coltello per immolare suo figlio. ¹¹Ma l'angelo del Signore lo chiamò dal cielo e gli disse: "Abramo, Abramo!". Rispose: "Eccomi!". ¹²L'angelo disse: "Non stendere la mano contro il ragazzo e non fargli niente! Ora so che tu temi Dio e non mi hai rifiutato tuo figlio, il tuo unigenito".

Questo per me è uno dei passaggi più ripugnanti di tutta la Bibbia.
Un dio che soltanto chieda di ammazzare un figlio non è da prendere in considerazione, è un mostro o, più razionalmente, un'allucinazione.
Ed un padre che ascolti delle voci allucinatorie e punti la lama del coltello alla gola del figlio andrebbe immediatamente neutralizzato e rinchiuso in manicomio.
Invece per i credenti sarebbe un esempio da imitare.
Ma allora perché non sarebbe un bell'esempio da imitare quel musulmano che in Italia scannò la figlia perché si era allontanata dalle tradizioni religiose del suo clan?
Il mondo alla rovescia, i pazzi vengono fatti santi, chi cerca di ragionare finisce al rogo!

GENESI Cap. 24, vv. 2-4 (La Bibbia spiegata ai palpeggiatori)

²*Allora Abramo disse al suo servo, il più anziano della sua casa, che aveva potere su tutti i suoi beni: "Metti la mano sotto la mia coscia ³e ti farò giurare per il Signore, Dio del cielo e Dio della terra, che non prenderai per mio figlio una moglie tra le figlie dei Cananei, in mezzo ai quali abito, ⁴ma che andrai nella mia terra, tra la mia parentela, a scegliere una moglie per mio figlio Isacco".*

Davvero curiosa forma di giuramento questa in cui chi giura prende fra le mani i genitali della persona a cui fa la promessa!
Penso che molti fra gli ebrei preferissero fare il solenne giuramento ad una donna...
E continua all'infinito il razzismo nei confronti dei Cananei, di cui la tribù di Abramo è ospite, ma mai suo figlio dovrà prendere in moglie una Cananea.
La Bibbia instilla nella mente umana il razzismo, dalla prima all'ultima pagina

GENESI Cap. 24, vv. 15-16 (La Bibbia spiegata alle verginelle)

¹⁵*Non aveva ancora finito di parlare, quand'ecco Rebecca, che era figlia di Betuèl, figlio di Milca, moglie di Nacor, fratello di Abramo, usciva con l'anfora sulla spalla.* ¹⁶*La giovinetta era molto bella d'aspetto, era vergine, nessun uomo si era unito a lei. Ella scese alla sorgente, riempì l'anfora e risalì.*

Che il valore morale di una donna sia valutato dalla presenza o meno di una pellicina vaginale, residuo embrionale, insomma imperfezione anatomica dell'evoluzione umana, è aberrante.
Purtroppo le religioni ed in particolare quella cattolica sono sessuofobiche ed attribuiscono grande valore al non fare quello per cui la natura ci ha predisposti dalla pubertà in poi!

GENESI Cap. 24, vv. 22-23 (La Bibbia spiegata agli orafi)

²²*Quando i cammelli ebbero finito di bere, quell'uomo prese un pendente d'oro del peso di mezzo siclo e glielo mise alle narici, e alle sue braccia mise due braccialetti del peso di*

dieci sicli d'oro. ²³*E disse: "Di chi sei figlia? Dimmelo. C'è posto per noi in casa di tuo padre, per passarvi la notte?".*

La Bibbia ha le idee chiare su come si conquistano le ragazze: appendi loro un mezzo chilo d'oro addosso ed è fatta.
Berlusconi ha letto la Genesi.

GENESI Cap. 24, vv. 34-36 (La Bibbia spiegata agli schiavisti)

³⁴*E disse: "Io sono un servo di Abramo.* ³⁵*Il Signore ha benedetto molto il mio padrone, che è diventato potente: gli ha concesso greggi e armenti, argento e oro, schiavi e schiave, cammelli e asini.* ³⁶*Sara, la moglie del mio padrone, quando ormai era vecchia, gli ha partorito un figlio, al quale egli ha dato tutti i suoi beni.*

Notare che schiavi e schiave sono messi in ordine di importanza dopo greggi ed armenti, argento ed oro e solo prima di cammelli ed asini.
Lo so che è lo spirito del tempo, a quel tempo la schiavitù era normale, ma dato che la Bibbia è la voce di dio, anche allora poteva esprimere una condanna sul ridurre gli uomini al pari delle bestie da soma.
Ovvia conclusione quindi:
dio vuole la schiavitù.
D'altra parte la chiesa è stata l'ultima istituzione ad aver ripudiato la schiavitù e nelle colonie americane gestite dai cattolici gli schiavi erano trattati peggio che in qualsiasi altro posto!

GENESI Cap. 24, vv. 50-54 (La Bibbia spiegata ai venditori di figlie)

⁵⁰*Allora Làbano e Betuèl risposero: "La cosa procede dal Signore, non possiamo replicarti nulla, né in bene né in male.*⁵¹*Ecco Rebecca davanti a te: prendila, va' e sia la moglie del figlio del tuo padrone, come ha parlato il Signore".*
⁵²*Quando il servo di Abramo udì le loro parole, si prostrò a terra davanti al Signore.* ⁵³*Poi il servo estrasse oggetti d'argento, oggetti d'oro e vesti e li diede a Rebecca; doni preziosi diede anche al fratello e alla madre di lei.* ⁵⁴*Poi mangiarono e bevvero lui e i suoi uomini e passarono la notte. Quando si alzarono alla mattina, egli disse: "Lasciatemi andare dal mio padrone".*

Lo so che una volta era così e che in molti popoli è ancora così: le figlie vengono vendute in moglie in base alla quantità di doni ricevuti dalla famiglia dello sposo e spesso senza che lo sposo sia stato nemmeno visto dalla donna, il tutto magari ad un'età pre-adolescenziale.
Ma se la Bibbia è il libro ispirato da dio non può semplicemente essere lo specchio dei tempi, ma rappresenta il pensiero ed il desiderio di questo dio ed a questo dio sembra che il commercio di figlie stia molto bene.

GENESI Cap. 24, vv. 65-67
(La Bibbia spiegata alle donne islamiche)

[65]E disse al servo: "Chi è quell'uomo che viene attraverso la campagna incontro a noi?". Il servo rispose: "È il mio padrone". Allora ella prese il velo e si coprì. [66]Il servo raccontò a Isacco tutte le cose che aveva fatto.[67]Isacco introdusse Rebecca nella tenda che era stata di sua madre Sara; si prese in moglie Rebecca e l'amò. Isacco trovò conforto dopo la morte della madre.

La Bibbia vuole che la donna vada velata al cospetto del fidanzato!
E poi prendiamo in giro le nazioni islamiche sull'uso del velo.
Le donne occidentali non sono state liberate dal velo per virtù della religione cattolica, ma grazie alle lotte di liberazione ed alla nascita delle democrazie borghesi

GENESI Cap. 25, vv. 5-6 (La Bibbia spiegata ai Presidenti del Consiglio)

[5]Abramo diede tutti i suoi beni a Isacco. [6]Invece ai figli delle concubine, che aveva avuto, Abramo fece doni e, mentre era ancora in vita, li licenziò, mandandoli lontano da Isacco suo figlio, verso il levante, nella regione orientale.

Per la Bibbia è normale la poligamia, ed è normale che, pur avendo diverse mogli, si abbia anche delle concubine, vere e proprie schiave sessuali sulla cui età anagrafica si glissa...
d è infine normale scacciare via con qualche regalino i figli delle concubine...

Oggi nulla è cambiato, chi è potente ed amico della chiesa e quindi di dio può avere tre mogli ed infinite concubine anche minorenni, è dio che lo vuole!

GENESI Cap. 25 vv. 20-21
(La Bibbia spiegata ai ricercatori sulla fecondazione assistita)

[20]Isacco aveva quarant'anni quando si prese in moglie Rebecca, figlia di Betuèl l'Arameo, da Paddan-Aram, e sorella di Làbano, l'Arameo. [21]Isacco supplicò il Signore per sua moglie, perché ella era sterile e il Signore lo esaudì, così che sua moglie Rebecca divenne incinta.

A che servono la medicina e la ricerca?
Basta una bella preghiera e le sterilità si risolvono come per incanto.
Per tale ragione la chiesa ha di fatto proibito qualsiasi pratica e ricerca scientifica nel campo della fecondazione assistita:
se sono efficaci le preghiere a che serve la ricerca?

GENESI Cap. 25 vv. 29-34 (La Bibbia spiegata ai cuochi)

[29]Una volta Giacobbe aveva cotto una minestra; Esaù arrivò dalla campagna ed era sfinito. [30]Disse a Giacobbe: "Lasciami mangiare un po' di questa minestra rossa, perché io sono sfinito". Per questo fu chiamato Edom. [31]Giacobbe disse: "Vendimi subito la tua primogenitura". [32]Rispose Esaù: "Ecco, sto morendo: a che mi serve allora la primogenitura?". [33]Giacobbe allora disse: "Giuramelo subito". Quegli lo giurò e vendette la primogenitura a Giacobbe. [34]Giacobbe diede a Esaù il pane e la minestra di lenticchie; questi mangiò e bevve, poi si alzò e se ne andò. A tal punto Esaù aveva disprezzato la primogenitura.

Su questo episodio non c'è una valutazione morale da parte del narratore del libro fantasy, ma vorrei far notare che quando si sta morendo di fame la primogenitura non serve a nulla, e comunque a mio avviso è più da disprezzare il comportamento di Giacobbe, sfruttatore e ricattatore rispetto al povero e sprovveduto Esaù.
Ma nella Bibbia e nella vita sono i furbi ad andare avanti!

GENESI Cap. 26 vv. 6-11 (La Bibbia spiegata ai recidivi)

⁶Così Isacco dimorò a Gerar. ⁷Gli uomini del luogo gli fecero domande sulla moglie, ma egli disse: "È mia sorella"; infatti aveva timore di dire: "È mia moglie", pensando che gli uomini del luogo lo avrebbero potuto uccidere a causa di Rebecca, che era di bell'aspetto.
⁸Era là da molto tempo, quando Abimèlec, re dei Filistei, si affacciò alla finestra e vide Isacco scherzare con la propria moglie Rebecca. ⁹Abimèlec chiamò Isacco e disse: "Sicuramente ella è tua moglie. E perché tu hai detto: "È mia sorella"?". Gli rispose Isacco: "Perché mi son detto: che io non abbia a morire per causa di lei!". ¹⁰Riprese Abimèlec: "Perché ti sei comportato così con noi? Poco ci mancava che qualcuno del popolo si unisse a tua moglie e tu attirassi su di noi una colpa".¹¹Abimèlec diede quest'ordine a tutto il popolo: "Chi tocca quest'uomo o sua moglie sarà messo a morte!".

Come ben due volte il padre Abramo, anche Isacco, quando è in difficoltà, con la massima disinvoltura, offre la moglie Rebecca ai popoli ospiti al fine di ottenerne protezione e favori personali.
Che volete farci, questi sono i progenitori di cristo!

GENESI Cap. 27 vv. 1-17 (La Bibbia spiegata ai truffatori)

¹ Isacco era vecchio e gli occhi gli si erano così indeboliti che non ci vedeva più. Chiamò il figlio maggiore, Esaù, e gli disse: "Figlio mio". Gli rispose: "Eccomi". ²Riprese: "Vedi, io sono vecchio e ignoro il giorno della mia morte. ³Ebbene, prendi le tue armi, la tua farètra e il tuo arco, va' in campagna e caccia per me della selvaggina. ⁴Poi preparami un piatto di mio gusto e portamelo; io lo mangerò affinché possa benedirti prima di morire". ⁵Ora Rebecca ascoltava, mentre Isacco parlava al figlio Esaù. Andò dunque Esaù in campagna a caccia di selvaggina da portare a casa. ⁶Rebecca disse al figlio Giacobbe: "Ecco, ho sentito tuo padre dire a tuo fratello Esaù:⁷"Portami della selvaggina e preparami un piatto, lo mangerò e poi ti benedirò alla presenza del Signore prima di morire". ⁸Ora, figlio mio, da' retta a quel che ti ordino. ⁹Va' subito al gregge e prendimi di là due bei capretti; io preparerò un piatto per tuo padre, secondo il suo gusto. ¹⁰Così tu lo porterai a tuo padre, che ne mangerà, perché ti benedica prima di morire".¹¹Rispose Giacobbe a Rebecca, sua madre: "Sai bene che mio fratello Esaù è peloso, mentre io ho la pelle liscia. ¹²Forse mio padre mi toccherà e si accorgerà che mi prendo gioco di lui e attirerò sopra di me una maledizione invece di una benedizione".¹³Ma sua madre gli disse: "Ricada pure su di me la tua maledizione, figlio mio! Tu dammi retta e va' a prendermi i capretti". [14]*Allora egli andò a prenderli e li portò alla madre, così la madre ne fece un piatto secondo il gusto di suo padre.* [15]*Rebecca prese i vestiti più belli del figlio maggiore, Esaù, che erano in casa presso di lei, e li fece indossare al figlio minore, Giacobbe;* [16]*con le pelli dei capretti rivestì le sue braccia e la parte liscia del collo.* [17]*Poi mise in mano a suo figlio Giacobbe il piatto e il pane che aveva preparato.*

Un altro edificante episodio della Genesi:
Esaù, che era stato già defraudato della primogenitura da Giacobbe per un piatto di lenticchie, viene di nuovo ingannato dalla madre Rebecca e dal fratello Giacobbe, che si fa benedire dal padre in punto di morte, al posto di Esaù!
Dio naturalmente, manco a dirlo è dalla parte di Giacobbe.
Il trucco è assolutamente banale, come la favola di cappuccetto rosso, ma a che serve una benedizione estorta in quel modo, agli occhi del dio giusto ed infallibile?

GENESI Cap. 28 vv. 1-2 (La Bibbia spiegata ancora ai razzisti)

[1] *Allora Isacco chiamò Giacobbe, lo benedisse e gli diede questo comando: "Tu non devi prender moglie tra le figlie di Canaan.*[2]*Su, va' in Paddan-Aram, nella casa di Betuèl, padre di tua madre, e prenditi là una moglie tra le figlie di Làbano, fratello di tua madre.*

Ancora una volta il razzismo nei confronti del Cananei. Perché questo odio?
semplice perché il loro progenitore Cam aveva visto suo padre nudo!
Che cosa orrenda! per questo crimine è giusto che i neri paghino le conseguenze ancora oggi...

GENESI Cap. 28 vv. 8-9
(La Bibbia spiegata ancora una volta ai poligami)

⁸*Esaù comprese che le figlie di Canaan non erano gradite a suo padre Isacco.* ⁹*Allora si recò da Ismaele e, oltre le mogli che aveva, si prese in moglie Macalàt, figlia di Ismaele, figlio di Abramo, sorella di Nebaiòt.*

Insomma Esaù aveva tante mogli cananee, ma naturalmente non valevano nulla e quindi ne prese ancora un'altra da Ismaele.
Inoltre dio ama la poligamia, come mai la chiesa romana no?
Non mi si porti a giustificazione le parole di Cristo che avrebbe detto che chi ripudia la moglie è un duro di cuore.
Qui non si parla di ripudiare, ma di fare delle belle ammucchiate tutti insieme!

GENESI Cap. 28 vv. 14-15 (La Bibbia spiegata agli espansionisti)

¹⁴*La tua discendenza sarà innumerevole come la polvere della terra; perciò ti espanderai a occidente e a oriente, a settentrione e a mezzogiorno. E si diranno benedette, in te e nella tua discendenza, tutte le famiglie della terra.* ¹⁵*Ecco, io sono con te e ti proteggerò dovunque tu andrai; poi ti farò ritornare in questa terra, perché non ti abbandonerò senza aver fatto tutto quello che ti ho detto".*

Si, dio ama i popoli che a suon di guerre, stragi, stupri, pulizie etniche si espande dappertutto conquistando il mondo intero.
Dio è stato dalla parte di Hitler (od almeno i suoi rappresentanti in terra lo sono stati) e non è un caso.

GENESI Cap. 28 vv. 16-17 (La Bibbia spiegata ai terrorizzati)

¹⁶*Giacobbe si svegliò dal sonno e disse: "Certo, il Signore è in questo luogo e io non lo sapevo".* ¹⁷*Ebbe timore e disse: "Quanto è terribile questo luogo! Questa è proprio la casa di Dio, questa è la porta del cielo".*

Si, condivido appieno le parole di Giacobbe: il dio disegnato, inventato, descritto nella Bibbia è davvero terribile, direi impresentabile, si tratta di un dio che deve incutere paura, un dio che ordina stragi, un dio assetato di sangue.

GENESI Cap. 28 vv. 20-22
(La Bibbia spiegata ai riscossori del pizzo)

[20]*Giacobbe fece questo voto: "Se Dio sarà con me e mi proteggerà in questo viaggio che sto facendo e mi darà pane da mangiare e vesti per coprirmi,* [21]*se ritornerò sano e salvo alla casa di mio padre, il Signore sarà il mio Dio.* [22]*Questa pietra, che io ho eretto come stele, sarà una casa di Dio; di quanto mi darai, io ti offrirò la decima".*

Questo è il passaggio della Genesi che più piace al clero:
la decima, il pizzo su ogni utile prodotto dall'uomo e che la chiesa ha raccolto per millenni, ingrassando preti e cardinali, mentre la gente veniva sterminata dalle carestie.
oggi c'è l'8 per mille, ma non inganni l'esiguità della percentuale, se ci aggiungiamo tutte le agevolazioni ed elargizioni varie a favore di queste sanguisughe sicuramente la decima c'è ancora oggi, se non l'ottava o la sesta.

GENESI Cap. 29 vv. 18-20 (La Bibbia spiegata ai consanguinei)

[18]*perciò Giacobbe s'innamorò di Rachele. Disse dunque: "Io ti servirò sette anni per Rachele, tua figlia minore".* [19]*Rispose Làbano: "Preferisco darla a te piuttosto che a un estraneo. Rimani con me".* [20]*Così Giacobbe servì sette anni per Rachele: gli sembrarono pochi giorni, tanto era il suo amore per lei.*

Va da sé che l'opinione di Rachele non conta nulla...
Va da sé che le figlie si vendono per soldi o per servizi...
Ma Rachele non era consanguinea? io capisco poco di parentele , ma ad occhio direi che erano cugini.
Ah già, dio approva anche questo!

GENESI Cap. 29 vv. 21-30 (La Bibbia spiegata alle cognate)

²¹*Poi Giacobbe disse a Làbano: "Dammi la mia sposa, perché i giorni sono terminati e voglio unirmi a lei".* ²²*Allora Làbano radunò tutti gli uomini del luogo e diede un banchetto.* ²³*Ma quando fu sera, egli prese la figlia Lia e la condusse da lui ed egli si unì a lei.* ²⁴*Làbano diede come schiava, alla figlia Lia, la sua schiava Zilpa.* ²⁵*Quando fu mattina... ecco, era Lia! Allora Giacobbe disse a Làbano: "Che cosa mi hai fatto? Non sono stato al tuo servizio per Rachele? Perché mi hai ingannato?".* ²⁶*Rispose Làbano: "Non si usa far così dalle nostre parti, non si dà in sposa la figlia più piccola prima della primogenita.* ²⁷*Finisci questa settimana nuziale, poi ti darò anche l'altra per il servizio che tu presterai presso di me per altri sette anni".* ²⁸*E così fece Giacobbe: terminò la settimana nuziale e allora Làbano gli diede in moglie la figlia Rachele.*²⁹*Làbano diede come schiava, alla figlia Rachele, la sua schiava Bila.* ³⁰*Giacobbe si unì anche a Rachele e amò Rachele più di Lia. Fu ancora al servizio di lui per altri sette anni.*

Magari fa parte delle fantasie di molti "conoscere" biblicamente una cognatina, per la Bibbia si può ed è cosa santa, basta sposare tutte e due le sorelle, cominciando dalla più brutta.
E' credibile che Giacobbe non si sia accorto della sostituzione visto che Rachele era bella e Lia racchia? Evidentemente se le voleva fare tutte e due.
Squallido anche il padre, che naturalmente sfrutta il lavoro di Giacobbe due volte, sette anni alla volta.
Assolutamente incomprensibile nel contesto il fatto che il padre dà una schiava ciascuna alle figlie. Forse per soddisfare ulteriormente le voglie sessuali del voglioso Giacobbe?

GENESI Cap. 30 vv. 1-13 (La Bibbia spiegata agli scambisti)

¹*Rachele, vedendo che non le era concesso di dare figli a Giacobbe, divenne gelosa della sorella e disse a Giacobbe: "Dammi dei figli, se no io muoio!".* ²*Giacobbe s'irritò contro Rachele e disse: "Tengo forse io il posto di Dio, il quale ti ha negato il frutto del grembo?".* ³*Allora ella rispose: "Ecco la mia serva Bila: uniscti a lei, partorisca sulle mie ginocchia cosicché, per mezzo di lei, abbia anch'io una mia prole".* ⁴*Così ella gli diede in moglie la propria schiava Bila e Giacobbe si unì a lei.* ⁵*Bila concepì e partorì a Giacobbe un figlio.* ⁶*Rachele disse: "Dio mi ha fatto giustizia e ha anche ascoltato la*

mia voce, dandomi un figlio". Per questo ella lo chiamò Dan. ⁷*Bila, la schiava di Rachele, concepì ancora e partorì a Giacobbe un secondo figlio.* ⁸*Rachele disse: "Ho sostenuto contro mia sorella lotte tremende e ho vinto!". E lo chiamò Nèftali.* ⁹*Allora Lia, vedendo che aveva cessato di aver figli, prese la propria schiava Zilpa e la diede in moglie a Giacobbe.* ¹⁰*Zilpa, la schiava di Lia, partorì a Giacobbe un figlio.* ¹¹*Lia esclamò: "Per fortuna!" e lo chiamò Gad.* ¹²*Zilpa, la schiava di Lia, partorì un secondo figlio a Giacobbe.* ¹³*Lia disse: "Per mia felicità! Certamente le donne mi chiameranno beata". E lo chiamò Aser.*

E' davvero spassosa questa lunga serie di ammucchiate, in cui le due mogli di Giacobbe danno a turno le loro schiave per fare figli con lui, una vera orgia, un carnaio umano, per la gloria di dio, ma che evidenzia un concetto ben preciso:
Gli schiavi e le schiave dovevano esaudire tutti i desideri dei padroni e quindi, quando richiesto ANCHE gli appetiti sessuali, ricordatevene quando nella Bibbia si parla di schiavi.
Ah, e naturalmente nessuno si chiedeva che età avessero le schiave!

GENESI Cap. 30 vv. 14-21
(La Bibbia spiegata ancora agli scambisti)

¹⁴*Al tempo della mietitura del grano, Ruben uscì e trovò delle mandragore, che portò alla madre Lia. Rachele disse a Lia: "Dammi un po' delle mandragore di tuo figlio".* ¹⁵*Ma Lia rispose: "Ti sembra poco avermi portato via il marito, perché ora tu voglia portare via anche le mandragore di mio figlio?". Riprese Rachele: "Ebbene, Giacobbe si corichi pure con te questa notte, ma dammi in cambio le mandragore di tuo figlio".* ¹⁶*La sera, quando Giacobbe arrivò dalla campagna, Lia gli uscì incontro e gli disse: "Da me devi venire, perché io ho pagato il diritto di averti con le mandragore di mio figlio". Così egli si coricò con lei quella notte.* ¹⁷*Il Signore esaudì Lia, la quale concepì e partorì a Giacobbe un quinto figlio.* ¹⁸*Lia disse: "Dio mi ha dato il mio salario, perché ho dato la mia schiava a mio marito". E lo chiamò Ìssacar.* ¹⁹*Lia concepì e partorì ancora un sesto figlio a Giacobbe.* ²⁰*Lia disse: "Dio mi ha fatto un bel regalo: questa volta mio marito mi preferirà, perché gli ho partorito sei figli". E lo chiamò Zàbulon.* ²¹*In seguito partorì una figlia e la chiamò Dina.*

Ancora da film a luci rosse questo brano biblico, in cui le donne si contendono il diritto di fare sesso con Giacobbe, per esempio pagando con una mandragora (ma non è un prezzo troppo basso?).
Inoltre emerge chiaramente che l'unico merito ed onore per una donna sta nel partorire quante più volte possibile!

GENESI Cap. 30 vv. 37-43 (La Bibbia spiegata a Mendel)

[37]*Ma Giacobbe prese rami freschi di pioppo, di mandorlo e di platano, ne intagliò la corteccia a strisce bianche, mettendo a nudo il bianco dei rami.* [38]*Mise i rami così scortecciati nei canaletti agli abbeveratoi dell'acqua, dove veniva a bere il bestiame, bene in vista per le bestie che andavano in calore quando venivano a bere.* [39]*Così le bestie andarono in calore di fronte ai rami e le capre figliarono capretti striati, punteggiati e chiazzati.* [40]*Quanto alle pecore, Giacobbe le separò e fece sì che le bestie avessero davanti a loro gli animali striati e tutti quelli di colore scuro del gregge di Làbano. E i branchi che si era così formato per sé, non li mise insieme al gregge di Làbano.*
[41]*Ogni qualvolta andavano in calore bestie robuste, Giacobbe metteva i rami nei canaletti in vista delle bestie, per farle concepire davanti ai rami.* [42]*Quando invece le bestie erano deboli, non li metteva. Così i capi di bestiame deboli erano per Làbano e quelli robusti per Giacobbe.* [43]*Egli si arricchì oltre misura e possedette greggi in grande quantità, schiave e schiavi, cammelli e asini.*

Non mi pare che Mendel abbia detto che il carattere ereditario del colore del mantello delle pecore sia dato dal colore delle frasche messe negli abbeveratoi!
Il dio che sa tutto e che ha dettato la Genesi doveva conoscere le leggi di Mendel!
Inoltre, ancora una volta, è dimostrato che la stirpe eletta, nata da Adamo e continuata fino a Gesù ha praticato costantemente l'inganno del prossimo. Giacobbe truffava alla grande il povero Labano e dio era contento di questo.
Insomma dio protettore dei truffatori!

GENESI Cap. 31 vv. 4-13 (La Bibbia spiegata ai ladri di bestiame)

[4]Allora Giacobbe mandò a chiamare Rachele e Lia, in campagna presso il suo gregge, [5]e disse loro: "Io mi accorgo dal volto di vostro padre che egli verso di me non è più come prima; ma il Dio di mio padre è stato con me. [6]Sapete voi stesse che ho servito vostro padre con tutte le mie forze, [7]mentre vostro padre si è beffato di me e ha cambiato dieci volte il mio salario; ma Dio non gli ha permesso di farmi del male. [8]Se egli diceva: "Le bestie punteggiate saranno il tuo salario", tutto il gregge figliava bestie punteggiate; se diceva: "Le bestie striate saranno il tuo salario", allora tutto il gregge figliava bestie striate. [9]Così Dio ha sottratto il bestiame a vostro padre e l'ha dato a me. [10]Una volta, nel tempo in cui il piccolo bestiame va in calore, io in sogno alzai gli occhi e vidi che i capri in procinto di montare le bestie erano striati, punteggiati e chiazzati. [11]L'angelo di Dio mi disse in sogno: "Giacobbe!". Risposi: "Eccomi". [12]Riprese: "Alza gli occhi e guarda: tutti i capri che montano le bestie sono striati, punteggiati e chiazzati, perché ho visto come ti tratta Làbano. [13]Io sono il Dio di Betel, dove tu hai unto una stele e dove mi hai fatto un voto.

Mi pare che Giacobbe stravolga berlusconianamente i fatti a suo vantaggio:
Lui aveva ingannato Làbano, con il trucchetto delle pecore nere e striate, ma adesso rovescia tutto ed afferma che ha dovuto imbrogliare Làbano perché lui lo imbrogliava sul salario.
Come dire che se un operaio non è soddisfatto del suo salario è giusto che rubi alla fabbrica del padrone.

GENESI Cap. 31 vv. 14-21 (La Bibbia spiegata ai ladri di idoli)

[14]Rachele e Lia gli risposero: "Abbiamo forse ancora una parte o una eredità nella casa di nostro padre? [15]Non siamo forse tenute in conto di straniere da parte sua, dal momento che ci ha vendute e si è anche mangiato il nostro denaro? [16]Tutta la ricchezza che Dio ha sottratto a nostro padre è nostra e dei nostri figli. Ora fa' pure quello che Dio ti ha detto". [17]Allora Giacobbe si alzò, caricò i figli e le mogli sui cammelli [18]e condusse via tutto il bestiame e tutti gli averi che si era acquistato, il bestiame che si era acquistato in Paddan-Aram, per ritornare da Isacco, suo padre, nella terra di Canaan. [19]Làbano era andato a tosare il gregge e Rachele rubò gli idoli che appartenevano al padre. [20]Giacobbe eluse l'attenzione di Làbano, l'Arameo, non lasciando trapelare che stava per fuggire;

²¹*così poté andarsene con tutti i suoi averi. Si mosse dunque, passò il Fiume e si diresse verso le montagne di Gàlaad.*

Continua l'edificante quadretto familiare. Riassumiamo: Giacobbe imbroglia Làbano facendo nascere tutte pecore striate. Làbano imbroglia Giacobbe riducendogli lo stipendio, Giacobbe ruba il bestiame fraudolentemente acquisito, e scappa, nel frattempo Rachele, prima di scappare, ruba gli idoli di famiglia.

E qui casca l'asino: La stirpe di Giacobbe era monoteista, credeva in un solo dio od adorava tanti altri dei, come adesso adorano Pio da Pietrelcina? Mi pare che questa religione da sempre sia stata politeista!

GENESI Cap. 32 vv. 25-33 (La Bibbia spiegata agli ortopedici)

²⁵*Giacobbe rimase solo e un uomo lottò con lui fino allo spuntare dell'aurora.* ²⁶*Vedendo che non riusciva a vincerlo, lo colpì all'articolazione del femore e l'articolazione del femore di Giacobbe si slogò, mentre continuava a lottare con lui.* ²⁷*Quello disse: "Lasciami andare, perché è spuntata l'aurora". Giacobbe rispose: "Non ti lascerò, se non mi avrai benedetto!".* ²⁸*Gli domandò: "Come ti chiami?". Rispose: "Giacobbe".* ²⁹*Riprese: "Non ti chiamerai più Giacobbe, ma Israele, perché hai combattuto con Dio e con gli uomini e hai vinto!".* ³⁰*Giacobbe allora gli chiese: "Svelami il tuo nome". Gli rispose: "Perché mi chiedi il nome?". E qui lo benedisse.* ³¹*Allora Giacobbe chiamò quel luogo Penuèl: "Davvero - disse - ho visto Dio faccia a faccia, eppure la mia vita è rimasta salva".* ³²*Spuntava il sole, quando Giacobbe passò Penuèl e zoppicava all'anca.* ³³*Per questo gli Israeliti, fino ad oggi, non mangiano il nervo sciatico, che è sopra l'articolazione del femore, perché quell'uomo aveva colpito l'articolazione del femore di Giacobbe nel nervo sciatico.*

Assolutamente ridicolo il brano di Giacobbe che lotta tutta la notte con dio e dio che non riesce a vincerlo se non colpendolo all'articolazione del femore, slogandola.

I medici sanno benissimo che la slogatura dell'articolazione del femore è evento fortemente traumatico, dolorosissimo e non permette di camminare, come invece Giacobbe poi fa.

In realtà, dato che si parla di nervo sciatico, probabilmente quella notte Giacobbe avrà avuto una lombosciatalgia acuta e si sarà inventata la storiella della lotta con dio.

Non a caso la lombosciatalgia acuta viene chiamata nel linguaggio popolare "colpo della strega", e quindi causato da forze soprannaturali.
P.S.: naturalmente per il pastore errante, scrittore della Bibbia, è normale vedere dio in faccia, perché è assodato che dio ha una faccia, è fatto a nostra immagine e somiglianza!
Resta da sapere solo se sia biondo o bruno!

GENESI Cap. 34 vv. 1-5 (La Bibbia degli stupratori)

¹Dina, la figlia che Lia aveva partorito a Giacobbe, uscì a vedere le ragazze del posto. ²Ma la notò Sichem, figlio di Camor l'Eveo, principe di quel territorio, la rapì e si coricò con lei facendole violenza. ³Ma poi egli rimase legato a Dina, figlia di Giacobbe; s'innamorò della giovane e le rivolse parole di conforto. ⁴Quindi disse a Camor, suo padre: "Prendimi in moglie questa ragazza".⁵Intanto Giacobbe aveva saputo che quello aveva disonorato sua figlia Dina, ma i suoi figli erano in campagna con il suo bestiame, e Giacobbe tacque fino al loro arrivo.

Ecco come si trattano le donne!
Le si rapisce e le si violenta, se poi ci sono piaciute le si possono anche chiedere in moglie, tanto in quel periodo se non erano più vergini che potevano fare se non sposare lo stupratore?
La morale della Bibbia, la morale della chiesa: la violenza sessuale intesa solo come danno patrimoniale alla famiglia, in quanto il valore della figlia - cammello scende dopo la perdita della verginità.

GENESI Cap. 34 vv. 11-17 (La Bibbia dei mercanti di donne)

¹¹ichem disse al padre e ai fratelli di lei: "Possa io trovare grazia agli occhi vostri; vi darò quel che mi direte. ¹²Alzate pure molto a mio carico il prezzo nuziale e il valore del dono; vi darò quanto mi chiederete, ma concedetemi la giovane in moglie!". ¹³Allora i figli di Giacobbe risposero a Sichem e a suo padre Camor e parlarono con inganno, poiché quegli aveva disonorato la loro sorella Dina. ¹⁴Dissero loro: "Non possiamo fare questo, dare la nostra sorella a un uomo non circonciso, perché ciò sarebbe un disonore per noi. ¹⁵Acconsentiremo alla vostra richiesta solo a questa condizione: diventare come noi, circoncidendo ogni vostro maschio. ¹⁶In tal caso noi vi daremo le

nostre figlie e ci prenderemo le vostre, abiteremo con voi e diventeremo un solo popolo.
¹⁷Ma se voi non ci ascoltate a proposito della nostra circoncisione, prenderemo la nostra ragazza e ce ne andremo".

Ecco che cosa è una donna per la Bibbia e quindi per dio:
una mucca, un cammello, da vendere al miglior offerente, anche se è lo stupratore.
Naturalmente l'opinione della merce non conta nulla.
E naturalmente il compratore deve avere il pene con una ciambellina di pelle in meno, altrimenti non è un uomo ma un essere inferiore, se invece è circonciso e stupratore va bene.

GENESI Cap. 34 vv. 21-24 (La Bibbia spiegata agli opportunisti)

²¹"Questi uomini sono gente pacifica con noi: abitino pure con noi nel territorio e lo percorrano in lungo e in largo; esso è molto ampio per loro in ogni direzione. Noi potremo prendere in moglie le loro figlie e potremo dare loro le nostre. ²²Ma questi uomini a una condizione acconsentiranno ad abitare con noi, per diventare un unico popolo: se noi circoncidiamo ogni nostro maschio come loro stessi sono circoncisi.²³I loro armenti, la loro ricchezza e tutto il loro bestiame non diverranno forse nostri? Accontentiamoli dunque, e possano abitare con noi!". ²⁴Quanti si radunavano alla porta della sua città ascoltarono Camor e il figlio Sichem: tutti i maschi, quanti si radunavano alla porta della città, si fecero circoncidere.

Come dire: possiamo rinunciare benissimo ad una ciambellina del nostro pene, se loro ci danno armenti, ricchezza e bestiame!
Parigi val bene una messa, una conversione si può fare se ci fa comodo.
Questa è la morale della Bibbia, le ricchezze sopra ogni cosa!

GENESI Cap. 34 vv. 25-31 (La Bibbia spiegata agli spergiuri)

²⁵Ma il terzo giorno, quand'essi erano sofferenti, i due figli di Giacobbe, Simeone e Levi, i fratelli di Dina, presero ciascuno la propria spada, entrarono indisturbati nella città e uccisero tutti i maschi. ²⁶Passarono così a fil di spada Camor e suo figlio Sichem, portarono via Dina dalla casa di Sichem e si allontanarono. ²⁷I figli di Giacobbe si buttarono sui cadaveri e saccheggiarono la città, perché quelli avevano disonorato la loro sorella. ²⁸*Presero le loro greggi e i loro armenti, i loro asini e quanto era nella città e nella campagna.* ²⁹*Portarono via come bottino tutte le loro ricchezze, tutti i loro bambini e le loro donne e saccheggiarono quanto era nelle case.* ³⁰*Allora Giacobbe disse a Simeone e a Levi: "Voi mi avete rovinato, rendendomi odioso agli abitanti della regione, ai Cananei e ai Perizziti. Io ho solo pochi uomini; se essi si raduneranno contro di me, mi vinceranno e io sarò annientato con la mia casa".* ³¹*Risposero: "Si tratta forse la nostra sorella come una prostituta?".*

Incredibile questo passo della Genesi:
Se ne fregano che la sorella sia stata stuprata, basta che paghino bene, ma quando i familiari dello stupratore si erano accordati a riparare il torto e si erano fatti circoncidere, i figli di Giacobbe (i giusti di dio, quelli dalla cui stirpe nacque Gesù), ammazzarono tutti i maschi della tribù avversaria e
si buttarono sui cadaveri e saccheggiarono la città, perché quelli avevano disonorato la loro sorella. Presero le loro greggi e i loro armenti, i loro asini e quanto era nella città e nella campagna. Portarono via come bottino tutte le loro ricchezze, tutti i loro bambini e le loro donne e saccheggiarono quanto era nelle case.
Ve l'immaginate la scena? Tutti i maschi ammazzati, le donne ed i bambini presi e trasformati in schiavi (sappiamo che schiavi significa anche schiavi sessuali), tutte le loro proprietà saccheggiate e rapinate. Insomma una pulizia etnica, una guerra di sterminio.

GENESI Cap. 35 vv. 2-4 (La Bibbia spiegata agli idolatri)

²*"Eliminate gli dèi degli stranieri che avete con voi, purificatevi e cambiate gli abiti.* ³*Poi alziamoci e saliamo a Betel, dove io costruirò un altare al Dio che mi ha esaudito al tempo della mia angoscia ed è stato con me nel cammino che ho percorso".* ⁴*Essi consegnarono a Giacobbe tutti gli dèi degli stranieri che possedevano e i pendenti che avevano agli orecchi, e Giacobbe li sotterrò sotto la quercia presso Sichem.*

La stirpe eletta evidentemente di un solo dio non ne vuole sapere e si porta appresso statuette e pendagli degli idoli più strani.
D'altra parte la maggioranza dei cattolici di oggi non ha con sé immagini di san Pio, della madonna, di san Rocco, san Antonio etc.?
In realtà questa religione non è mai stata monoteistica e non lo sarà mai.

GENESI Cap. 35 vv. 5-10
(La Bibbia spiegata ai rastrellatori)

⁵Poi partirono e un grande terrore assalì le città all'intorno, così che non inseguirono i figli di Giacobbe. ⁶Giacobbe e tutta la gente che era con lui arrivarono a Luz, cioè Betel, che è nella terra di Canaan. ⁷Qui egli costruì un altare e chiamò quel luogo El-Betel, perché là Dio gli si era rivelato, quando fuggiva lontano da suo fratello. ⁸Allora morì Dèbora, la nutrice di Rebecca, e fu sepolta al di sotto di Betel, ai piedi della quercia. Così essa prese il nome di Quercia del Pianto.
⁹Dio apparve un'altra volta a Giacobbe durante il ritorno da Paddan-Aram e lo benedisse. ¹⁰Dio gli disse:
"Il tuo nome è Giacobbe.
Ma non ti chiamerai più Giacobbe:
Israele sarà il tuo nome".

Mi pare ovvio che le città circostanti siano state terrorizzate, visto gli spaventosi crimini commessi dalla stirpe eletta, giusto qualche versetto prima.
Mi pare forzato interpretare questo terrore come indotto da dio, è evidente che sia stato indotto dai massacri che compì Israele fin dagli albori della storia.

GENESI Cap. 35 vv. 21-22 (La Bibbia spiegata ai triolisti)

²¹Poi Israele partì e piantò la tenda al di là di Migdal-Eder. ²²Mentre Israele abitava in quel territorio, Ruben andò a unirsi con Bila, concubina del padre, e Israele lo venne a sapere.

La frase resta sospesa, senza che si sappia quale punizione abbia escogitato il padre contro il figlio che, in fondo, voleva solo condividere una risorsa del padre.
Poi sapremo che il padre si vendicherà tardivamente e vigliaccamente del figlio, quando si tratterà di assegnare l'eredità.

GENESI Cap. 36 vv. 17-30
(La Bibbia spiegata ai digitatori random di tastiere)

¹⁷Questi sono i figli di Reuèl, figlio di Esaù: il capo di Nacat, il capo di Zerach, il capo di Sammà, il capo di Mizzà. Questi sono i capi di Reuèl nel territorio di Edom; questi sono i figli di Basmat, moglie di Esaù.
¹⁸Questi sono i figli di Oolibamà, moglie di Esaù: il capo di Ieus, il capo di Ialam, il capo di Core. Questi sono i capi di Oolibamà, figlia di Anà, moglie di Esaù.
¹⁹Questi sono i figli di Esaù e questi i loro capi. Questo è il popolo degli Edomiti.
²⁰Questi sono i figli di Seir l'Urrita, che abitano la regione: Lotan, Sobal, Sibeon, Anà, ²¹Dison, Eser e Disan. Questi sono i capi degli Urriti, figli di Seir, nel territorio di Edom. ²²I figli di Lotan furono Orì e Emam e la sorella di Lotan era Timna. ²³I figli di Sobal sono Alvan, Manàcat, Ebal, Sefò e Onam. ²⁴I figli di Sibeon sono Aià e Anà; fu proprio Anà che trovò le sorgenti calde nel deserto, mentre pascolava gli asini del padre Sibeon. ²⁵I figli di Anà sono Dison e Oolibamà. ²⁶I figli di Dison sono Chemdan, Esban, Itran e Cheran. ²⁷I figli di Eser sono Bilan, Zaavan e Akan. ²⁸I figli di Disan sono Us e Aran. ²⁹Questi sono i capi degli Urriti: il capo di Lotan, il capo di Sobal, il capo di Sibeon, il capo di Anà, ³⁰il capo di Dison, il capo di Eser, il capo di Disan. Questi sono i capi degli Urriti, secondo le loro tribù nella regione di Seir.

Questo lungo brano mi serve per commentare che naturalmente i nomi sono totalmente inventati, non ci sono riscontri storici su queste genealogie, per cui se avessero digitato su una tastiera, a casaccio o se avessero chiamato i figli di Qwerty: Qzerty sarebbe stata la stessa cosa!

GENESI Cap. 37 vv. 2-4 (La Bibbia degli spioni)

²Giuseppe all'età di diciassette anni pascolava il gregge con i suoi fratelli. Essendo ancora giovane, stava con i figli di Bila e i figli di Zilpa, mogli di suo padre. Ora Giuseppe riferì al padre di chiacchiere maligne su di loro. ³Israele amava Giuseppe più di tutti i suoi figli, perché era il figlio avuto in vecchiaia, e gli aveva fatto una tunica con maniche lunghe. ⁴I suoi fratelli, vedendo che il loro padre amava lui più di tutti i suoi figli, lo odiavano e non riuscivano a parlargli amichevolmente.

Comincia bene la storia di Giuseppe:
Con una bella spiata al padre con la quale mette in cattiva luce i fratelli!

Inoltre il padre "giusto" Israele ama più Giuseppe perché gli avrebbe regalato una tunica. Con quanto poco si compra l'amore nel libro ispirato da dio!
Non so voi, ma io sto dalla parte dei figli di Bila e di Zilpa!
Ma dio sta sempre dalla parte degli spioni, dei ruffiani, dei vigliacchi

GENESI Cap. 37 vv. 5-10
(La Bibbia spiegata ai presuntuosi)

⁵Ora Giuseppe fece un sogno e lo raccontò ai fratelli, che lo odiarono ancora di più. ⁶Disse dunque loro: "Ascoltate il sogno che ho fatto. ⁷Noi stavamo legando covoni in mezzo alla campagna, quand'ecco il mio covone si alzò e restò diritto e i vostri covoni si posero attorno e si prostrarono davanti al mio". ⁸Gli dissero i suoi fratelli: "Vuoi forse regnare su di noi o ci vuoi dominare?". Lo odiarono ancora di più a causa dei suoi sogni e delle sue parole.
⁹Egli fece ancora un altro sogno e lo narrò ai fratelli e disse: "Ho fatto ancora un sogno, sentite: il sole, la luna e undici stelle si prostravano davanti a me". ¹⁰Lo narrò dunque al padre e ai fratelli. Ma il padre lo rimproverò e gli disse: "Che sogno è questo che hai fatto! Dovremo forse venire io, tua madre e i tuoi fratelli a prostrarci fino a terra davanti a te?".

Giuseppe fa di tutto per rendersi odioso e questi sogni rivelano una presunzione unica.
Bramoso di potere e bramoso di vedere la sua famiglia prostrarsi ai suoi piedi.
Ma naturalmente lui era benedetto da dio...

GENESI Cap. 37 vv. 18-24 (La Bibbia spiegata ai fratelli)

¹⁸Essi lo videro da lontano e, prima che giungesse vicino a loro, complottarono contro di lui per farlo morire. ¹⁹Si dissero l'un l'altro: "Eccolo! È arrivato il signore dei sogni! ²⁰Orsù, uccidiamolo e gettiamolo in una cisterna! Poi diremo: "Una bestia feroce l'ha divorato!". Così vedremo che ne sarà dei suoi sogni!". ²¹Ma Ruben sentì e, volendo salvarlo dalle loro mani, disse: "Non togliamogli la vita". ²²Poi disse loro: "Non spargete il sangue, gettatelo in questa cisterna che è nel deserto, ma non colpitelo con la vostra mano": egli intendeva salvarlo dalle loro mani e ricondurlo a suo padre. ²³Quando Giuseppe fu arrivato presso i suoi fratelli, essi lo spogliarono della sua tunica, quella tunica con le maniche lunghe che egli indossava, ²⁴lo afferrarono e lo gettarono nella cisterna: era una cisterna vuota, senz'acqua.

Certo Giuseppe se l'era andata a cercare con la sua presunzione, ma i fratelli non brillano certo in moralità buttandolo in una cisterna.
La stirpe eletta, quella da cui nascerà cristo, che si scanna a vicenda, che si tradisce, che si ammazza, che si vende.
Bellissima la stirpe di dio!

GENESI Cap. 37 vv. 25-28 (La Bibbia dei commercianti di fratelli)

²⁵Poi sedettero per prendere cibo. Quand'ecco, alzando gli occhi, videro arrivare una carovana di Ismaeliti provenienti da Gàlaad, con i cammelli carichi di resina, balsamo e làudano, che andavano a portare in Egitto. ²⁶Allora Giuda disse ai fratelli: "Che guadagno c'è a uccidere il nostro fratello e a coprire il suo sangue? ²⁷Su, vendiamolo agli Ismaeliti e la nostra mano non sia contro di lui, perché è nostro fratello e nostra carne". I suoi fratelli gli diedero ascolto. ²⁸Passarono alcuni mercanti madianiti; essi tirarono su ed estrassero Giuseppe dalla cisterna e per venti sicli d'argento vendettero Giuseppe agli Ismaeliti. Così Giuseppe fu condotto in Egitto.

Un altro passaggio altamente edificante: i fratelli che vendono Giuseppe agli Ismaeliti.
Ammazzarlo senza trarne profitto era inutile, meglio venderlo come schiavo, venti sicli d'argento fanno sempre comodo...

GENESI Cap. 37 vv. 29-35 (La Bibbia spiegata ai mentitori)

²⁹Quando Ruben tornò alla cisterna, ecco, Giuseppe non c'era più. Allora si stracciò le vesti, ³⁰tornò dai suoi fratelli e disse: "Il ragazzo non c'è più; e io, dove andrò?". ³¹Allora presero la tunica di Giuseppe, sgozzarono un capro e intinsero la tunica nel sangue. ³²Poi mandarono al padre la tunica con le maniche lunghe e gliela fecero pervenire con queste parole: "Abbiamo trovato questa; per favore, verifica se è la tunica di tuo figlio o no". ³³Egli la riconobbe e disse: "È la tunica di mio figlio! Una bestia feroce l'ha divorato. Giuseppe è stato sbranato". ³⁴*Giacobbe si stracciò le vesti, si pose una tela di sacco attorno ai fianchi e fece lutto sul suo figlio per molti giorni.* ³⁵*Tutti i figli e le figlie vennero a consolarlo, ma egli non volle essere consolato dicendo: "No, io scenderò in lutto da mio figlio negli inferi". E il padre suo lo pianse.*

Notate bene in questo passaggio che Ruben, che voleva salvare Giuseppe, non sapeva che era stato venduto come schiavo, ma i suoi fratelli lo sapevano benissimo e dissimularono e poi insieme fabbricarono la messa in scena della tunica intrisa di sangue, ingannando il loro padre.
Mi raccomando non lasciate la Bibbia nelle mani dei vostri figli, meglio un libro di De Sade!

GENESI Cap. 38 vv. 6-7
(La Bibbia spiegata a chi nasce col nome sbagliato)

⁶*Giuda scelse per il suo primogenito Er una moglie, che si chiamava Tamar.* ⁷*Ma Er, primogenito di Giuda, si rese odioso agli occhi del Signore, e il Signore lo fece morire.*

Con un nome così è chiaro che Giuda doveva avere qualche sfiga...
Ma cosa aveva fatto di così cattivo agli occhi di dio da dover farlo morire?
E soprattutto un dio che odia che dio è? L'odio non permette di fare scelte giuste e quindi se dio odia non è neanche infallibile!

GENESI Cap. 38 vv. 8-10 (La Bibbia spiegata agli onanisti)

⁸*Allora Giuda disse a Onan: "Va' con la moglie di tuo fratello, compi verso di lei il dovere di cognato e assicura così una posterità a tuo fratello".* ⁹*Ma Onan sapeva che la prole non sarebbe stata considerata come sua; ogni volta che si univa alla moglie del fratello, disperdeva il seme per terra, per non dare un discendente al fratello.* ¹⁰*Ciò che egli faceva era male agli occhi del Signore, il quale fece morire anche lui.*

Tecnicamente non si tratta di masturbazione, ma di coito interrotto, anche se da allora "onanismo" significa "masturbazione".
Questo passo della Bibbia è preso a pretesto per tutte le politiche repressive della Chiesa in campo sessuale:

Proibito sprecare il seme, quindi proibita la masturbazione, proibito il coito interrotto, proibita la contraccezione, obbligatorio provare a concepire ad ogni rapporto.
Ma i maestri biblisti che affermano che non bisogna leggere alla lettera la Bibbia ma che occorre storicizzare, capire "lo spirito dei tempi", su questo passaggio non storicizzano per niente e mantengono più o meno la condanna divina, che, sia detto per inciso, uccide un uomo per un coito interrotto!
Non capiscono i biblisti che nell'epoca dei fatti l'intero genere umano rischiava l'estinzione fra carestie, epidemie, guerre etc. In quel contesto era ovvio che il seme fosse qualcosa di preziosissimo che non andava disperso.
Ma oggi che l'umanità rischia l'estinzione per motivi opposti, per sovrappopolazione, non si dovrebbe storicizzare un poco e rivedere concezioni preistoriche?

GENESI Cap. 38 vv. 12-18
(La Bibbia spiegata ai clienti di prostitute)

[12]*Quando Giuda ebbe finito il lutto, si recò a Timna da quelli che tosavano il suo gregge e con lui c'era Chira, il suo amico di Adullàm.* [13]*La notizia fu data a Tamar: "Ecco, tuo suocero va a Timna per la tosatura del suo gregge".* [14]*Allora Tamar si tolse gli abiti vedovili, si coprì con il velo e se lo avvolse intorno, poi si pose a sedere all'ingresso di Enàim, che è sulla strada per Timna. Aveva visto infatti che Sela era ormai cresciuto, ma lei non gli era stata data in moglie.* [15]*Quando Giuda la vide, la prese per una prostituta, perché essa si era coperta la faccia.* [16]*Egli si diresse su quella strada verso di lei e disse: "Lascia che io venga con te!". Non sapeva infatti che era sua nuora. Ella disse: "Che cosa mi darai per venire con me?".* [17]*Rispose: "Io ti manderò un capretto del gregge". Ella riprese: "Mi lasci qualcosa in pegno fin quando non me lo avrai mandato?".* [18]*Egli domandò: "Qual è il pegno che devo dare?". Rispose: "Il tuo sigillo, il tuo cordone e il bastone che hai in mano". Allora Giuda glieli diede e si unì a lei. Ella rimase incinta.*

Davvero interessante questo passaggio in cui Giuda, sempre della stirpe eletta, fa sesso con sua nuora e la mette incinta, scambiandola per una prostituta.
E' normale che un eletto della stirpe d'Israele vada a prostitute? E' normale che la nuora non faccia nulla per far sapere chi era?

E' credibile che lui non la riconosca?
GENESI Cap. 38 vv. 24-25 (La Bibbia spiegata ai rosticcieri)

²⁴Circa tre mesi dopo, fu portata a Giuda questa notizia: "Tamar, tua nuora, si è prostituita e anzi è incinta a causa delle sue prostituzioni". Giuda disse: "Conducetela fuori e sia bruciata!". ²⁵Mentre veniva condotta fuori, ella mandò a dire al suocero: "Io sono incinta dell'uomo a cui appartengono questi oggetti".

Normale che le prostitute vengano bruciate.
Ma come facevano ad esistere ancora le prostitute se venivano bruciate?
Forse esistevano, ma puzzavano un poco d'arrosto...
Ovvio che i clienti sono esenti da qualsiasi punizione, specie se della stirpe eletta.

GENESI Cap. 38 vv. 27-30 (La Bibbia spiegata agli incestuosi)

²⁷Quando giunse per lei il momento di partorire, ecco, aveva nel grembo due gemelli. ²⁸Durante il parto, uno di loro mise fuori una mano e la levatrice prese un filo scarlatto e lo legò attorno a quella mano, dicendo: "Questi è uscito per primo".²⁹Ma poi questi ritirò la mano, ed ecco venne alla luce suo fratello. Allora ella esclamò: "Come ti sei aperto una breccia?" e fu chiamato Peres. ³⁰Poi uscì suo fratello, che aveva il filo scarlatto alla mano, e fu chiamato Zerach.

Divertente il quadretto di Zerach che fa uscire per primo la mano e poi la ritira.
Ma alla base della storia c'è il fatto che la stirpe da cui nascerà Gesù (dicono...) è il frutto di un rapporto incestuoso fra nuora e suocero (che però crede di essere andato con una prostituta...)

GENESI Cap. 39 vv. 11-20 (La Bibbia spiegata ai misogini)

¹¹Un giorno egli entrò in casa per fare il suo lavoro, mentre non c'era alcuno dei domestici. ¹²Ella lo afferrò per la veste, dicendo: "Còricati con me!". Ma egli le lasciò tra le mani la veste, fuggì e se ne andò fuori. ¹³Allora lei, vedendo che egli le aveva lasciato tra le mani la veste ed era fuggito fuori, ¹⁴chiamò i suoi domestici e disse loro:

"Guardate, ci ha condotto in casa un Ebreo per divertirsi con noi! Mi si è accostato per coricarsi con me, ma io ho gridato a gran voce. ¹⁵Egli, appena ha sentito che alzavo la voce e chiamavo, ha lasciato la veste accanto a me, è fuggito e se ne è andato fuori". ¹⁶Ed ella pose accanto a sé la veste di lui finché il padrone venne a casa. ¹⁷Allora gli disse le stesse cose: "Quel servo ebreo, che tu ci hai condotto in casa, mi si è accostato per divertirsi con me. ¹⁸Ma appena io ho gridato e ho chiamato, ha abbandonato la veste presso di me ed è fuggito fuori". ¹⁹Il padrone, all'udire le parole che sua moglie gli ripeteva: "Proprio così mi ha fatto il tuo servo!", si accese d'ira. ²⁰Il padrone prese Giuseppe e lo mise nella prigione, dove erano detenuti i carcerati del re.

La Bibbia è intrisa di misoginia dalla prima all'ultima pagina, comincia con Eva, causa di tutti i mali del mondo e va a avanti di pari passo.
La storia è raccontata sempre dalla parte maschile: questa moglie erotomane e lasciva che tenta il povero Giuseppe che nulla aveva fatto da parte sua per conquistarla, nemmeno uno sguardo, e quando Giuseppe rifiuta lei lo accusa ingiustamente.
Le donne sono tentatrici e traditrici, statene alla larga!

GENESI Cap. 41 vv. 1-8 (La Bibbia spiegata agli indovini)

*¹Due anni dopo, il faraone sognò di trovarsi presso il Nilo. ²Ed ecco, salirono dal Nilo sette vacche, belle di aspetto e grasse, e si misero a pascolare tra i giunchi. ³Ed ecco, dopo quelle, salirono dal Nilo altre sette vacche, brutte di aspetto e magre, e si fermarono accanto alle prime vacche sulla riva del Nilo. ⁴Le vacche brutte di aspetto e magre divorarono le sette vacche belle di aspetto e grasse. E il faraone si svegliò. ⁵Poi si addormentò e sognò una seconda volta: ecco, sette spighe spuntavano da un unico stelo, grosse e belle. ⁶Ma, dopo quelle, ecco spuntare altre sette spighe vuote e arse dal vento d'oriente. ⁷Le spighe vuote inghiottirono le sette spighe grosse e piene. Il faraone si svegliò: era stato un sogno.
⁸Alla mattina il suo spirito ne era turbato, perciò convocò tutti gli indovini e tutti i saggi dell'Egitto. Il faraone raccontò loro il sogno, ma nessuno sapeva interpretarlo al faraone.*

La "storia" di Giuseppe assomiglia del tutto ad una favola, tra l'altro molto rozza ed ingenua.
Il faraone fece un sogno il cui significato era piuttosto evidente per qualsiasi sprovveduto, ed i suoi indovini non seppero interpretarlo!

Non mi pare ci volesse la saggezza di Giuseppe per farlo, evidentemente il pastore errante che ha scritto questa parte non riuscì a pensare nulla di più intelligente...

GENESI Cap. 41 vv. 56-57 (La Bibbia spiegata agli strozzini)

[56] Allora Giuseppe aprì tutti i depositi in cui vi era grano e lo vendette agli Egiziani. La carestia si aggravava in Egitto, [57] ma da ogni paese venivano in Egitto per acquistare grano da Giuseppe, perché la carestia infieriva su tutta la terra.

Ricapitoliamo: Giuseppe si rese simpatico alla corte del Faraone ed il Faraone lo fece suo vice, con pieni poteri.
Giuseppe sapeva che sarebbe scoppiata la carestia e quindi, come dignitario di corte, ci saremmo potuti aspettare che lui avesse organizzato lo stato per far fronte alla carestia.
In effetti lui girò tutto l'Egitto e comprò il grano ammassandolo in città... per lui!
Infatti quando ci sarà la carestia, lui lo VENDERA' , IMMAGINO A PREZZO DI STROZZINAGGIO, agli abitanti d'ogni paese e quindi non solo ai poveri egiziani.
Quando si raccontano le barzellette sugli ebrei...
Quindi, ovvia conclusione, gli strozzini sono i benvoluti da dio.

GENESI Cap. 43 vv. 1-2 (La Bibbia spiegata ancora agli affamati)

[1] La carestia continuava a gravare sulla terra. [2] Quand'ebbero finito di consumare il grano che avevano portato dall'Egitto, il padre disse loro: "Tornate là e acquistate per noi un po' di viveri".

Ma come?
La carestia (che colpiva tutti i popoli) venne per volere di dio o senza che lui potesse farci nulla?
E perché colpì anche il popolo "giusto" d'Israele?

GENESI Cap. 44 vv. 30-34 (La Bibbia spiegata sempre agli affamati)

³⁰*Ora, se io arrivassi dal tuo servo, mio padre, e il giovinetto non fosse con noi, poiché la vita dell'uno è legata alla vita dell'altro,* ³¹*non appena egli vedesse che il giovinetto non è con noi, morirebbe, e i tuoi servi avrebbero fatto scendere con dolore negli inferi la canizie del tuo servo, nostro padre.*³²*Ma il tuo servo si è reso garante del giovinetto presso mio padre dicendogli: "Se non te lo ricondurrò, sarò colpevole verso mio padre per tutta la vita".* ³³*Ora, lascia che il tuo servo rimanga al posto del giovinetto come schiavo del mio signore e il giovinetto torni lassù con i suoi fratelli!* ³⁴*Perché, come potrei tornare da mio padre senza avere con me il giovinetto? Che io non veda il male che colpirebbe mio padre!".*

Duro il mestiere del servo.
Un poveretto s'impegna a salvare la famiglia trovando il cibo cercando di riportare a casa sano e salvo il figlio del padrone ed i fratelli che fanno? Sono pronti a scambiare il servo, lasciandolo schiavo degli egiziani, pur di riportare il figlio a casa.
Ma che conta la vita di un servo!
Gli Israeliti sono uguali a Marchionne!

GENESI Cap. 47 vv. 15-17 (La Bibbia spiegata ai cravattari)

¹⁵*Quando fu esaurito il denaro della terra d'Egitto e della terra di Canaan, tutti gli Egiziani vennero da Giuseppe a dire: "Dacci del pane! Perché dovremmo morire sotto i tuoi occhi? Infatti non c'è più denaro".* ¹⁶*Rispose Giuseppe: "Se non c'è più denaro, cedetemi il vostro bestiame e io vi darò pane in cambio del vostro bestiame".* ¹⁷*Condussero così a Giuseppe il loro bestiame e Giuseppe diede loro il pane in cambio dei cavalli e delle pecore, dei buoi e degli asini; così in quell'anno li nutrì di pane in cambio di tutto il loro bestiame.*

Ecco il mestiere di quest'uomo benedetto da dio: lo strozzino. Prima è arricchito oltre misura vendendo grano per denaro, adesso vendendo grano in cambio di bestiame.
D'altra parte che c'è di male, lo strozzinaggio pare benedetto da dio!

GENESI Cap. 47 vv. 18- 22 (La Bibbia spiegata ai latifondisti)

[18]Passato quell'anno, vennero da lui l'anno successivo e gli dissero: "Non nascondiamo al mio signore che si è esaurito il denaro e anche il possesso del bestiame è passato al mio signore, non rimane più a disposizione del mio signore se non il nostro corpo e il nostro terreno. [19]Perché dovremmo perire sotto i tuoi occhi, noi e la nostra terra? Acquista noi e la nostra terra in cambio di pane e diventeremo servi del faraone noi con la nostra terra; ma dacci di che seminare, così che possiamo vivere e non morire e il suolo non diventi un deserto!". [20]Allora Giuseppe acquistò per il faraone tutto il terreno dell'Egitto, perché gli Egiziani vendettero ciascuno il proprio campo, tanto infieriva su di loro la carestia. Così la terra divenne proprietà del faraone. [21]Quanto al popolo, egli lo trasferì nelle città da un capo all'altro dell'Egitto. [22]Soltanto il terreno dei sacerdoti egli non acquistò, perché i sacerdoti avevano un'assegnazione fissa da parte del faraone e si nutrivano dell'assegnazione che il faraone passava loro; per questo non vendettero il loro terreno.

Grande questo Giuseppe che affama sempre di più il popolo, costringendolo a vendere la loro terra al faraone.
Ma quando mai i contadini di allora erano proprietari della loro terra?
Si noti inoltre che anche allora ai sacerdoti la carestia faceva un baffo... proprio come oggi la crisi economica al Vaticano!

GENESI Cap. 47 vv. 28-31
(La Bibbia spiegata a chi non ama giurare)

[28]Giacobbe visse nella terra d'Egitto diciassette anni e gli anni della sua vita furono centoquarantasette [29]Quando fu vicino il tempo della sua morte, Israele chiamò il figlio Giuseppe e gli disse:" Se ho trovato grazia ai tuoi occhi, metti la mano sotto la mia coscia e usa con me bontà e fedeltà: non seppellirmi in Egitto [30]Quando io mi sarò coricato con i miei padri, portami via dall'Egitto e seppelliscimi nel loro sepolcro". Rispose: "Farò come hai detto". [31]Riprese: "Giuramelo!". E glielo giurò. Allora Israele si prostrò sul capezzale del letto.

E' già stato spiegato il meccanismo del giuramento presso la tribù d'Israele, perché il giuramento sia valido occorre farlo mentre si toccano i genitali di chi chiede il giuramento.

Ed io ripeto che i giuramenti preferisco farli alle donne...

GENESI Cap. 48 vv. 12-15 (La Bibbia spiegata ai perdenti)

^{12}*Allora Giuseppe li ritirò dalle sue ginocchia e si prostrò con la faccia a terra.* ^{13}*Li prese tutti e due, Èfraim con la sua destra, alla sinistra d'Israele, e Manasse con la sua sinistra, alla destra d'Israele, e li avvicinò a lui.* ^{14}*Ma Israele stese la mano destra e la pose sul capo di Èfraim, che pure era il più giovane, e la sua sinistra sul capo di Manasse, incrociando le braccia, benché Manasse fosse il primogenito.* ^{15}*E così benedisse Giuseppe:*

Manasse qui viene defraudato senza motivo della primogenitura, per un puro capriccio del nonno, senza che ne dia alcuna spiegazione valida.
Così vanno le cose nel libro ispirato da dio

GENESI Cap. 49 3-4 (La Bibbia dei vecchi rancorosi)

^{3}*Ruben, tu sei il mio primogenito,*
il mio vigore e la primizia della mia virilità,
esuberante in fierezza ed esuberante in forza!
^{4}*Bollente come l'acqua, tu non avrai preminenza,*
perché sei salito sul talamo di tuo padre,
hai profanato così il mio giaciglio.

Qui il grande vecchio finge di non ricordare che nel suo talamo c'era una concubina e quindi Ruben non è che avesse profanato alcunché.

GENESI Cap. 49 vv. 17-18(La Bibbia spiegata ai velenosi)

^{17}*Sia Dan un serpente sulla strada,*
una vipera cornuta sul sentiero,
che morde i garretti del cavallo,
così che il suo cavaliere cada all'indietro.

¹⁸*Io spero nella tua salvezza, Signore!*

Davvero poetiche le parole del padre ai suoi dodici figli:
I consigli di un padre: sii come un serpente e mordi chi ti capita a tiro.
Ottimi consigli per il libro dell'amore divino

GENESI Cap. 49 vv. (La Bibbia dei lupi che sbranano)

Beniamino è un lupo che sbrana:
al mattino divora la preda
e alla sera spartisce il bottino".

Anche le parole che Israele morente rivolge al figlio Beniamino sono toccanti: è bello che tu sia simile ad un lupo che sbrana e spartisce il bottino. Così vanno educati i figli!

GENESI Cap. 50 vv. 1-3 (La Bibbia spiegata agli esagerati)

¹*Allora Giuseppe si gettò sul volto di suo padre, pianse su di lui e lo baciò.* ²*Quindi Giuseppe ordinò ai medici al suo servizio di imbalsamare suo padre. I medici imbalsamarono Israele* ³*e vi impiegarono quaranta giorni, perché tanti ne occorrono per l'imbalsamazione. Gli Egiziani lo piansero settanta giorni.*

Quaranta giorni l'imbalsamazione, settanta giorni di lutto.
Vi piace davvero esagerare!

COMMENTO FINALE ALLA GENESI

La Genesi parte da una serie di miti sulla cosmogonia e sulla nascita della vita e dell'uomo sulla terra.

Nulla di nuovo sotto il sole, sono miti rimasticati da antiche religioni, non particolarmente originali ma, presi per quello che sono, cioè miti, fantasy, sarebbero anche godibili per il lettore.

Il problema è che per qualche millennio è stato imposto a milioni di persone di credere che il mito fosse STORIA e che davvero tutti discendiamo da Adamo ed Eva, cosa che in molte religioni cristiane si crede ancora.

E si continua ancora a discutere sulla base di un racconto di fantasia se la teoria dell'evoluzione sia vera o no!

Abbiamo poi visto come il racconto degeneri con la narrazione delle vicende della stirpe dalla quale nascerà Gesù: un popolo di strani figuri, pronti a vendere la moglie facendola passare per sorella, di ragazze pronte a dormire col padre, di patriarchi con decine di concubine e schiave sessuali, di mogli che per l'anniversario di matrimonio regalano concubine al marito, capi tribù che vanno a prostitute, fratelli che si contendono la primogenitura e si ammazzano, prediletti da dio che fanno attività di strozzinaggio e d'accaparramento.

Insomma davvero una razza eletta e prediletta da dio.

E' solo il primo libro, ma l'inizio è davvero edificante.

ESODO

ESODO Cap. 1 vv. 6-10 (La Bibbia spiegata ai conigli)

⁶*Giuseppe poi morì e così tutti i suoi fratelli e tutta quella generazione.* ⁷*I figli d'Israele prolificarono e crebbero, divennero numerosi e molto forti, e il paese ne fu pieno.*
⁸*Allora sorse sull'Egitto un nuovo re, che non aveva conosciuto Giuseppe.* ⁹*Egli disse al suo popolo: "Ecco che il popolo dei figli d'Israele è più numeroso e più forte di noi.* ¹⁰*Cerchiamo di essere avveduti nei suoi riguardi per impedire che cresca, altrimenti, in caso di guerra, si unirà ai nostri avversari, combatterà contro di noi e poi partirà dal paese".*

Ecco cosa succede a fare figli come conigli, specie in terra straniera, poi accade che le risorse non bastano per tutti e scoppiano le guerre.
Eppure questa religione dei dogmi ancora oggi insegna a fare figli irresponsabilmente senza alcuna precauzione, e quindi a porre le basi per le guerre future, dovute alla mancanza di cibo o d'acqua.

ESODO Cap. 1 vv. 15-22 (La Bibbia spiegata alla Hatù)

¹⁵*Il re d'Egitto disse alle levatrici degli Ebrei, delle quali una si chiamava Sifra e l'altra Pua:* ¹⁶*"Quando assistete le donne ebree durante il parto, osservate bene tra le due pietre: se è un maschio, fatelo morire; se è una femmina, potrà vivere".* ¹⁷*Ma le levatrici temettero Dio: non fecero come aveva loro ordinato il re d'Egitto e lasciarono vivere i bambini.* ¹⁸*Il re d'Egitto chiamò le levatrici e disse loro: "Perché avete fatto questo e avete lasciato vivere i bambini?".* ¹⁹*Le levatrici risposero al faraone: "Le donne ebree non sono come le egiziane: sono piene di vitalità. Prima che giunga da loro la levatrice, hanno già partorito!".* ²⁰*Dio beneficò le levatrici. Il popolo aumentò e divenne molto forte.* ²¹*E poiché le levatrici avevano temuto Dio, egli diede loro una discendenza.*
²²*Allora il faraone diede quest'ordine a tutto il suo popolo: "Gettate nel Nilo ogni figlio maschio che nascerà, ma lasciate vivere ogni femmina".*

E' il famosissimo capitolo in cui il faraone ordina di uccidere ogni figlio maschio degli ebrei.
Certo è una decisione durissima, ma serviva a disinnescare la bomba demografica innescata dagli ebrei, spaventosamente prolifici.
La mia mente non riesce a comprendere cosa siano le due pietre fra le quali la levatrice dovrebbe osservare per verificare se il nato sia maschio o femmina.

81

ESODO Cap. 2 vv. 1-10 (La Bibbia spiegata a Pollicino)

¹*Un uomo della famiglia di Levi andò a prendere in moglie una discendente di Levi.* ²*La donna concepì e partorì un figlio; vide che era bello e lo tenne nascosto per tre mesi.* ³*Ma non potendo tenerlo nascosto più oltre, prese per lui un cestello di papiro, lo spalmò di bitume e di pece, vi adagiò il bambino e lo depose fra i giunchi sulla riva del Nilo.* ⁴*La sorella del bambino si pose a osservare da lontano che cosa gli sarebbe accaduto.*
⁵*Ora la figlia del faraone scese al Nilo per fare il bagno, mentre le sue ancelle passeggiavano lungo la sponda del Nilo. Ella vide il cestello fra i giunchi e mandò la sua schiava a prenderlo.* ⁶*L'aprì e vide il bambino: ecco, il piccolo piangeva. Ne ebbe compassione e disse: "È un bambino degli Ebrei".* ⁷*La sorella del bambino disse allora alla figlia del faraone: "Devo andare a chiamarti una nutrice tra le donne ebree, perché allatti per te il bambino?".* ⁸*"Va'", rispose la figlia del faraone. La fanciulla andò a chiamare la madre del bambino.* ⁹*La figlia del faraone le disse: "Porta con te questo bambino e allattalo per me; io ti darò un salario". La donna prese il bambino e lo allattò* ¹⁰*Quando il bambino fu cresciuto, lo condusse alla figlia del faraone. Egli fu per lei come un figlio e lo chiamò Mosè, dicendo: "Io l'ho tratto dalle acque!".*

Qui la narrazione assume i caratteri di una favoletta per bambini di tre anni.
La storia è totalmente inverosimile e romanzata, eppure si descrive la nascita di Mosè, uno dei personaggi centrali del vecchio testamento, quello che avrebbe preso da dio le tavole della legge!

ESODO Cap. 2 vv. 11-15 (La Bibbia spiegata agli assassini)

¹¹*Un giorno Mosè, cresciuto in età, si recò dai suoi fratelli e notò i loro lavori forzati. Vide un Egiziano che colpiva un Ebreo, uno dei suoi fratelli.* ¹²*Voltatosi attorno e visto che non c'era nessuno, colpì a morte l'Egiziano e lo sotterrò nella sabbia.*¹³*Il giorno dopo uscì di nuovo e vide due Ebrei che litigavano; disse a quello che aveva torto: "Perché percuoti il tuo fratello?".* ¹⁴*Quegli rispose: "Chi ti ha costituito capo e giudice su di noi? Pensi forse di potermi uccidere, come hai ucciso l'Egiziano?". Allora Mosè ebbe paura e pensò: "Certamente la cosa si è risaputa".* ¹⁵*Il faraone sentì parlare di questo fatto e fece cercare Mosè per metterlo a morte.*

Certo se un popolo è schiavo è giusto che si ribelli, ma vedere Mosè cominciare la sua carriera con un omicidio comunque fa un certo effetto!

ESODO Cap. 2 vv. 23-25 (La Bibbia spiegata agli Alzheimer)

²³*Dopo molto tempo il re d'Egitto morì. Gli Israeliti gemettero per la loro schiavitù, alzarono grida di lamento e il loro grido dalla schiavitù salì a Dio.* ²⁴*Dio ascoltò il loro lamento, Dio si ricordò della sua alleanza con Abramo, Isacco e Giacobbe.*²⁵*Dio guardò la condizione degli Israeliti, Dio se ne diede pensiero.*

Incredibile questo dio onnipotente ed onnisciente che però ha questi vuoti di memoria tali da dimenticarsi del suo popolo per decenni!
E quando se ne ricorda ... se ne dà pensiero, si cruccia, si arrovella, non ricorda nemmeno d'essere onnipotente e di poter risolvere il problema in un attimo, con il solo gesto di una mano (mano?).
Decisamente un povero vecchietto...

ESODO Cap. 3 vv. 1-6 (La Bibbia spiegata ai pompieri)

¹*Mentre Mosè stava pascolando il gregge di Ietro, suo suocero, sacerdote di Madian, condusse il bestiame oltre il deserto e arrivò al monte di Dio, l'Oreb.* ²*L'angelo del Signore gli apparve in una fiamma di fuoco dal mezzo di un roveto. Egli guardò ed ecco: il roveto ardeva per il fuoco, ma quel roveto non si consumava.* ³*Mosè pensò: "Voglio avvicinarmi a osservare questo grande spettacolo: perché il roveto non brucia?".* ⁴*Il Signore vide che si era avvicinato per guardare; Dio gridò a lui dal roveto: "Mosè, Mosè!". Rispose: "Eccomi!".* ⁵*Riprese: "Non avvicinarti oltre! Togliti i sandali dai piedi, perché il luogo sul quale tu stai è suolo santo!".* ⁶*E disse: "Io sono il Dio di tuo padre, il Dio di Abramo, il Dio di Isacco, il Dio di Giacobbe". Mosè allora si coprì il volto, perché aveva paura di guardare verso Dio.*

Con chi crede nei miracoli c'è poco da discutere, sono pronti a credere ad un miracolo che sarebbe accaduto nella quasi preistoria e che è stato raccontato millenni fa.
Ma per me un roveto che brucia, ma non si consuma non esiste.

Notare poi la contraddizione fra quando ad essere apparso a Mosè sia sembrato sia stato un angelo e quando invece viene scritto che sia stato dio in persona! (persona?).
Gli studi scientifici ci hanno dimostrato quanto i nostri organi siano fallaci e quanto siano fortemente influenzati dal nostro cervello, che interpreta i suoni e le luci in base a ciò che ci si aspetta in quel momento di vedere.

ESODO Cap. 3 vv. 7-8
(La Bibbia spiegata ai Gebusei, ai Perizziti etc.)

⁷Il Signore disse: "Ho osservato la miseria del mio popolo in Egitto e ho udito il suo grido a causa dei suoi sovrintendenti: conosco le sue sofferenze. ⁸Sono sceso per liberarlo dal potere dell'Egitto e per farlo salire da questa terra verso una terra bella e spaziosa, verso una terra dove scorrono latte e miele, verso il luogo dove si trovano il Cananeo, l'Ittita, l'Amorreo, il Perizzita, l'Eveo, il Gebuseo.

Insomma la salvezza per un popolo dovrà sempre essere speculare alla distruzione d'altri popoli, dato che quelle terre erano già occupate.
Ma se un popolo scrive sulla sua cintura "gott mit uns" è chiaro che vincerà!

ESODO Cap. 3 vv. 19-22 (La Bibbia spiegata agli sciacalli)

¹⁹Io so che il re d'Egitto non vi permetterà di partire, se non con l'intervento di una mano forte. ²⁰Stenderò dunque la mano e colpirò l'Egitto con tutti i prodigi che opererò in mezzo ad esso, dopo di che egli vi lascerà andare. ²¹Farò sì che questo popolo trovi grazia agli occhi degli Egiziani: quando partirete, non ve ne andrete a mani vuote. ²²Ogni donna domanderà alla sua vicina e all'inquilina della sua casa oggetti d'argento e oggetti d'oro e vesti; li farete portare ai vostri figli e alle vostre figlie e spoglierete l'Egitto".

Ecco come si riconosce il popolo eletto: Il popolo eletto è quello che ruba oggetti d'argento, d'oro e vesti ad un altro popolo spogliandone completamente i legittimi possessori.
Dio lo vuole!

ESODO Cap. 4 vv. 1-4 (La Bibbia spiegata a Silvan)

¹*Mosè replicò dicendo: "Ecco, non mi crederanno, non daranno ascolto alla mia voce, ma diranno: "Non ti è apparso il Signore!"".²Il Signore gli disse: "Che cosa hai in mano?". Rispose: "Un bastone".* ³*Riprese: "Gettalo a terra!". Lo gettò a terra e il bastone diventò un serpente, davanti al quale Mosè si mise a fuggire.* ⁴*Il Signore disse a Mosè: "Stendi la mano e prendilo per la coda!". Stese la mano, lo prese e diventò di nuovo un bastone nella sua mano.*

Qui viene descritto uno dei più noti giochi di prestigio di tutti i grandi illusionisti.
Non chiedetemi come si fa, non lo so, ma si fa!
Evidentemente Mosè ricorreva a questi trucchetti, nonché al racconto inventato del roveto per sobillare il suo popolo.

ESODO Cap. 4 vv. 6-9 (La Bibbia spiegata al C.I.C.A.P.)

⁶*Il Signore gli disse ancora: "Introduci la mano nel seno!". Egli si mise in seno la mano e poi la ritirò: ecco, la sua mano era diventata lebbrosa, bianca come la neve.* ⁷*Egli disse: "Rimetti la mano nel seno!". Rimise in seno la mano e la tirò fuori: ecco, era tornata come il resto della sua carne.* ⁸*"Dunque se non ti credono e non danno retta alla voce del primo segno, crederanno alla voce del secondo!* ⁹*Se non crederanno neppure a questi due segni e non daranno ascolto alla tua voce, prenderai acqua del Nilo e la verserai sulla terra asciutta: l'acqua che avrai preso dal Nilo diventerà sangue sulla terra asciutta".*

Altri due giochi di prestigio che il (un?) signore insegna a Mosè, che diventato grande illusionista non avrà difficoltà a turlup... pardon convincere il suo popolo.
C.I.C.A.P.= Centro per l'investigazione affermazioni del paranormale (www.cicap.it)

ESODO Cap. 4 vv. 13-17 (La Bibbia spiegata ai portavoce)

¹³*Mosè disse: "Perdona, Signore, manda chi vuoi mandare!".* ¹⁴*Allora la collera del Signore si accese contro Mosè e gli disse: "Non vi è forse tuo fratello Aronne, il levita? Io so che lui sa parlare bene. Anzi, sta venendoti incontro. Ti vedrà e gioirà in cuor suo.* ¹⁵*Tu gli parlerai e porrai le parole sulla sua bocca e io sarò con la tua e la sua bocca e vi insegnerò quello che dovrete fare.* ¹⁶*Parlerà lui al popolo per te: egli sarà la tua bocca e tu farai per lui le veci di Dio.* ¹⁷*Terrai in mano questo bastone: con esso tu compirai i segni".*

All'illusionista Mosè viene consigliato un portavoce al suo posto, dato che era affetto da leggera balbuzie.
Ma se dio è onnipotente, non poteva dare a Mosè la parlantina sciolta?
E che ci vuole per un dio che può tutto?

ESODO Cap. 4 vv. 21-23 (La Bibbia spiegata ai sadici)

²¹*Il Signore disse a Mosè: "Mentre parti per tornare in Egitto, bada a tutti i prodigi che ti ho messi in mano: tu li compirai davanti al faraone, ma io indurirò il suo cuore ed egli non lascerà partire il popolo.* ²²*Allora tu dirai al faraone: "Così dice il Signore: Israele è il mio figlio primogenito.* ²³*Io ti avevo detto: lascia partire il mio figlio perché mi serva! Ma tu hai rifiutato di lasciarlo partire: ecco, io farò morire il tuo figlio primogenito!".*

Dunque dio può tutto e quindi poteva addirittura non far diventare mai schiavi gli ebrei.
Inoltre dio poteva convincere il faraone che far andare gli Ebrei sarebbe stata la scelta giusta, invece cosa fa?
Indurisce il cuore del Faraone, cioè dio causa il rifiuto del Faraone e quindi dio è causa di tutte le piaghe che il popolo egiziano dovrà subire e dio è causa della morte del primogenito del faraone.
Ma che colpe avevano il popolo egiziano ed il figlio del faraone, visto che non erano causa della schiavitù degli ebrei e visto che dio stesso aveva suggerito al Faraone di rifiutare la richiesta?
Unica spiegazione possibile: dio è sadico e si diverte a veder morire e soffrire gli uomini.
Dimenticavo l'altra spiegazione più logica: dio non esiste.

ESODO Cap. 4 vv. 24-26 (La Bibbia mai spiegata)

²⁴Mentre era in viaggio, nel luogo dove pernottava, il Signore lo affrontò e cercò di farlo morire. ²⁵Allora Sipporà prese una selce tagliente, recise il prepuzio al figlio e con quello gli toccò i piedi e disse: "Tu sei per me uno sposo di sangue". ²⁶Allora il Signore si ritirò da lui. Ella aveva detto "sposo di sangue" a motivo della circoncisione.

Versetti del tutto privi di logica.
Sembra che dio si sia divertito a cercare di far morire Mosè, dopo quel bel patto che avevano fatto.
Perché? Boh!
La moglie pensa sia perché il figlio non era circonciso (ma perché non lo avevano ancora fatto?).
Per tale ragione prende una selce ed affetta il pisellino del figlio e poi sembrerebbe che prenda il prepuzio sanguinolento e lo strisci sui piedi del figlio, non chiedetemi perchè!
Infine dice (al figlio, al marito?) "tu sei uno sposo di sangue" Non chiedetemi che cosa voglia dire.
"ed allora il signore si ritirò da Mosè!"
Meno male che la Bibbia è ispirata da un essere perfettissimo, immaginate se fosse stata ispirata da un essere contorto!

ESODO Cap. 6 vv. 11-12 (La Bibbia spiegata ai chirurghi plastici)

¹⁰Il Signore disse a Mosè: ¹¹"Va' e parla al faraone, re d'Egitto, perché lasci partire dalla sua terra gli Israeliti!". ¹²Mosè disse alla presenza del Signore: "Ecco, gli Israeliti non mi hanno ascoltato: come vorrà ascoltarmi il faraone, mentre io ho le labbra incirconcise?".

Sinceramente non ho idea di cosa sia circoncidere le labbra!
Forse ha a che fare con la chirurgia plastica, magari lo chiediamo a Lilli Gruber.

ESODO Cap. 7 vv. 8-13 (La Bibbia spiegata a Houdini)

[8]Il Signore disse a Mosè e ad Aronne: [9]"Quando il faraone vi chiederà di fare un prodigio a vostro sostegno, tu dirai ad Aronne: "Prendi il tuo bastone e gettalo davanti al faraone e diventerà un serpente!"". [10]Mosè e Aronne si recarono dunque dal faraone ed eseguirono quanto il Signore aveva loro comandato: Aronne gettò il suo bastone davanti al faraone e ai suoi ministri ed esso divenne un serpente. [11]A sua volta il faraone convocò i sapienti e gli incantatori, e anche i maghi dell'Egitto, con i loro sortilegi, operarono la stessa cosa. [12]Ciascuno gettò il suo bastone e i bastoni divennero serpenti. Ma il bastone di Aronne inghiottì i loro bastoni. [13]Però il cuore del faraone si ostinò e non diede loro ascolto, secondo quanto aveva detto il Signore.

Come volevasi dimostrare Mosè stava utilizzando un vecchio trucco da illusionista, che il Faraone fece ripetere ai suoi maghi.
E' vero che poi il bastone d'Aronne inghiottì i loro bastoni, i trucchi di Mosè erano più forti, ma sempre di trucchi da baraccone si tratta!

ESODO Cap. 7 vv. 20-22 (La Bibbia spiegata ai logici)

[20]Mosè e Aronne eseguirono quanto aveva ordinato il Signore: Aronne alzò il bastone e percosse le acque che erano nel Nilo sotto gli occhi del faraone e dei suoi ministri. Tutte le acque che erano nel Nilo si mutarono in sangue. [21]I pesci che erano nel Nilo morirono e il Nilo ne divenne fetido, così che gli Egiziani non poterono più berne le acque. Vi fu sangue in tutta la terra d'Egitto. [22]Ma i maghi dell'Egitto, con i loro sortilegi, operarono la stessa cosa. Il cuore del faraone si ostinò e non diede loro ascolto, secondo quanto aveva detto il Signore.

Cerchiamo di capire: Mosè trasformò tutta l'acqua d'Egitto in sangue ed i pesci morirono (ma che colpa avevano i poveri pesci?)
Se gli Egiziani non poterono bere, come mai non morirono? Bevevano sangue come vampiri?
Ma quello che è comico è che subito dopo i maghi d'Egitto operarono la stessa cosa e cioè trasformarono le acque in sangue!
Ma se tutte le acque erano già trasformate in sangue, che sortilegi potevano fare i maghi del Faraone?
Al limite potevano fare il sortilegio opposto: trasformare il sangue in acqua, ma di questo nella narrazione non c'è traccia.

ESODO Cap. 8 vv. 1-3 (La Bibbia spiegata ai deficienti)

¹*Il Signore disse a Mosè: "Di' ad Aronne: "Stendi la mano con il tuo bastone sui fiumi, sui canali e sugli stagni e fa' uscire le rane sulla terra d'Egitto!"". ²Aronne stese la mano sulle acque d'Egitto e le rane uscirono e coprirono la terra d'Egitto. ³Ma i maghi, con i loro sortilegi, operarono la stessa cosa e fecero uscire le rane sulla terra d'Egitto.*

Davvero idioti i maghi del faraone, ma che venivano pagati a fare?
Mosè fa il sortilegio di impestare di rane l'Egitto e loro che fanno?
Ripetono lo stesso sortilegio, peggiorando la situazione! Ma possibile non si sia accorto dell'assurdità il pastore errante che scrisse queste amenità?

ESODO Cap. 9 vv. 13-18 (La Bibbia spiegata ai megalomani)

¹³*Il Signore disse a Mosè: "Àlzati di buon mattino, preséntati al faraone e annunciagli: "Così dice il Signore, il Dio degli Ebrei: Lascia partire il mio popolo, perché mi possa servire!* ¹⁴*Perché questa volta io mando tutti i miei flagelli contro il tuo cuore, contro i tuoi ministri e contro il tuo popolo, perché tu sappia che nessuno è come me su tutta la terra.* ¹⁵*Se fin da principio io avessi steso la mano per colpire te e il tuo popolo con la peste, tu ormai saresti stato cancellato dalla terra;* ¹⁶*invece per questo ti ho lasciato sussistere, per dimostrarti la mia potenza e per divulgare il mio nome in tutta la terra.* ¹⁷*Ancora ti opponi al mio popolo e non lo lasci partire!* ¹⁸*Ecco, io farò cadere domani, a questa stessa ora, una grandine violentissima, come non ci fu mai in Egitto dal giorno della sua fondazione fino ad oggi.*

Insomma dio fa tutto questo casino, la cui colpa è solo sua dato che è lui ad "indurire il cuore del faraone", per un solo scopo: dimostrare che lui è il più grande "sulla terra". Ma non stava in cielo?
Ma che megalomane! Intanto centinaia di migliaia d'innocenti muoiono per le sue prove di potenza...

ESODO Cap. 9 vv. 22-25 (La Bibbia spiegata ai piromani)

²²Il Signore disse a Mosè: "Stendi la mano verso il cielo: vi sia grandine in tutta la terra d'Egitto, sugli uomini, sulle bestie e su tutta la vegetazione dei campi nella terra d'Egitto!". ²³Mosè stese il bastone verso il cielo e il Signore mandò tuoni e grandine; sul suolo si abbatté fuoco e il Signore fece cadere grandine su tutta la terra d'Egitto. ²⁴Ci furono grandine e fuoco in mezzo alla grandine: non vi era mai stata in tutta la terra d'Egitto una grandinata così violenta, dal tempo in cui era diventata nazione! ²⁵La grandine colpì, in tutta la terra d'Egitto, quanto era nella campagna, dagli uomini alle bestie; la grandine flagellò anche tutta la vegetazione dei campi e schiantò tutti gli alberi della campagna.

Certo chi fa i miracoli può fare e cose più strane, ma grandine e fuoco è ridicolo, la grandine spegne il fuoco ed il fuoco scioglie la grandine, mai abbinamento fu più assurdo di questo!

ESODO Cap. 10 vv. 25-27 (La Bibbia spiegata ai politici)

²⁵Rispose Mosè: "Tu stesso metterai a nostra disposizione sacrifici e olocausti, e noi li offriremo al Signore, nostro Dio. ²⁶Anche il nostro bestiame partirà con noi: neppure un'unghia ne resterà qui. Perché da esso noi dobbiamo prelevare le vittime per servire il Signore, nostro Dio, e noi non sapremo quel che dovremo sacrificare al Signore finché non saremo arrivati in quel luogo". ²⁷Ma il Signore rese ostinato il cuore del faraone, il quale non volle lasciarli partire.

Altra scusa vigliacca di Mosè: Chiede di portare con loro tutto il bestiame perché non sa fra il bestiame quello che dio gradirebbe per i sacrifici...
che gran politico imbroglione è Mosè, logico che poi il faraone rifiuti di accontentarlo, al Faraone non piacciono gli imbroglioni...

ESODO Cap. 11 vv. 1-3 (La Bibbia spiegata agli arraffatori)

¹Il Signore disse a Mosè: "Ancora una piaga manderò contro il faraone e l'Egitto; dopo di che egli vi lascerà partire di qui. Vi lascerà partire senza condizioni, anzi vi caccerà via di qui. ²Di' dunque al popolo che ciascuno dal suo vicino e ciascuna dalla sua vicina si facciano dare oggetti d'argento e oggetti d'oro". ³Il Signore fece sì che il popolo trovasse favore agli occhi degli Egiziani. Inoltre Mosè era un uomo assai considerato nella terra d'Egitto, agli occhi dei ministri del faraone e del popolo.

Certo la libertà è importante, ma vuoi mettere riavere la libertà con i bagagli pieni d'oggetti d'oro e d'argento "spontaneamente" donati dai vicini egiziani?
In fondo gli ebrei avevano mandato loro solo sette piaghe benefiche!

Esodo Cap. 11 vv. 4-7 (La Bibbia spiegata agli innocenti)

⁴Mosè annunciò: "Così dice il Signore: Verso la metà della notte io uscirò attraverso l'Egitto: ⁵morirà ogni primogenito nella terra d'Egitto, dal primogenito del faraone che siede sul trono fino al primogenito della schiava che sta dietro la mola, e ogni primogenito del bestiame. ⁶Un grande grido si alzerà in tutta la terra d'Egitto, quale non vi fu mai e quale non si ripeterà mai più. ⁷Ma contro tutti gli Israeliti neppure un cane abbaierà, né contro uomini, né contro bestie, perché sappiate che il Signore fa distinzione tra l'Egitto e Israele.

Che colpa ne avevano i primogeniti umani ed i primogeniti del bestiame?
Tutta questa carneficina era stata voluta da dio che aveva "indurito il cuore del Faraone".
D'altra parte, se si ammette l'onnipotenza di dio, tutto il male del mondo non può che ricadere sulle sue spalle (spalle?).
Quindi o dio non è onnipotente o è terribilmente malvagio anche con gli innocenti.
O, naturalmente, non esiste.

Esodo Cap. 12 vv. 3-9 (La Bibbia spiegata a Vissani)

³Parlate a tutta la comunità d'Israele e dite: "Il dieci di questo mese ciascuno si procuri un agnello per famiglia, un agnello per casa. ⁴Se la famiglia fosse troppo piccola per un agnello, si unirà al vicino, il più prossimo alla sua casa, secondo il numero delle persone; calcolerete come dovrà essere l'agnello secondo quanto ciascuno può mangiarne. ⁵Il vostro agnello sia senza difetto, maschio, nato nell'anno; potrete sceglierlo tra le pecore o tra le capre ⁶*e lo conserverete fino al quattordici di questo mese: allora tutta l'assemblea della comunità d'Israele lo immolerà al tramonto.* ⁷*Preso un po' del suo sangue, lo porranno sui due stipiti e sull'architrave delle case nelle quali lo mangeranno.* ⁸*In quella notte ne mangeranno la carne arrostita al fuoco; la mangeranno con azzimi e con erbe amare.* ⁹*Non lo mangerete crudo, né bollito nell'acqua, ma solo arrostito al fuoco, con la testa, le zampe e le viscere.*

Mangiare un agnello crudo non è davvero il massimo, ma bollito poteva anche andare bene, invece dio è esigente in fatto di cucina: Va arrostito ed accompagnato con pane azzimo ed erbe amare...
-Se invece ci metti una dolce lattuga?
- Anatema!
E guai a togliergli la testa, le zampe e le viscere prima di arrostirlo!
Ma si può dare ascolto ad un dio che impartisce ordini maniacali?

Esodo Cap. 12 vv. 10-11 (La Bibbia spiegata ai ripetenti)

¹⁰*Non ne dovete far avanzare fino al mattino: quello che al mattino sarà avanzato, lo brucerete nel fuoco.*¹¹*Ecco in qual modo lo mangerete: con i fianchi cinti, i sandali ai piedi, il bastone in mano; lo mangerete in fretta. È la Pasqua del Signore!*

Le prescrizioni maniacali del dio ossessivo continuano fino ad esigere il tipo di vestito da indossare durante i sacrifici: fianchi cinti, sandali ai piedi e bastone in mano.
Se qualcuno si permette di indossare scarpe da tennis verrà fulminato all'istante...
Preciserei inoltre che la Pasqua è stata inventata ben prima di Cristo e si tratta di sacrifici di animali, per la precisione di agnelli, come si fa nella pasqua moderna, quindi che c'entra Cristo con la Pasqua?
Mi pare che il mito di Cristo sia una regressione, dai sacrifici di animali si torna con lui ai sacrifici umani, per quanto mascherati ed idealizzati!.

Esodo Cap. 12 vv. 12-14 (La Bibbia spiegata agli untori)

¹²*In quella notte io passerò per la terra d'Egitto e colpirò ogni primogenito nella terra d'Egitto, uomo o animale; così farò giustizia di tutti gli dèi dell'Egitto. Io sono il*

Signore! ¹³*Il sangue sulle case dove vi troverete servirà da segno in vostro favore: io vedrò il sangue e passerò oltre; non vi sarà tra voi flagello di sterminio quando io colpirò la terra d'Egitto.* ¹⁴*Questo giorno sarà per voi un memoriale; lo celebrerete come festa del Signore: di generazione in generazione lo celebrerete come un rito perenne.*

Dio uccide ogni primogenito anche di animali per fare giustizia di tutti gli dei dell'Egitto.
Badate bene, in questo passo NON si afferma che gli dei dell'Egitto siano falsi, si dice solo che sono meno potenti di dio e che lo avevano fatto davvero arrabbiare!
Abbastanza ridicola l'idea che dio, passando (a piedi, in carrozza, in aereo, non si sa), per le vie, abbia bisogno di vedere il sangue sugli stipiti per riconoscere le case degli ebrei.
Ma che razza di dio onnisciente è?
Naturalmente disgustoso è anche il fatto che gli ebrei festeggino per sempre una carneficina, lo stermino d tutti i primogeniti dell'Egitto, che non avevano di certo colpe!

Esodo Cap. 12 vv. 15-20 (La Bibbia spiegata ai fornai)

¹⁵*Per sette giorni voi mangerete azzimi.*
Fin dal primo giorno farete sparire il lievito dalle vostre case, perché chiunque mangerà del lievitato dal giorno primo al giorno settimo, quella persona sarà eliminata da Israele.
¹⁶*Nel primo giorno avrete una riunione sacra e nel settimo giorno una riunione sacra: durante questi giorni non si farà alcun lavoro; si potrà preparare da mangiare per ogni persona: questo solo si farà presso di voi.*
¹⁷*Osservate la festa degli Azzimi, perché proprio in questo giorno io ho fatto uscire le vostre schiere dalla terra d'Egitto; osserverete tale giorno di generazione in generazione come rito perenne.* ¹⁸*Nel primo mese, dal giorno quattordici del mese, alla sera, voi mangerete azzimi fino al giorno ventuno del mese, alla sera.*
¹⁹*Per sette giorni non si trovi lievito nelle vostre case, perché chiunque mangerà del lievitato, quella persona, sia forestiera sia nativa della terra, sarà eliminata dalla comunità d'Israele.* ²⁰*Non mangerete nulla di lievitato; in tutte le vostre abitazioni mangerete azzimi"".*

Sette giorni di pane azzimo sono duri da sostenere.
Ma che chiunque mangi del pane lievitato venga eliminato da Israele, mi pare una condanna eccessiva per un poco di lievito di birra.

perché dio ce l'ha tanto col lievito di birra?
Sono le follie di una religione, spesso le prescrizioni non servono a nulla, se non a dimostrare l'obbedienza del popolo al potere di re, imperatori e pastori.

Esodo Cap. 12 vv. 35-36 (La Bibbia spiegata a Diabolik)

³⁵*Gli Israeliti eseguirono l'ordine di Mosè e si fecero dare dagli Egiziani oggetti d'argento e d'oro e vesti.* ³⁶*Il Signore fece sì che il popolo trovasse favore agli occhi degli Egiziani, i quali accolsero le loro richieste. Così essi spogliarono gli Egiziani.*

Ipocrita e contraddittorio questo versetto:
Nessuno si lascia spogliare di tutti gli averi volontariamente.
Si trattò naturalmente di una vera e propria rapina, agevolata dalla confusione nella quale gli egiziani si trovavano.
complimenti al popolo ladro eletto dal signore.

Esodo Cap. 12 vv. 43-48 (La Bibbia spiegata ai leghisti)

⁴³*Il Signore disse a Mosè e ad Aronne: "Questo è il rito della Pasqua: nessuno straniero ne deve mangiare.*
⁴⁴*Quanto a ogni schiavo acquistato con denaro, lo circonciderai e allora ne potrà mangiare.*
⁴⁵*L'ospite e il mercenario non ne mangeranno.*
⁴⁶*In una sola casa si mangerà: non ne porterai la carne fuori di casa; non ne spezzerete alcun osso.*
⁴⁷*Tutta la comunità d'Israele la celebrerà.* ⁴⁸*Se un forestiero soggiorna presso di te e vuol celebrare la Pasqua del Signore, sia circonciso ogni maschio della sua famiglia: allora potrà accostarsi per celebrarla e sarà come un nativo della terra. Ma non ne mangi nessuno che non sia circonciso.*

Incredibile questo popolo eletto che appena qualcuno va ad insediarsi da loro, gli affettano il pisellino...
Continua la lunga serie di maniacali prescrizioni su come festeggiare la Pasqua (che, ripeto, non ha nulla a che fare con la presunta risurrezione di Cristo) e cominciano le conversioni forzate, persino di schiavi. Perché il

senso del discorso è questo: circoncisione equivale ad entrare a far parte del popolo eletto, religione compresa.
Ci vorranno altri millenni per cominciare a parlare di laicità e non saranno i libri "sacri" ad insegnarcela.

Esodo Cap. 13 vv. 6-8
(La Bibbia spiegata al saccharomyces cervisiae)

⁶Nel settimo giorno vi sarà una festa in onore del Signore.
⁷Nei sette giorni si mangeranno azzimi e non compaia presso di te niente di lievitato; non ci sia presso di te lievito entro tutti i tuoi confini.
⁸In quel giorno tu spiegherai a tuo figlio: "È a causa di quanto ha fatto il Signore per me, quando sono uscito dall'Egitto".

Il lievito è stata una grande scoperta dell'umanità che ha permesso di produrre un pane più digeribile, il vino, la birra, lo yogurt.
Ma non si sa per quale ragione il dio biblico odia i lieviti, forse è allergico.
Voi direte: si sono assurde prescrizioni, ma che, guarda caso non sono state riprese dalla religione cattolica.
Certo è vero, ma cosa leggere alla lettera della Bibbia e cosa invece contestualizzare come prescrizioni igieniche o rituali ma non più attuali è puro arbitrio di chi si arroga il diritto di saper leggere al posto nostro. Queste assurde prescrizioni sono state sostituite da altre ancora più folli e tutto per un solo scopo: trattare il popolo come un gregge.

Esodo Cap. 13 vv. 11-15 (La Bibbia spiegata agli asini)

¹¹Quando il Signore ti avrà fatto entrare nella terra del Cananeo, come ha giurato a te e ai tuoi padri, e te l'avrà data in possesso, ¹²tu riserverai per il Signore ogni primogenito del seno materno; ogni primo parto del tuo bestiame, se di sesso maschile, lo consacrerai al Signore. ¹³Riscatterai ogni primo parto dell'asino mediante un capo di bestiame minuto e, se non lo vorrai riscattare, gli spaccherai la nuca. Riscatterai ogni primogenito dell'uomo tra i tuoi discendenti. ¹⁴Quando tuo figlio un domani ti chiederà: "Che significa ciò?", tu gli risponderai: "Con la potenza del suo braccio il Signore ci ha fatto uscire dall'Egitto, dalla condizione servile. ¹⁵Poiché il faraone si ostinava a non lasciarci partire, il Signore ha ucciso ogni primogenito nella terra d'Egitto: i primogeniti degli uomini e i primogeniti del bestiame. Per questo io sacrifico al Signore ogni primo parto di sesso maschile e riscatto ogni primogenito dei miei discendenti".

Il succo del discorso è questo: ogni primogenito, anche umano ANDREBBE sacrificato a dio, bruciato sul rogo in suo onore, ma dato che dio è buono, gli umani ed il bestiame grosso possono essere riscattati sacrificando bestiame minuto: alla fine a pagare sono sempre i poveri agnelli.
Assolutamente poetica la sorte destinata al primogenito asino: se non lo vorrai riscattare spaccagli la nuca!
Un vero animalista questo dio!
Tra l'altro abbiamo già visto che questo dio aveva in antipatia i primogeniti che furono sempre defraudati dei loro diritti dai figli nati dopo, adesso si arriva addirittura a sacrificarli (anche se ritualmente)!

Esodo Cap. 13 vv. 18-22 (La Bibbia spiegata alla Oto-Melara)

[18]*Gli Israeliti, armati, uscirono dalla terra d'Egitto.* [19]*Mosè prese con sé le ossa di Giuseppe, perché questi aveva fatto prestare un solenne giuramento agli Israeliti, dicendo: "Dio, certo, verrà a visitarvi; voi allora vi porterete via le mie ossa".* [20]*Partirono da Succot e si accamparono a Etam, sul limite del deserto.* [21]*Il Signore marciava alla loro testa di giorno con una colonna di nube, per guidarli sulla via da percorrere, e di notte con una colonna di fuoco, per far loro luce, così che potessero viaggiare giorno e notte.* [22]*Di giorno la colonna di nube non si ritirava mai dalla vista del popolo, né la colonna di fuoco durante la notte.*

Come fecero gli Israeliti ad uscire armati dall'Egitto, se erano schiavi?
Ah già le armi erano piovute dal cielo, come accadrà con la manna...
Per i fedeli è facile credere che dio diventi una colonna di nube ed una colonna di fuoco, ma come mai al giorno d'oggi cose del genere non se ne vedono più, se non nei racconti di fantascienza?

Esodo Cap. 14 vv. 1-4 (La Bibbia spiegata a Napoleone)

[1]*Il Signore disse a Mosè:* [2]*"Comanda agli Israeliti che tornino indietro e si accampino davanti a Pi-Achiròt, tra Migdol e il mare, davanti a Baal-Sefòn; di fronte a quel*

luogo vi accamperete presso il mare. ³*Il faraone penserà degli Israeliti: "Vanno errando nella regione; il deserto li ha bloccati!".* ⁴*Io renderò ostinato il cuore del faraone, ed egli li inseguirà; io dimostrerò la mia gloria contro il faraone e tutto il suo esercito, così gli Egiziani sapranno che io sono il Signore!". Ed essi fecero così.*

Nel cap. 14 della Genesi emerge ancora più chiaramente la figura di questo Dio sadico ed ingannatore, che gode a vedere sangue e distruzione:
dio fa tornare VOLUTAMENTE indietro gli israeliti per provocare gli Egiziani e farli attaccare, per dimostrare ancora una volta la sua potenza.
E' lui, che contro ogni ragionevolezza fa arrabbiare il Faraone e fa in modo che col suo esercito insegua gli Ebrei.
Che dire di questo dio?
Evito di bestemmiare in questo libro, od almeno ci provo, ma ognuno decida autonomamente se abbia senso adorare una tale divinità

Esodo Cap. 14 vv. 15-18 (La Bibbia spiegata a De Sade)

¹⁵*Il Signore disse a Mosè: "Perché gridi verso di me? Ordina agli Israeliti di riprendere il cammino.* ¹⁶*Tu intanto alza il bastone, stendi la mano sul mare e dividilo, perché gli Israeliti entrino nel mare all'asciutto.* ¹⁷*Ecco, io rendo ostinato il cuore degli Egiziani, così che entrino dietro di loro e io dimostri la mia gloria sul faraone e tutto il suo esercito, sui suoi carri e sui suoi cavalieri.* ¹⁸*Gli Egiziani sapranno che io sono il Signore, quando dimostrerò la mia gloria contro il faraone, i suoi carri e i suoi cavalieri".*

La cosa si ripete, e mi sto ripetendo anche io, ma come non ricordare e stigmatizzare un dio che si diverte a rendere ostinato il cuore del Faraone affinché LUI, dio si possa divertire ad affogare nel mare un intero esercito? Tutto questo per la sua vanagloria...

Esodo Cap. 14 vv. 21-23 (La Bibbia spiegata ai geografi)

²¹*Allora Mosè stese la mano sul mare. E il Signore durante tutta la notte risospinse il mare con un forte vento d'oriente, rendendolo asciutto; le acque si divisero.* ²²*Gli Israeliti entrarono nel mare sull'asciutto, mentre le acque erano per loro un muro a destra e a*

sinistra. ²³*Gli Egiziani li inseguirono, e tutti i cavalli del faraone, i suoi carri e i suoi cavalieri entrarono dietro di loro in mezzo al mare.*

Ovviamente non si può non ricordare il grandioso "miracolo" delle acque del mare che si dividono.
Dalle indicazioni bibliche non è molto chiaro per quale via gli ebrei fossero usciti dall'Egitto, ma la strada sicuramente più semplice è attraverso l'istmo di Suez, dove il mare non c'era, non essendo stato ancora costruito il canale!
Probabilmente il territorio era paludoso, niente di più, e forse il vento d'oriente avrà asciugato ulteriormente il terreno, ma il fatto che al giorno d'oggi i mari non si siano divisi più dovrebbe insegnarci qualche cosa...

Esodo Cap. 14 vv. 26-31 (La Bibbia spiegata ai terrorizzati)

²⁶*Il Signore disse a Mosè: "Stendi la mano sul mare: le acque si riversino sugli Egiziani, sui loro carri e i loro cavalieri".*²⁷*Mosè stese la mano sul mare e il mare, sul far del mattino, tornò al suo livello consueto, mentre gli Egiziani, fuggendo, gli si dirigevano contro. Il Signore li travolse così in mezzo al mare.* ²⁸*Le acque ritornarono e sommersero i carri e i cavalieri di tutto l'esercito del faraone, che erano entrati nel mare dietro a Israele: non ne scampò neppure uno.* ²⁹*Invece gli Israeliti avevano camminato sull'asciutto in mezzo al mare, mentre le acque erano per loro un muro a destra e a sinistra.*
³⁰*In quel giorno il Signore salvò Israele dalla mano degli Egiziani, e Israele vide gli Egiziani morti sulla riva del mare;* ³¹*Israele vide la mano potente con la quale il Signore aveva agito contro l'Egitto, e il popolo temette il Signore e credette in lui e in Mosè suo servo.*

Migliaia di persone morte a maggiore gloria di Dio
Amen.
Ma io mi concentrerei sull'ultimo versetto: il popolo TEMETTE il Signore. qui sta l'essenza di ogni religione: incutere TIMORE nel popolo per sottometterlo, le religioni come i cani-pastore che terrorizzano le pecore e le costringono ammassate dentro il gregge. E per raggiungere questo nobile scopo sacrificare migliaia, milioni di vite è cosa santa e giusta.

Esodo Cap. 15 vv. 1-18 (La Bibbia spiegata ai poeti)

¹ *Allora Mosè e gli Israeliti cantarono questo canto al Signore e dissero:*
"Voglio cantare al Signore,
perché ha mirabilmente trionfato:
cavallo e cavaliere
ha gettato nel mare.
²*Mia forza e mio canto è il Signore,*
egli è stato la mia salvezza.
È il mio Dio: lo voglio lodare,
il Dio di mio padre: lo voglio esaltare!
³*Il Signore è un guerriero,*
Signore è il suo nome.
⁴*I carri del faraone e il suo esercito*
li ha scagliati nel mare;
i suoi combattenti scelti
furono sommersi nel Mar Rosso.
⁵*Gli abissi li ricoprirono,*
sprofondarono come pietra.
⁶*La tua destra, Signore,*
è gloriosa per la potenza,
la tua destra, Signore,
annienta il nemico;
⁷*con sublime maestà*
abbatti i tuoi avversari,
scateni il tuo furore,
che li divora come paglia.
⁸*Al soffio della tua ira*
si accumularono le acque,
si alzarono le onde come un argine,
si rappresero gli abissi nel fondo del mare.
⁹*Il nemico aveva detto:*
"Inseguirò, raggiungerò,
spartirò il bottino,
se ne sazierà la mia brama;
sfodererò la spada,
li conquisterà la mia mano!".
¹⁰*Soffiasti con il tuo alito:*
li ricoprì il mare,

sprofondarono come piombo
in acque profonde.
¹¹*Chi è come te fra gli dèi, Signore?*
Chi è come te, maestoso in santità,
terribile nelle imprese,
autore di prodigi?
¹²*Stendesti la destra:*
li inghiottì la terra.
¹³*Guidasti con il tuo amore*
questo popolo che hai riscattato,
lo conducesti con la tua potenza
alla tua santa dimora.
¹⁴*Udirono i popoli: sono atterriti.*
L'angoscia afferrò gli abitanti della Filistea.
¹⁵*Allora si sono spaventati i capi di Edom,*
il pànico prende i potenti di Moab;
hanno tremato tutti gli abitanti di Canaan.
¹⁶*Piómbino su di loro*
paura e terrore;
per la potenza del tuo braccio
restino muti come pietra,
finché sia passato il tuo popolo, Signore,
finché sia passato questo tuo popolo,
che ti sei acquistato.
¹⁷*Tu lo fai entrare e lo pianti*
sul monte della tua eredità,
luogo che per tua dimora,
Signore, hai preparato,
santuario che le tue mani,
Signore, hanno fondato.
¹⁸*Il Signore regni*
in eterno e per sempre!".

Ho preferito riportare per intero senza spezzettarla questa mirabile poesia, grondante tutta di amore per il prossimo:
"cavallo e cavaliere ha gettato nel mare"
"Il Signore è guerriero"
"La tua destra, Signore annienta il nemico"
"con sublime maestà abbatti i tuoi avversari"
"scateni il tuo furore che li divora come paglia"

"piombino su di loro paura e terrore"
"il signore regni in eterno e per sempre"
Nessuna persona ragionevole può commentare favorevolmente queste spaventose parole, Dio è sempre stato il paravento con cui le guerre di rapina diventano guerre sante.

Esodo Cap. 15 vv. 20-21 (La Bibbia spiegata a Maria)

[20]*Allora Maria, la profetessa, sorella di Aronne, prese in mano un tamburello: dietro a lei uscirono le donne con i tamburelli e con danze.* [21]*Maria intonò per loro il ritornello:*
"Cantate al Signore,
perché ha mirabilmente trionfato:
cavallo e cavaliere
ha gettato nel mare!".

Un altro delizioso quadretto: mentre cavalli e soldati affogano fra le onde del mare, fra urla e strepiti, la profetessa Maria intona canti e danza, facendosi beffe dei morti e dei moribondi.
Un chiaro esempio di amore per il prossimo...

Esodo Cap. 15 vv. 24-26 (La Bibbia spiegata ai guaritori)

[24]*Allora il popolo mormorò contro Mosè: "Che cosa berremo?".* [25]*Egli invocò il Signore, il quale gli indicò un legno. Lo gettò nell'acqua e l'acqua divenne dolce. In quel luogo il Signore impose al popolo una legge e un diritto; in quel luogo lo mise alla prova* [26]*Disse: "Se tu darai ascolto alla voce del Signore, tuo Dio, e farai ciò che è retto ai suoi occhi, se tu presterai orecchio ai suoi ordini e osserverai tutte le sue leggi, io non t'infliggerò nessuna delle infermità che ho inflitto agli Egiziani, perché io sono il Signore, colui che ti guarisce!".*

La morale è chiara: se ascolti dio egli ti tratterà bene, se non lo ascolti ti infliggerà tutte le possibili infermità!
Il signore insomma guarirebbe da tutte le malattie che LUI stesso ha mandato.
Non farebbe prima a non mandarne?

Esodo Cap. 16 vv. 13-16 (La Bibbia spiegata ai diabetici)

[13]La sera le quaglie salirono e coprirono l'accampamento; al mattino c'era uno strato di rugiada intorno all'accampamento. [14]Quando lo strato di rugiada svanì, ecco, sulla superficie del deserto c'era una cosa fine e granulosa, minuta come è la brina sulla terra. [15]Gli Israeliti la videro e si dissero l'un l'altro: "Che cos'è?", perché non sapevano che cosa fosse. Mosè disse loro: "È il pane che il Signore vi ha dato in cibo. [16]Ecco che cosa comanda il Signore: "Raccoglietene quanto ciascuno può mangiarne, un omer a testa, secondo il numero delle persone che sono con voi. Ne prenderete ciascuno per quelli della propria tenda"".

Naturalmente cosa sia la manna, sostanza zuccherina che ricopre il deserto nessuno lo sa, io ne vorrei comprare qualche chilo, dove la trovo?
E le quaglie che c'entrano e da dove salirono, tutt'al più scesero, cadendo morte dal cielo!

Esodo Cap. 16 vv. 27-30
(La Bibbia spiegata alle cassiere degli ipermercati)

[27]Nel settimo giorno alcuni del popolo uscirono per raccoglierne, ma non ne trovarono [28]Disse allora il Signore a Mosè: "Fino a quando rifiuterete di osservare i miei ordini e le mie leggi? [29]Vedete che il Signore vi ha dato il sabato! Per questo egli vi dà al sesto giorno il pane per due giorni. Restate ciascuno al proprio posto! Nel settimo giorno nessuno esca dal luogo dove si trova". [30]Il popolo dunque riposò nel settimo giorno.

La prescrizione di riposare un giorno a settimana è comune sia alla religione ebraica sia alla religione cattolica, solo che invece del sabato abbiamo la domenica.
Anche la domenica ci sarebbe la prescrizione di riposare, ma mi pare che sia ebrei sia cattolici, per il profitto, eludano tranquillamente questa prescrizione che sembra tassativa: dio ordina di NON uscire da casa!

Esodo Cap. 16 vv. 35-36
(La Bibbia spiegata agli addetti dell'ufficio pesi e misure)

³⁵*Gli Israeliti mangiarono la manna per quarant'anni, fino al loro arrivo in una terra abitata: mangiarono la manna finché non furono arrivati ai confini della terra di Canaan.* ³⁶*L'omer è la decima parte dell'efa.*

Meno male che la Bibbia ha chiarito a quanto corrisponde un omer, altrimenti non avrei saputo quanti chili sono...
Secondo la Bibbia gli ebrei rimasero a mangiare manna e (forse) quaglie per 40 anni!
ma quanto ci vuole a traversare il Sinai?
E comunque nessuno sarebbe sopravvissuto ad una dieta così squilibrata!

Esodo Cap. 17 vv. 5-7 (La Bibbia spiegata ai rabdomanti)

⁵*Il Signore disse a Mosè: "Passa davanti al popolo e prendi con te alcuni anziani d'Israele. Prendi in mano il bastone con cui hai percosso il Nilo, e va'!* ⁶*Ecco, io starò davanti a te là sulla roccia, sull'Oreb; tu batterai sulla roccia: ne uscirà acqua e il popolo berrà". Mosè fece così, sotto gli occhi degli anziani d'Israele.* ⁷*E chiamò quel luogo Massa e Merìba, a causa della protesta degli Israeliti e perché misero alla prova il Signore, dicendo: "Il Signore è in mezzo a noi sì o no?".*

Il miracolo più diffuso nella storia dei popoli assetati: il santo o profeta di turno percuote con un bastone una roccia e fa sgorgare una sorgente.
Evidente il richiamo ai rabdomanti che avrebbero il potere di "sentire" l'acqua che scorre nel sottosuolo, diciamo che i rabdomanti, come i maghi, a volte ci azzeccano, come chiunque di noi d'altronde...

Esodo Cap. 17 vv. 8-13
(La Bibbia spiegata ai direttori d'orchestra)

⁸*Amalèk venne a combattere contro Israele a Refidìm.* ⁹*Mosè disse a Giosuè: "Scegli per noi alcuni uomini ed esci in battaglia contro Amalèk. Domani io starò ritto sulla cima del colle, con in mano il bastone di Dio".* ¹⁰*Giosuè eseguì quanto gli aveva ordinato Mosè per combattere contro Amalèk, mentre Mosè, Aronne e Cur salirono sulla cima*

del colle. ¹¹Quando Mosè alzava le mani, Israele prevaleva; ma quando le lasciava cadere, prevaleva Amalèk. ¹²Poiché Mosè sentiva pesare le mani, presero una pietra, la collocarono sotto di lui ed egli vi si sedette, mentre Aronne e Cur, uno da una parte e l'altro dall'altra, sostenevano le sue mani. Così le sue mani rimasero ferme fino al tramonto del sole. ¹³Giosuè sconfisse Amalèk e il suo popolo, passandoli poi a fil di spada.

Se fosse una barzelletta sarebbe spassosa, peccato che molti credono a queste fandonie:
Mosè che decide le sorti della battaglia contro Amalek semplicemente alzando ed abbassando le mani:
se le alzava gli Israeliti prevalevano, al contrario soccombevano se le abbassava ed allora due volontari lo aiutarono a tenerle alzate...
immaginiamo se dio avesse deciso le sorti della battaglia in base allo stato di sollevato o meno di un altro organo di Mosè...
Ricordiamo infine che è giusto passare a fil di spada un intero popolo.

Esodo Cap. 17 vv. 14-16
(La Bibbia spiegata ai pastori erranti)

¹⁴Allora il Signore disse a Mosè: "Scrivi questo per ricordo nel libro e mettilo negli orecchi di Giosuè: io cancellerò del tutto la memoria di Amalèk sotto il cielo!". ¹⁵Allora Mosè costruì un altare, lo chiamò "Il Signore è il mio vessillo" ¹⁶e disse: "Una mano contro il trono del Signore!
Vi sarà guerra per il Signore contro Amalèk,
di generazione in generazione!".

Altra palese contraddizione:
Se dio cancellerà per sempre la memoria di Amalek e quindi sterminerà l'intera popolazione, come sarà possibile continuare di generazione in generazione a fare loro guerra?
Quando l'odio offusca l'intelletto dei pastori erranti scrittori...

Esodo Cap. 18 vv. 11-12
(La Bibbia delle innumerevoli divinità)

[11]*Ora io so che il Signore è più grande di tutti gli dèi: ha rivolto contro di loro quello che tramavano".* [12]*Ietro, suocero di Mosè, offrì un olocausto e sacrifici a Dio. Vennero Aronne e tutti gli anziani d'Israele, per partecipare al banchetto con il suocero di Mosè davanti a Dio.*

Insomma, ancora ai tempi di Mosè il dio degli ebrei è solamente uno dei tanti in un pantheon affollato di divinità. Dio ha dimostrato di essere più forte di zeus, ra, api etc. ma non viene negata per nulla l'esistenza degli altri dei, e, come ad essi, gli ebrei offrivano in sacrificio animali al loro dio. Nulla cambia, le superstizioni sono sempre le stesse.

Esodo Cap. 18 vv. 14-23 (La Bibbia spiegata ai giudici)

[14]*Allora il suocero di Mosè, visto quanto faceva per il popolo, gli disse: "Che cos'è questo che fai per il popolo? Perché siedi tu solo, mentre il popolo sta presso di te dalla mattina alla sera?".* [15]*Mosè rispose al suocero: "Perché il popolo viene da me per consultare Dio* [16]*Quando hanno qualche questione, vengono da me e io giudico le vertenze tra l'uno e l'altro e faccio conoscere i decreti di Dio e le sue leggi".* [17]*Il suocero di Mosè gli disse: "Non va bene quello che fai* [18]*Finirai per soccombere, tu e il popolo che è con te, perché il compito è troppo pesante per te; non puoi attendervi tu da solo.* [19]*Ora ascoltami: ti voglio dare un consiglio e Dio sia con te! Tu sta' davanti a Dio in nome del popolo e presenta le questioni a Dio* [20]*A loro spiegherai i decreti e le leggi; indicherai loro la via per la quale devono camminare e le opere che devono compiere.* [21]*Invece sceglierai tra tutto il popolo uomini validi che temono Dio, uomini retti che odiano la venalità, per costituirli sopra di loro come capi di migliaia, capi di centinaia, capi di cinquantine e capi di decine* [22]*Essi dovranno giudicare il popolo in ogni circostanza; quando vi sarà una questione importante, la sottoporranno a te, mentre essi giudicheranno ogni affare minore. Così ti alleggerirai il peso ed essi lo porteranno con te.* [23]*Se tu fai questa cosa e Dio te lo ordina, potrai resistere e anche tutto questo popolo arriverà in pace alla meta".*

Insomma, prima dell'arrivo del suocero Mosè era un monarca assoluto, col potere di giudicare e di dare la morte "in nome di dio".

Grazie al consiglio del suocero istituisce un'oligarchia, che aveva il compito di giudicare (ma non di fare le leggi). Naturalmente le leggi vengono fatte da Mosè in base a quelli che lui fa credere siano gli ordini di dio.
Insomma la teocrazia perfetta!
Dio non ama i parlamenti e non ama che ci siano troppe discussioni sulle decisioni.

Esodo Cap. 19 vv. 1-2
(La Bibbia spiegata ai disorientati nel tempo e nello spazio)

¹Al terzo mese dall'uscita degli Israeliti dalla terra d'Egitto, nello stesso giorno, essi arrivarono al deserto del Sinai. ²Levate le tende da Refidìm, giunsero al deserto del Sinai, dove si accamparono; Israele si accampò davanti al monte.

In qualche capitolo precedente era scritto che gli Israeliti mangiarono manna nel deserto per 40 anni, ma qui siamo solo al terzo mese dall'uscita dall'Egitto.
Un poco disorientato il pastore errante scrittore della Bibbia!

Esodo Cap. 19 vv. 10-15
(La Bibbia spiegata ai portavoce inaffidabili)

¹⁰Il Signore disse a Mosè: "Va' dal popolo e santificalo, oggi e domani: lavino le loro vesti ¹¹e si tengano pronti per il terzo giorno, perché nel terzo giorno il Signore scenderà sul monte Sinai, alla vista di tutto il popolo. ¹²Fisserai per il popolo un limite tutto attorno, dicendo: "Guardatevi dal salire sul monte e dal toccarne le falde. Chiunque toccherà il monte sarà messo a morte. ¹³Nessuna mano però dovrà toccare costui: dovrà essere lapidato o colpito con tiro di arco. Animale o uomo, non dovrà sopravvivere". Solo quando suonerà il corno, essi potranno salire sul monte". ¹⁴Mosè scese dal monte verso il popolo; egli fece santificare il popolo, ed essi lavarono le loro vesti. ¹⁵Poi disse al popolo: "Siate pronti per il terzo giorno: non unitevi a donna".

Una spaventosa minaccia per chiunque tocchi il monte Sinai, la pena di morte per lapidazione o trafitti da frecce, perché a quel punto neanche

loro potevano essere toccati. E che diamine, forse il Sinai era un monte radioattivo?
Addirittura anche gli ignari animali dovevano essere uccisi in quel modo se avessero toccato il monte!
Notate nell'ultimo verso che Mosè introduce la proibizione di unirsi a donna prima dell'arrivo di dio, cosa che dio non aveva proprio prescritto, dato che aveva ordinato solo di lavarsi.
E' la prima volta che viene fuori un precetto sessuofobico, se si esclude l'ambiguo episodio di Adamo ed Eva.

Esodo Cap. 19 vv. 16-19 (La Bibbia spiegata ai glottologi)

[16]Il terzo giorno, sul far del mattino, vi furono tuoni e lampi, una nube densa sul monte e un suono fortissimo di corno: tutto il popolo che era nell'accampamento fu scosso da tremore. [17]Allora Mosè fece uscire il popolo dall'accampamento incontro a Dio. Essi stettero in piedi alle falde del monte. [18]Il monte Sinai era tutto fumante, perché su di esso era sceso il Signore nel fuoco, e ne saliva il fumo come il fumo di una fornace: tutto il monte tremava molto. [19]Il suono del corno diventava sempre più intenso: Mosè parlava e Dio gli rispondeva con una voce.

Insomma tutta questa sceneggiata ruota intorno ad un'eruzione vulcanica con annesso terremoto.
banale come sempre.
A proposito, che lingua parla dio, le conosce tutte, parla la lingua di chi lo ascolta in quel momento, o parla una lingua tutta sua? Forse ha scelto l'esperanto o forse l'inglese...

Esodo Cap. 19 vv. 20-24 (La Bibbia spiegata alle iene)

[20]Il Signore scese dunque sul monte Sinai, sulla vetta del monte, e il Signore chiamò Mosè sulla vetta del monte. Mosè salì.[21]Il Signore disse a Mosè: "Scendi, scongiura il popolo di non irrompere verso il Signore per vedere, altrimenti ne cadrà una moltitudine![22]Anche i sacerdoti, che si avvicinano al Signore, si santifichino, altrimenti il Signore si avventerà contro di loro!".[23]Mosè disse al Signore: "Il popolo non può salire al monte Sinai, perché tu stesso ci hai avvertito dicendo: "Delimita il monte e

dichiaralo sacro"'. [24]*Il Signore gli disse: "Va', scendi, poi salirai tu e Aronne con te. Ma i sacerdoti e il popolo non si precipitino per salire verso il Signore, altrimenti egli si avventerà contro di loro!".*

Tutta la preparazione per l'apparizione è una incredibile sceneggiata in cui Mosè fa la spola fra il Sinai ed il suo popolo, riferisce al popolo quello che gli dice dio e riferisce a dio le opinioni del popolo.
Ma questo durissimo divieto per il popolo di salire sul monte non potrebbe essere un modo per allontanare i curiosi dal monte, mentre lui scolpiva non visto le tavole della legge?
A pensar male si fa peccato, ma di solito ci si azzecca.
Comunque l'immagine di un dio che come un drago od una iena affamata si avventa sul popolo e sui sacerdoti è assolutamente imperdibile.

Esodo Cap. 20 vv. 1-3 (La Bibbia spiegata Da Fabrizio)

[1]*Dio pronunciò tutte queste parole:*
[2]*"Io sono il Signore, tuo Dio, che ti ho fatto uscire dalla terra d'Egitto, dalla condizione servile:*
[3]*Non avrai altri dèi di fronte a me.*

Credo che il primo comandamento sia alla base dei milioni e milioni di morti provocati dalle religioni monoteistiche:
"Non avrai altro dio al di fuori di me"
E' la base su cui si fonda l'intolleranza religiosa, il non riuscire nemmeno a concepire che altri popoli possano adorare un dio leggermente diverso, magari solo nel nome!
Per me uno stupendo commento al decalogo è quello fatto dal grande poeta Fabrizio De Andrè nella canzone "il testamento di Tito", in cui uno dei ladroni, crocefisso insieme a Gesù, interpreta a suo modo i 10 comandamenti.
ne riporto per intero il testo che tanto anche a me ha insegnato:

Tito:
"Non avrai altro Dio all'infuori di me,
spesso mi ha fatto pensare:
genti diverse venute dall'est
dicevan che in fondo era uguale.

Credevano a un altro diverso da te
e non mi hanno fatto del male.
Credevano a un altro diverso da te
e non mi hanno fatto del male.

Non nominare il nome di Dio,
non nominarlo invano.
Con un coltello piantato nel fianco
gridai la mia pena e il suo nome:

ma forse era stanco, forse troppo occupato,
e non ascoltò il mio dolore.
Ma forse era stanco, forse troppo lontano,
davvero lo nominai invano.

Onora il padre, onora la madre
e onora anche il loro bastone,
bacia la mano che ruppe il tuo naso
perché le chiedevi un boccone:

quando a mio padre si fermò il cuore
non ho provato dolore.
Quanto a mio padre si fermò il cuore
non ho provato dolore.

Ricorda di santificare le feste.
Facile per noi ladroni
entrare nei templi che rigurgitan salmi
di schiavi e dei loro padroni

senza finire legati agli altari
sgozzati come animali.
Senza finire legati agli altari
sgozzati come animali.

Il quinto dice non devi rubare
e forse io l'ho rispettato
vuotando, in silenzio, le tasche già gonfie
di quelli che avevan rubato:

ma io, senza legge, rubai in nome mio,
quegli altri nel nome di Dio.
Ma io, senza legge, rubai in nome mio,
quegli altri nel nome di Dio.

Non commettere atti che non siano puri
cioè non disperdere il seme.
Feconda una donna ogni volta che l'ami
così sarai uomo di fede:

Poi la voglia svanisce e il figlio rimane
e tanti ne uccide la fame.
Io, forse, ho confuso il piacere e l'amore:
ma non ho creato dolore.

Il settimo dice non ammazzare
se del cielo vuoi essere degno.
Guardatela oggi, questa legge di Dio,
tre volte inchiodata nel legno:

guardate la fine di quel nazzareno
e un ladro non muore di meno.
Guardate la fine di quel nazzareno
e un ladro non muore di meno.

Non dire falsa testimonianza
e aiutali a uccidere un uomo.
Lo sanno a memoria il diritto divino,
e scordano sempre il perdono:

ho spergiurato su Dio e sul mio onore
e no, non ne provo dolore.
Ho spergiurato su Dio e sul mio onore
e no, non ne provo dolore.

Non desiderare la roba degli altri
non desiderarne la sposa.
Ditelo a quelli, chiedetelo ai pochi
che hanno una donna e qualcosa:

nei letti degli altri già caldi d'amore
non ho provato dolore.
L'invidia di ieri non è già finita:
stasera vi invidio la vita.

Ma adesso che viene la sera ed il buio
mi toglie il dolore dagli occhi
e scivola il sole al di là delle dune
a violentare altre notti:

io nel vedere quest'uomo che muore,
madre, io provo dolore.
Nella pietà che non cede al rancore,
madre, ho imparato l'amore".

Esodo Cap. 20 vv. 4-6
(La Bibbia spiegata alle statue di pio da Pietrelcina)

[4]Non ti farai idolo né immagine alcuna di quanto è lassù nel cielo, né di quanto è quaggiù sulla terra, né di quanto è nelle acque sotto la terra. [5]Non ti prostrerai davanti a loro e non li servirai. Perché io, il Signore, tuo Dio, sono un Dio geloso, che punisce la colpa dei padri nei figli fino alla terza e alla quarta generazione, per coloro che mi odiano, [6]ma che dimostra la sua bontà fino a mille generazioni, per quelli che mi amano e osservano i miei comandamenti.

Se la Bibbia mette questo comandamento al secondo posto, vuol dire che dio lo considera importantissimo, ma nel decalogo cattolico se ne è persa traccia.
D'altra parte come farebbero a giustificare la costruzione di santuari in cui si adorano statue, pezzi di ossa, pezzi del legno della croce (??), prepuzi, chiodi ecc?
In realtà la religione cattolica è politeistica ed idolatrica, ma non vogliono ammetterlo.
Comunque questo dio non ci fa una bella figura con la gelosia (non è un difetto molto, molto umano?), Ed esula da qualsiasi ragionevole concezione di giustizia il far ricadere le colpe degli antenati sui successori fino alla quarta generazione. E' un'idea aberrante, folle odiosa,

inaccettabile, per come la pensiamo oggi la colpa è PERSONALE, ciascuno può essere chiamato a pagare per gli errori da LUI commessi, non per quelli commessi dal suo trisavolo!

Esodo Cap. 20 v. 7(La Bibbia spiegata "grazie a dio")

[7]*Non pronuncerai invano il nome del Signore, tuo Dio, perché il Signore non lascia impunito chi pronuncia il suo nome invano.*

Anche qui riprendo i versi del grande Fabrizio, in cui gioca sul significato dell'avverbio "invano":

Non nominare il nome di Dio,
non nominarlo invano.
Con un coltello piantato nel fianco
gridai la mia pena e il suo nome:
ma forse era stanco, forse troppo occupato,
e non ascoltò il mio dolore.
Ma forse era stanco, forse troppo lontano,
davvero lo nominai invano.

Comunque mi chiedo a quali durissime punizioni dovrebbero sottostare i credenti che ogni dieci secondi utilizzano gli intercalari "oddio", "mio dio", o "grazie a dio".
Dio puniscili per me, fammi questo grosso favore!

Esodo Cap. 20 vv. 8-11 (La Bibbia spiegata agli infermieri di turno)

[8]*Ricòrdati del giorno del sabato per santificarlo.* [9]*Sei giorni lavorerai e farai ogni tuo lavoro;* [10]*ma il settimo giorno è il sabato in onore del Signore, tuo Dio: non farai alcun lavoro, né tu né tuo figlio né tua figlia, né il tuo schiavo né la tua schiava, né il tuo bestiame, né il forestiero che dimora presso di te.* [11]*Perché in sei giorni il Signore ha fatto il cielo e la terra e il mare e quanto è in essi, ma si è riposato il settimo giorno. Perciò il Signore ha benedetto il giorno del sabato e lo ha consacrato.*

Anche questo comandamento è fortemente disatteso.

D'altra parte oggi è impossibile che la gente addetta ai servizi essenziali non lavori, sarebbe il collasso della nostra società, ma si può regolarmente eludere un comandamento così tassativo?

Esodo Cap. 20 v. 12
(La Bibbia spiegata agli utenti del telefono azzurro)

^{12}*Onora tuo padre e tua madre, perché si prolunghino i tuoi giorni nel paese che il Signore, tuo Dio, ti dà.*

E' facile onorare il padre e la madre se sono buoni genitori, ma se invece si comportano male? Se picchiano, se violentano?
Sempre occorre onorarli, dio lo vuole!
Ma migliori delle mie sono le considerazioni fatte dal grande poeta Fabrizio:
*Onora il padre, onora la madre
e onora anche il loro bastone,
bacia la mano che ruppe il tuo naso
perché le chiedevi un boccone:
quando a mio padre si fermò il cuore
non ho provato dolore.
Quanto a mio padre si fermò il cuore
non ho provato dolore.*

Esodo Cap. 20 v. 13 (La Bibbia spiegata a papa pio IX)

^{13}*Non ucciderai.*

Pio IX reintrodusse la pena di morte dopo che per breve tempo la Repubblica Romana del 1848 l'aveva abolita.
E questi ci vengono a parlare di non uccidere? Quelli che hanno voluto le crociate, lanciate addirittura contro gli stessi credenti cattolici tacciati d'eresia?
Non uccidere è un comandamento laico che solo l'emancipazione dalle religioni può rendere praticabile in tutto il mondo.

Ma anche per questo comandamento migliori delle mie sono le parole del grande Fabrizio:

Il settimo dice non ammazzare
se del cielo vuoi essere degno.
Guardatela oggi, questa legge di Dio,
tre volte inchiodata nel legno:
guardate la fine di quel nazzareno
e un ladro non muore di meno.
Guardate la fine di quel nazzareno
e un ladro non muore di meno.

Esodo Cap. 20 v. 14
(La Bibbia spiegata a Paolo e Francesca)

[14]*Non commetterai adulterio.*

Come mai questa prescrizione che vieta semplicemente di avere rapporti sessuali con un partner sposato per la religione cattolica diventa "non fornicare" poi ulteriormente modificato in "non commettere atti impuri"?
La prescrizione originale non era sessuofobica, non escludeva i rapporti prematrimoniali, anche con prostitute, non escludeva la masturbazione.
Insomma la grande catastrofe sessuofobica di questa religione avviene con Paolo di Tarso, persona davvero malata di sessuofobia e che ha introdotto prescrizioni molto peggiori di quelle contenute nel vecchio testamento.
Tanto per rispondere a chi obietta che il nuovo testamento sia più presentabile e che esso sia il riferimento per i cattolici!
Ma anche su questa prescrizione grandioso è il commento di Fabrizio:

Non commettere atti che non siano puri
cioè non disperdere il seme.
Feconda una donna ogni volta che l'ami
così sarai uomo di fede:
Poi la voglia svanisce e il figlio rimane
e tanti ne uccide la fame.
Io, forse, ho confuso il piacere e l'amore:
ma non ho creato dolore.

Esodo Cap. 20 v. 15 (La Bibbia spiegata agli affamati)

¹⁵*Non ruberai.*

Commento questo comandamento con le parole di Fabrizio:

Il quinto dice non devi rubare
e forse io l'ho rispettato
vuotando, in silenzio, le tasche già gonfie
di quelli che avevan rubato:
ma io, senza legge, rubai in nome mio,
quegli altri nel nome di Dio.
Ma io, senza legge, rubai in nome mio,
quegli altri nel nome di Dio.

Insomma Fabrizio ci dice: E' peccato rubare ai ladri? E' peccato rubare a chi accumula ricchezze immense defraudando e sfruttando i propri simili? E' peccato rubare a chi ruba nel nome di dio?
Solo con una vera giustizia sociale potrà essere rispettato questo comandamento.

Esodo Cap. 20 v. 16 (La Bibbia spiegata ai giustiziati)

¹⁶*Non pronuncerai falsa testimonianza contro il tuo prossimo.*

Certo dire falsa testimonianza per far condannare ingiustamente un uomo è moralmente inaccettabile, ma se lo si fa per salvare una persona da una condanna considerata iniqua?
Sempre Fabrizio:

Non dire falsa testimonianza
e aiutali a uccidere un uomo.
Lo sanno a memoria il diritto divino,
e scordano sempre il perdono:
ho spergiurato su Dio e sul mio onore
e no, non ne provo dolore.
Ho spergiurato su Dio e sul mio onore
e no, non ne provo dolore.

Esodo Cap. 20 v. 17 (La Bibbia spiegata a chi non ha nulla)

[17]Non desidererai la casa del tuo prossimo. Non desidererai la moglie del tuo prossimo, né il suo schiavo né la sua schiava, né il suo bue né il suo asino, né alcuna cosa che appartenga al tuo prossimo".

Questo comandamento era unico nella Bibbia, ma la chiesa cattolica lo ha diviso in due "non desiderare la donna d'altri" e "non desiderare la roba d'altri", questo per evitare di mettere insieme donne e cammelli, cosa che la Bibbia fa sempre, ed anche per coprire il buco causato dalla scomparsa del comandamento sull'idolatria e far rimanere sempre il totale a 10!
Anche qui il pensiero di Fabrizio è molto più interessante del mio:

Non desiderare la roba degli altri
non desiderarne la sposa.
Ditelo a quelli, chiedetelo ai pochi
che hanno una donna e qualcosa:
nei letti degli altri già caldi d'amore
non ho provato dolore.
L'invidia di ieri non è già finita:
stasera vi invidio la vita.

Esodo Cap. 20 vv. 18-21 (La Bibbia spiegata ai vulcanologi)

[18]Tutto il popolo percepiva i tuoni e i lampi, il suono del corno e il monte fumante. Il popolo vide, fu preso da tremore e si tenne lontano. [19]Allora dissero a Mosè: "Parla tu a noi e noi ascolteremo; ma non ci parli Dio, altrimenti moriremo!". [20]Mosè disse al popolo: "Non abbiate timore: Dio è venuto per mettervi alla prova e perché il suo timore sia sempre su di voi e non pecchiate". [21]Il popolo si tenne dunque lontano, mentre Mosè avanzò verso la nube oscura dove era Dio.

Il dio dell'esodo è una divinità davvero primitiva, che si manifesta con eruzioni vulcaniche e terremoti, immaginiamo la gente terrorizzata, prostrata, esattamente come i popoli primitivi, quelli che adoravano le forze primordiali della natura: il sole, i fulmini, le eruzioni.
Immaginiamo questo quadretto e Mosè che, da gran furbo, finge di capire i brontolii del vulcano traducendoli al popolo come parola di dio!

Esodo Cap. 20 vv. 25-26 (La Bibbia spiegata ai marmisti)

²⁵Se tu farai per me un altare di pietra, non lo costruirai con pietra tagliata, perché, usando la tua lama su di essa, tu la renderesti profana. ²⁶Non salirai sul mio altare per mezzo di gradini, perché là non si scopra la tua nudità".

Chi ci capisce è bravo: dio chiede di costruire un altare, ma la pietra per costruirlo non va tagliata perché la lama profanerebbe la pietra...
E dove lo trovano un altare già pronto?
Ma ancora peggio: l'altare (che dovrebbe stare in alto...) non può avere gradini perché con i gradini si scoprirebbero ... le nudità di Mosè!
Ma Mosè non poteva finalmente inventare le mutande?
Davvero follia allo stato puro questi due versetti.

Esodo Cap. 21 vv. 2-6 (La Bibbia spiegata a Lincoln)

²Quando tu avrai acquistato uno schiavo ebreo, egli ti servirà per sei anni e nel settimo potrà andarsene libero, senza riscatto. ³Se è venuto solo, solo se ne andrà; se era coniugato, sua moglie se ne andrà con lui. ⁴Se il suo padrone gli ha dato moglie e questa gli ha partorito figli o figlie, la donna e i suoi figli saranno proprietà del padrone, ed egli se ne andrà solo. ⁵Ma se lo schiavo dice: "Io sono affezionato al mio padrone, a mia moglie, ai miei figli, non voglio andarmene libero", ⁶allora il suo padrone lo condurrà davanti a Dio, lo farà accostare al battente o allo stipite della porta e gli forerà l'orecchio con la lesina, e quello resterà suo schiavo per sempre.

Nel capitolo 21 dell'esodo c'è una lunga serie di prescrizioni assolutamente inattuali ed in gran parte assurde. Certo i cattolici risponderanno che quelle prescrizioni valevano allora e solo per gli ebrei, ma non mi sembra un ragionamento valido: se l'esodo è un libro inattuale e per di più rivolto al solo popolo ebraico, potevano anche toglierlo dal corpus biblico. Se c'è qualche motivo ci sarà.
E state attenti anche all'osservazione che oggi dell'esodo va fatta una lettura storicizzata e simbolica, perché la Chiesa è pronta a rifare lo shift verso una lettura letteraria se troverà le condizioni socio-politiche adatte per tornare ad usare il pugno di ferro.
Mi pare disumana la prescrizione che i figli avuti dagli schiavi durante la loro schiavitù restino del padrone!

Degna della marchiatura dei vitelli la prescrizione di bucare l'orecchio dello schiavo che scelga "liberamente" di restare schiavo a vita.
Molto spesso la schiavitù era inevitabilmente a vita, dato che quando si veniva ridotti in schiavitù si perdevano tutti i beni di proprietà.
Rileverei infine che si parla NON di schiavi d'altri popoli conquistati in guerra, ma di schiavi ebrei, di persone fatte schiave perché, per esempio, non potevano pagare i debiti!

Esodo Cap. 21 vv. 7-11
(La Bibbia spiegata agli appassionati di bunga bunga)

⁷Quando un uomo venderà la figlia come schiava, ella non se ne andrà come se ne vanno gli schiavi. ⁸Se lei non piace al padrone, che perciò non la destina a sé in moglie, la farà riscattare. In ogni caso egli non può venderla a gente straniera, agendo con frode verso di lei. ⁹Se egli la vuol destinare in moglie al proprio figlio, si comporterà nei suoi riguardi secondo il diritto delle figlie. ¹⁰Se egli prende in moglie un'altra, non diminuirà alla prima il nutrimento, il vestiario, la coabitazione. ¹¹Se egli non le fornisce queste tre cose, lei potrà andarsene, senza che sia pagato il prezzo del riscatto.

In questi versetti si capisce che un uomo può tranquillamente vendere la figlia come schiava e si capisce anche che nella maggior parte dei casi s'intende schiava sessuale.
Ci sono per fortuna delle limitazioni: non può essere venduta a stranieri, bisogna sfamarla, vestirla e darle un tetto.
Bontà loro...

Esodo Cap. 21 (La Bibbia spiegata al boia)

¹²Colui che colpisce un uomo causandone la morte, sarà messo a morte. ¹³Se però non ha teso insidia, ma Dio glielo ha fatto incontrare, io ti fisserò un luogo dove potrà rifugiarsi. ¹⁴Ma se un uomo aveva premeditato di uccidere il suo prossimo con inganno, allora lo strapperai anche dal mio altare, perché sia messo a morte.
¹⁵Colui che percuote suo padre o sua madre, sarà messo a morte.

¹⁶*Colui che rapisce un uomo, sia che lo venda sia che lo si trovi ancora in mano sua, sarà messo a morte.*
¹⁷*Colui che maledice suo padre o sua madre, sarà messo a morte.*

Non è la legge del taglione, al confronto norma tutto sommato giusta, è peggio, qui non si ripaga occhio per occhio, dente per dente, basta una percossa o solo una maledizione rivolta ai genitori e si viene messi a morte!

Esodo Cap. 21 vv. 18-19 (La Bibbia spiegata allo zoppo)

¹⁸*Quando alcuni uomini litigano e uno colpisce il suo prossimo con una pietra o con il pugno e questi non muore, ma deve mettersi a letto,* ¹⁹*se poi si alza ed esce con il bastone, chi lo ha colpito sarà ritenuto innocente, ma dovrà pagare il riposo forzato e assicurargli le cure.*

Insomma, dal punto di vista penale puoi massacrare una persona e, se non muore, ma resta solo zoppo, sei innocente!
Dovrai solo risarcirlo delle cure e del mancato guadagno (Non dei danni permanenti!)
Bella legge per i violenti d'ogni sorta!

Esodo Cap. 21 vv. 20-21 (La Bibbia spiegata ai venali)

²⁰*Quando un uomo colpisce con il bastone il suo schiavo o la sua schiava e gli muore sotto le sue mani, si deve fare vendetta.* ²¹*Ma se sopravvive un giorno o due, non sarà vendicato, perché è suo denaro.*

Un altro umanissimo versetto: gli schiavi sono solo denaro del padrone, null'altro.
Il libro ispirato da dio che non vede nello schiavo un essere umano che libro ispirato è?

Esodo Cap. 21 vv. 22-25 (La Bibbia spiegata a dentisti ed oculisti)

²²*Quando alcuni uomini litigano e urtano una donna incinta, così da farla abortire, se non vi è altra disgrazia, si esigerà un'ammenda, secondo quanto imporrà il marito della donna, e il colpevole pagherà attraverso un arbitrato.* ²³*Ma se segue una disgrazia, allora pagherai vita per vita:* ²⁴*occhio per occhio, dente per dente, mano per mano, piede per piede,*²⁵ *bruciatura per bruciatura, ferita per ferita, livido per livido.*

Passaggio del tutto confuso: che altra disgrazia può conseguire nell'urtare una donna incinta se non l'aborto?
Se s'intende la morte della donna, notare come qui s'invoca l'occhio per occhio, per un evento causato da una disgrazia, mentre chi causa danni permanenti in seguito ad un litigio è innocente...
Non meravigliatevi, si tratta di giustizia divina...

Esodo Cap. 21 (La Bibbia spiegata ai buoi)

²⁸*Quando un bue cozza con le corna contro un uomo o una donna e ne segue la morte, il bue sarà lapidato e non se ne mangerà la carne. Però il proprietario del bue è innocente.* ²⁹*Ma se il bue era solito cozzare con le corna già prima e il padrone era stato avvisato e non lo aveva custodito, se ha causato la morte di un uomo o di una donna, il bue sarà lapidato e anche il suo padrone dev'essere messo a morte.* ³⁰*Se invece gli viene imposto un risarcimento, egli pagherà il riscatto della propria vita, secondo quanto gli verrà imposto.* ³¹*Se cozza con le corna contro un figlio o se cozza contro una figlia, si procederà nella stessa maniera.* ³²*Se il bue colpisce con le corna uno schiavo o una schiava, si darà al suo padrone del denaro, trenta sicli, e il bue sarà lapidato.*

La lapidazione degli animali "colpevoli" di aver ucciso un uomo è un'altra barbarie del libro "sacro". E' difficile che un bue possa comprendere la sua colpa e quindi la "giustezza" della pena.
La morte invece di uno schiavo vale trenta sicli!

Esodo Cap. 22 vv. 1-2 (La Bibbia spiegata alla banda del buco)

¹*Se un ladro viene sorpreso mentre sta facendo una breccia in un muro e viene colpito e muore, non vi è per lui vendetta di sangue.* ²*Ma se il sole si era già alzato su di lui, vi è per lui vendetta di sangue.*

Insomma puoi ammazzare un ladro che sta facendo un buco, ma solo di notte, di giorno No. La logica? - Sono prescrizioni di dio!

Esodo Cap. 22 v. 8 (La Bibbia spiegata ai giuristi)

⁸*Qualunque sia l'oggetto di una frode, si tratti di un bue, di un asino, di un montone, di una veste, di qualunque oggetto perduto, di cui uno dice: "È questo!", la causa delle due parti andrà fino a Dio: colui che Dio dichiarerà colpevole restituirà il doppio al suo prossimo.*

Ecco ottima idea questa: quando due parti litigano si porta il caso a dio ed egli giudicherà chi è il colpevole, fantastico avere un giudice davvero infallibile!
Ma... in quale tribunale opera questo giudice chiamato dio?

Esodo Cap. 22 vv. 15-16
(La Bibbia spiegata ai commercianti di vergini)

¹⁵*Quando un uomo seduce una vergine non ancora fidanzata e si corica con lei, ne pagherà il prezzo nuziale, e lei diverrà sua moglie.* ¹⁶*Se il padre di lei si rifiuta di dargliela, egli dovrà versare una somma di denaro pari al prezzo nuziale delle vergini.*

Mi ripeto, certo, ma anche la Bibbia lo fa: la verginità come valore economico, da risarcire col matrimonio o con una somma in denaro, l'amore trasformato in mercimonio, il dare/avere, in una risorsa od un debito per le famiglie.
Questo insegna il libro dell'amore.

Esodo Cap. 22 v. 17 (La Bibbia spiegata a Gargamella)

¹⁷Non lascerai vivere colei che pratica la magia.

A me i cosiddetti maghi non piacciono, dato che sono truffatori ed approfittatori della credulità popolare. Ma metterli a morte mi pare piuttosto eccessivo.
In fondo che cosa sono le religioni, e cosa sostengono di praticare i sacerdoti se non riti magici?
Purtroppo sulla base di queste poche parole le donne furono messe a morte a migliaia con l'accusa di stregoneria, dall'inquisizione in tutta Europa.
Allora non si fece una lettura simbolica e storicizzata della Bibbia.

Esodo Cap. 22 v. 18 (La Bibbia spiegata agli animalisti)

¹⁸Chiunque giaccia con una bestia sia messo a morte.

Perché?

Esodo Cap. 22 v. 19 (La Bibbia spiegata agli ecumenici)

¹⁹Colui che offre un sacrificio agli dèi, anziché al solo Signore, sarà votato allo sterminio.

Attenzione, in questo versetto non è scritto "sarà messo a morte, ma "sarà votato allo sterminio", quindi in caso di sacrificio agli dei non si dovrà ammazzare solo l'esecutore materiale del sacrificio ma tutta la famiglia, anzi tutto il clan, tutta la tribù, tutto il popolo.
Sempre per amore del prossimo, s'intende!

Esodo Cap. 22 vv. 21-23 (La Bibbia spiegata agli speranzosi)

²¹*Non maltratterai la vedova o l'orfano.* ²²*Se tu lo maltratti, quando invocherà da me l'aiuto, io darò ascolto al suo grido,*²³*la mia ira si accenderà e vi farò morire di spada: le vostre mogli saranno vedove e i vostri figli orfani.*

Non sembri una punizione terribile per chi maltratta una vedova od un orfano, perché, mentre in precedenza si parla di concreta giustizia terrena, comminata da uomini, qui s'invoca la giustizia divina che punirà i colpevoli. Campa cavallo...
Illuminante l'inestricabile confusione nell'Esodo fra giustizia terrena e giustizia divina, confuse insieme ed annodate: a volte è dio a punire, a volte i giudici che affermano di farlo in suo nome.
Una giustizia su basi teocratiche non potrà mai essere giusta.

Esodo Cap. 22 v. 24 (La Bibbia spiegata ai debitori)

²⁴*Se tu presti denaro a qualcuno del mio popolo, all'indigente che sta con te, non ti comporterai con lui da usuraio: voi non dovete imporgli alcun interesse.*

Insomma il prestito per interesse è rigorosamente proibito dalla Bibbia.
Come si concilia questo passo con le attitudini del popolo "eletto" e con le attività delle tante banche religiose o dirette da religiosi, a cominciare dallo IOR?
Ah già occorre storicizzare... quando fa loro comodo!

Esodo Cap. 22 v. 27 (La Bibbia spiegata alle opposizioni)

²⁷*Non bestemmierai Dio e non maledirai il capo del tuo popolo.*

Ancora un'altra inestricabile confusione fra potere civile e potere religioso ed un'altra evidente prova che le religioni sono una delle forme del potere: bestemmiare dio o bestemmiare Berlusconi è la stessa cosa, sempre di grave peccato (e reato) si tratta, le religioni insegnano ad essere mansueti ed a farsi derubare meglio dai governi.

E poi: chi decide cosa sia una bestemmia? Per esempio è bestemmia affermare che dio non esiste?
A stabilire le regole non sono sempre LORO quelli che hanno in mano il potere, che decidono quanto debba essere lunga la corda che tiene legati i manzi ... mansueti.

Esodo Cap. 22 (La Bibbia spiegata ai contribuenti)

²⁸Non ritarderai l'offerta di ciò che riempie il tuo granaio e di ciò che stilla dal tuo frantoio.
Il primogenito dei tuoi figli lo darai a me.
²⁹Così farai per il tuo bue e per il tuo bestiame minuto: sette giorni resterà con sua madre, l'ottavo giorno lo darai a me.

In principio le offerte d'animali erano fatte perché fossero immolate a dio con i sacrifici.
Ma ben presto il clero capì che era meglio TENERSELI gli animali, cominciando quello scandaloso processo d'arricchimento che vede come ultimo atto in Italia il meccanismo dell'otto per mille e degli infiniti altri contributi che noi, nostro malgrado, elargiamo a questi personaggi abituati a vivere sulle spalle della gente.

Esodo Cap. 23 v. 8 (La Bibbia spiegata a babbo natale)

⁸Non accetterai doni, perché il dono acceca chi ha gli occhi aperti e perverte anche le parole dei giusti.

Che fine fanno babbo natale e le feste natalizie con tutti i doni che si fanno?
E che fine fanno i compleanni? Ok, storicizziamo...

Esodo Cap. 23 v. 13 (La Bibbia dei paradossi logici)

¹³*Farete attenzione a quanto vi ho detto: non pronunciate il nome di altri dèi; non si senta sulla tua bocca!*

Per tale ragione, cari cattolici, non dite mai "io non credo in allah, in budda, in odino"
perché uscirebbero dalla vostra bocca parole che non potete pronunciare!

Esodo Cap. 23 v. 15 (La Bibbia dei regali prenotati)

¹⁵*Osserverai la festa degli Azzimi: per sette giorni mangerai azzimi, come ti ho ordinato, nella ricorrenza del mese di Abìb, perché in esso sei uscito dall'Egitto. Non si dovrà comparire davanti a me a mani vuote.*

Questa è l'essenza delle religioni:
Non andare mai a mani vuote di fronte a dio.
O di fronte ai loro sedicenti rappresentanti in terra?

Esodo Cap. 23 v. 18 (La Bibbia spiegata agli atopici)

¹⁸*Non offrirai con pane lievitato il sangue del sacrificio in mio onore, e il grasso della vittima per la mia festa non dovrà restare fino al mattino.*

Già sapevamo che dio è allergico ai lieviti, mentre risulta alquanto strano che il grasso delle vittime dei sacrifici possa rimanere solo per la notte. (Ma non venivano bruciati gli animali sacrificali?)

Esodo Cap. 23 v. 19 (La Bibbia spiegata ai vegani)

¹⁹*Il meglio delle primizie del tuo suolo lo porterai alla casa del Signore, tuo Dio. Non farai cuocere un capretto nel latte di sua madre.*

Certo l'idea di cuocere il capretto dentro il latte della madre ripugna alquanto gli amici animalisti, ma con tutte le prescrizioni orrende che dio impone agli uomini, questa limitazione appare alquanto ipocrita ed insignificante.

Esodo Cap. 23 v. 23 (La Bibbia spiegata ai Gebusei)

²³Quando il mio angelo camminerà alla tua testa e ti farà entrare presso l'Amorreo, l'Ittita, il Perizzita, il Cananeo, l'Eveo e il Gebuseo e io li distruggerò ²⁴tu non ti prostrerai davanti ai loro dèi e non li servirai; tu non ti comporterai secondo le loro opere, ma dovrai demolire e frantumare le loro stele.

Che dire, sempre del dio della pace e dell'amore si tratta, sono queste le opere di dio.

Esodo Cap. 23 vv. 25-26 (La Bibbia spiegata alle puerpere)

²⁵Voi servirete il Signore, vostro Dio. Egli benedirà il tuo pane e la tua acqua. Terrò lontana da te la malattia. ²⁶Non vi sarà nella tua terra donna che abortisca o che sia sterile. Ti farò giungere al numero completo dei tuoi giorni.

Una promessa clamorosa: non vi saranno donne sterili e non vi saranno aborti.
Un'altra promessa evidentemente non mantenuta da questo dio che ne racconta davvero tante.

Esodo Cap. 23 v. 27 (La Bibbia che si ripete)

²⁷Manderò il mio terrore davanti a te e metterò in rotta ogni popolo in mezzo al quale entrerai; farò voltare le spalle a tutti i tuoi nemici davanti a te.

La Bibbia si ripete all'infinito con queste promesse di dio che farà piazza pulita dei nemici d'Israele e che li terrorizzerà.
Ma cosa ci deve insegnare un libro violento e guerrafondaio?

Esodo Cap. 24 v. 8 (La Bibbia spiegata a Dracula)

⁸Mosè prese il sangue e ne asperse il popolo, dicendo: "Ecco il sangue dell'alleanza che il Signore ha concluso con voi sulla base di tutte queste parole!".

Un altro rito tribale e primitivo, Mosè che getta il sangue sacrificale addosso al popolo, in un bagno di sangue, scena davvero orribile.
"Ecco il sangue della nuova alleanza, versato per voi e per tutti in remissione dei peccati"
Vi ricorda qualcosa?
Sempre di riti sacrificali si tratta, una volta si sacrificano delle giovenche, a volte il sedicente figlio di dio.

Esodo Cap. 24 vv. 9-11 (La Bibbia del dio con i piedi)

⁹Mosè salì con Aronne, Nadab, Abiu e i settanta anziani d'Israele. ¹⁰Essi videro il Dio d'Israele: sotto i suoi piedi vi era come un pavimento in lastre di zaffiro, limpido come il cielo. ¹¹Contro i privilegiati degli Israeliti non stese la mano: essi videro Dio e poi mangiarono e bevvero.

Il dio dei cristiani è davvero primitivo ed antropomorfo: dotato di piedi, dotato di corpo materiale, dato che calpesta un pavimento.
Il pavimento doveva essere speciale, mica in terra battuta ed allora Mosè inventa le lastre di zaffiro, che fantasia!

Esodo Cap. 25 vv. 1-9 (La Bibbia spiegata ai porporati)

¹Il Signore parlò a Mosè dicendo: ²"Ordina agli Israeliti che raccolgano per me un contributo. Lo raccoglierete da chiunque sia generoso di cuore. ³Ed ecco che cosa raccoglierete da loro come contributo: oro, argento e bronzo, ⁴tessuti di porpora viola e rossa, di scarlatto, di bisso e di pelo di capra, ⁵pelle di montone tinta di rosso, pelle di tasso e legno di acacia, ⁶olio per l'illuminazione, balsami per l'olio dell'unzione e per l'incenso aromatico, ⁷pietre di ònice e pietre da incastonare nell'efod e nel pettorale. ⁸Essi mi faranno un santuario e io abiterò in mezzo a loro. ⁹Eseguirete ogni cosa secondo quanto ti mostrerò, secondo il modello della Dimora e il modello di tutti i suoi arredi.

Cosa se ne può fare un dio smaterializzato d'oro, argento, bronzo, pelli, tessuti preziosi etc. etc. ?

Queste cose servono ai sedicenti rappresentanti di dio in terra per vivere nel lusso e senza mai lavorare.

Sicuramente qui è lo stesso Mosè che bussa a cassa per ottenere il compenso che lui ritiene di meritare!

Esodo Cap. 25 vv. 10-16 (La Bibbia del lusso sfrenato)

¹⁰Faranno dunque un'arca di legno di acacia: avrà due cubiti e mezzo di lunghezza, un cubito e mezzo di larghezza, un cubito e mezzo di altezza. ¹¹La rivestirai d'oro puro: dentro e fuori la rivestirai e le farai intorno un bordo d'oro. ¹²Fonderai per essa quattro anelli d'oro e li fisserai ai suoi quattro piedi: due anelli su di un lato e due anelli sull'altro. ¹³Farai stanghe di legno di acacia e le rivestirai d'oro. ¹⁴Introdurrai le stanghe negli anelli sui due lati dell'arca per trasportare con esse l'arca.¹⁵Le stanghe dovranno rimanere negli anelli dell'arca: non verranno tolte di lì. ¹⁶Nell'arca collocherai la Testimonianza che io ti darò.

Le prescrizioni sulla realizzazione dell'arca e del santuario sono un tripudio d'oro puro, questo dio (o i suoi rappresentanti?) non si fa mancare proprio nulla, a spese del popolo affamato: una colata d'oro ed altri materiali preziosi, ma che se ne fa dio dell'oro?

Esodo Cap. 26 vv. 1-4 (La Bibbia spiegata a re Mida)

¹ Quanto alla Dimora, la farai con dieci teli di bisso ritorto, di porpora viola, di porpora rossa e di scarlatto. Vi farai figure di cherubini, lavoro d'artista. ²La lunghezza di un telo sarà di ventotto cubiti; la larghezza di quattro cubiti per un telo;

la stessa dimensione per tutti i teli. ³Cinque teli saranno uniti l'uno all'altro e anche gli altri cinque saranno uniti l'uno all'altro. ⁴Farai cordoni di porpora viola sull'orlo del primo telo all'estremità della sutura; così farai sull'orlo del telo estremo nella seconda sutura.

Non riporto per intero il cap. 26 contenente la dettagliatissima, pignolissima ed insensata descrizione di come dovrà essere realizzata la dimora di dio, un dio che soggiorna dentro una tenda, che si bea di tessuti preziosi e d'oro, insomma un re Mida piccolo piccolo e terra terra.

Esodo Cap. 28 (La Bibbia spiegata ai cardinali)

¹Fa' avvicinare a te, in mezzo agli Israeliti, Aronne tuo fratello e i suoi figli con lui, perché siano miei sacerdoti: Aronne, Nadab e Abiu, Eleàzaro e Itamàr, figli di Aronne.
²Farai per Aronne, tuo fratello, abiti sacri, per gloria e decoro. ³Parlerai a tutti gli artigiani più esperti, che io ho riempito di uno spirito di saggezza, ed essi faranno gli abiti di Aronne per la sua consacrazione e per l'esercizio del sacerdozio in mio onore. ⁴E questi sono gli abiti che faranno: il pettorale e l'efod, il manto, la tunica ricamata, il turbante e la cintura. Faranno vesti sacre per Aronne, tuo fratello, e per i suoi figli, perché esercitino il sacerdozio in mio onore. ⁵Useranno oro, porpora viola e porpora rossa, scarlatto e bisso...

Non riporto per intero la dettagliata descrizione di come dovessero essere i vestiti dei sacerdoti.
Credo che per esagerazione e barocchismi competano con i vestitini del papa.
Notate che in questo capitolo è istituzionalizzata la casta parassitaria dei sacerdoti, viene sancito il loro potere e stabiliti i rituali.
Da allora niente sarà come prima per le sorti dell'umanità che si accollerà un pesante fardello da trasportare, molto più gravoso della stessa arca.

Esodo Cap. 28 vv. 34-38 (La Bibbia spiegata agli arcivescovi)

³⁴un sonaglio d'oro e una melagrana, un sonaglio d'oro e una melagrana intorno all'orlo inferiore del manto. ³⁵Aronne l'indosserà nelle funzioni sacerdotali e se ne sentirà il suono quando egli entrerà nel Santo alla presenza del Signore e quando ne uscirà. Così non morirà.
³⁶Farai una lamina d'oro puro e vi inciderai, come su di un sigillo, "Sacro al Signore". ³⁷L'attaccherai con un cordone di porpora viola al turbante, sulla parte anteriore. ³⁸Starà sulla fronte di Aronne; Aronne porterà il carico delle colpe che potranno commettere gli Israeliti, in occasione delle offerte sacre da loro presentate. Aronne la porterà sempre sulla sua fronte, per attirare su di loro il favore del Signore.

Ottime scuse per rapinare il popolo convincendolo a riempire d'oro la casta sacerdotale:
Aronne ha bisogno di un sonaglio d'oro ed uno di melagrana (e che è?) per suonarlo, quando entra nella zona sacra, altrimenti morirebbe.
Insomma suonando il pendaglio dio se ne sta buono come un cagnolino addomesticato, altrimenti morde. E naturalmente questa belva non si accontenta di un sonaglio qualsiasi, magari in latta, vuole un sonaglio in oro massiccio, altrimenti il giochino non funziona.
Parimenti la lamina d'oro che Aronne porterà in testa servirà ad attirare tutti i peccati degli israeliani, per poterli poi cancellare.
Ma i peccati non sono attirati molto meglio dell'oro, da una lamina di magnetite?

Esodo Cap. 28 vv. 40-43 (La Bibbia spiegata ai mutandari)

⁴⁰Per i figli di Aronne farai tuniche e cinture. Per loro farai anche berretti per gloria e decoro. ⁴¹Farai indossare queste vesti ad Aronne, tuo fratello, e ai suoi figli. Poi li ungerai, darai loro l'investitura e li consacrerai, perché esercitino il sacerdozio in mio onore. ⁴²Farai loro inoltre calzoni di lino, per coprire la loro nudità; dovranno arrivare dai fianchi fino alle cosce.⁴³Aronne e i suoi figli li indosseranno quando entreranno nella tenda del convegno o quando si avvicineranno all'altare per officiare nel santuario, perché non incorrano in una colpa che li farebbe morire. È una prescrizione perenne per lui e per i suoi discendenti.

Finalmente hanno scoperto che le "nudità" possono essere coperte con della stoffa che assuma all'incirca le forme delle attuali mutande, qualche capitolo fa invece proponevano, per non far vedere le "nudità" del sacerdote, di non costruire altari con gradini!
Confermata l'assurda paura per il nudo da parte di questa religione malata, il cui dio sarebbe pronto ad ammazzare un suo ministro se, anche per errore, mostrasse una parte del proprio corpo che non può essere mostrata...
In questi versetti vediamo infine la costituzione della casta sacerdotale: si stabilisce che i sacerdoti possano sposarsi (ma da dove viene l'obbligo del celibato?) e che i figli faranno i sacerdoti come i padri, per semplice diritto ereditario.
Si stabilisce che i membri di questa casta nuotino nell'oro e che siano pagati per non lavorare, in eterno.
Perché i discendenti di Aronne e non qualsiasi altro magari più degno?

Esodo Cap. 29 vv. 10-25 (La Bibbia spiegata ai depezzatori)

[10]Farai poi avvicinare il giovenco davanti alla tenda del convegno. Aronne e i suoi figli poseranno le mani sulla sua testa.[11]Immolerai il giovenco davanti al Signore, all'ingresso della tenda del convegno. [12]Prenderai parte del suo sangue e con il dito lo spalmerai sui corni dell'altare. Il resto del sangue lo verserai alla base dell'altare. [13]Prenderai tutto il grasso che avvolge le viscere, il lobo del fegato, i reni con il grasso che vi è sopra, e li farai ardere in sacrificio sull'altare. [14]Ma la carne del giovenco, la sua pelle e i suoi escrementi li brucerai fuori dell'accampamento perché si tratta di un sacrificio per il peccato.
[15]Prenderai poi uno degli arieti; Aronne e i suoi figli poseranno le mani sulla sua testa. [16]Immolerai l'ariete, ne raccoglierai il sangue e lo spargerai intorno all'altare. [17]Dividerai in pezzi l'ariete, ne laverai le viscere e le zampe e le disporrai sui quarti e sulla testa. [18]Allora farai bruciare sull'altare tutto l'ariete. È un olocausto in onore del Signore, un profumo gradito, un'offerta consumata dal fuoco in onore del Signore.
[19]Prenderai il secondo ariete; Aronne e i suoi figli poseranno le mani sulla sua testa. [20]Lo immolerai, prenderai parte del suo sangue e ne porrai sul lobo dell'orecchio destro di Aronne, sul lobo dell'orecchio destro dei suoi figli, sul pollice della loro mano destra e sull'alluce del loro piede destro; poi spargerai il sangue intorno all'altare. [21]Prenderai di questo sangue dall'altare e insieme un po' d'olio dell'unzione e

ne spruzzerai su Aronne e le sue vesti, sui figli di Aronne e le loro vesti: così sarà consacrato lui con le sue vesti e, insieme con lui, i suoi figli con le loro vesti.
²²Prenderai il grasso dell'ariete: la coda, il grasso che copre le viscere, il lobo del fegato, i due reni, con il grasso che vi è sopra, e la coscia destra, perché è l'ariete dell'investitura. ²³Prenderai anche un pane rotondo, una focaccia all'olio e una schiacciata dal canestro di azzimi deposto davanti al Signore. ²⁴Metterai il tutto sulle palme di Aronne e sulle palme dei suoi figli e farai compiere il rito di elevazione davanti al Signore. ²⁵Riprenderai ogni cosa dalle loro mani e la farai bruciare sull'altare, insieme all'olocausto, come profumo gradito davanti al Signore: è un'offerta consumata dal fuoco in onore del Signore.

Riporto questo lungo brano per mostrare l'assurdità di questi sanguinari sacrifici, dove il popolo ed i sacerdoti si bagnano nel sangue del povero animale, lo fanno a pezzi, posano i quarti sanguinolenti sull'altare, lo bruciano in un tripudio di carni e fumo d'arrosto "gradito davanti al signore".

Esodo Cap. 29 vv. 26- 46 (La Bibbia spiegata ai parassiti)

²⁶Prenderai il petto dell'ariete dell'investitura di Aronne e lo presenterai con rito di elevazione davanti al Signore: diventerà la tua porzione. ²⁷Consacrerai il petto con il rito di elevazione e la coscia con il rito di innalzamento, prelevandoli dall'ariete dell'investitura: saranno di Aronne e dei suoi figli. ²⁸Dovranno appartenere ad Aronne e ai suoi figli, come porzione loro riservata dagli Israeliti, in forza di legge perenne. Perché è un prelevamento, un prelevamento cioè che gli Israeliti dovranno operare in tutti i loro sacrifici di comunione, un prelevamento dovuto al Signore.
²⁹Le vesti sacre di Aronne passeranno, dopo di lui, ai suoi figli, che se ne rivestiranno per ricevere l'unzione e l'investitura.³⁰Quello dei figli di Aronne che gli succederà nel sacerdozio ed entrerà nella tenda del convegno per officiare nel santuario, porterà queste vesti per sette giorni.
³¹Poi prenderai l'ariete dell'investitura e ne cuocerai le carni in luogo santo. ³²Aronne e i suoi figli mangeranno la carne dell'ariete e il pane contenuto nel canestro all'ingresso della tenda del convegno. ³³Mangeranno così ciò che sarà servito per compiere il rito espiatorio, nel corso della loro investitura e consacrazione. Nessun estraneo ne deve mangiare, perché sono cose sante. ³⁴Nel caso che al mattino ancora restasse carne del sacrificio d'investitura e del pane, brucerai questo avanzo nel fuoco. Non lo si mangerà: è cosa santa.

³⁵Farai dunque ad Aronne e ai suoi figli quanto ti ho comandato. Per sette giorni compirai il rito dell'investitura. ³⁶In ciascun giorno offrirai un giovenco in sacrificio per il peccato, in espiazione; toglierai il peccato dall'altare compiendo per esso il rito espiatorio, e in seguito lo ungerai per consacrarlo. ³⁷Per sette giorni compirai il rito espiatorio per l'altare e lo consacrerai. Diverrà allora una cosa santissima e quanto toccherà l'altare sarà santo.
³⁸Ecco ciò che tu offrirai sull'altare: due agnelli di un anno ogni giorno, per sempre. ³⁹Offrirai uno di questi agnelli al mattino, il secondo al tramonto. ⁴⁰Con il primo agnello offrirai un decimo di efa di fior di farina, impastata con un quarto di hin di olio puro, e una libagione di un quarto di hin di vino. ⁴¹Offrirai il secondo agnello al tramonto con un'oblazione e una libagione come quelle del mattino: profumo gradito, offerta consumata dal fuoco in onore del Signore. ⁴²Questo è l'olocausto perenne di generazione in generazione, all'ingresso della tenda del convegno, alla presenza del Signore, dove io vi darò convegno per parlarti.
⁴³Darò convegno agli Israeliti in questo luogo, che sarà consacrato dalla mia gloria. ⁴⁴Consacrerò la tenda del convegno e l'altare. Consacrerò anche Aronne e i suoi figli, perché esercitino il sacerdozio per me. ⁴⁵Abiterò in mezzo agli Israeliti e sarò il loro Dio. ⁴⁶Sapranno che io sono il Signore, loro Dio, che li ho fatti uscire dalla terra d'Egitto, per abitare in mezzo a loro, io il Signore, loro Dio.

La costituzione della casta è completata:
Alla casta toccheranno il petto e la coscia degli animali sacrificati, si tratta di un prelevamento, cioè di una tangente.
Le vesti sacre passeranno ai figli ed uno di loro diventerà a sua volta gran sacerdote, la carne che avanza dal sacrificio è santissima e quindi non può essere mangiata dal popolo, ma va bruciata. Immaginate il popolo in periodi di carestia come sia contento di tali prescrizioni...
La casta vuole due sacrifici al giorno: uno il mattino uno la sera, due agnelli da bruciare, perché a questo dio terra terra piace il profumo della carne arrosto.
E soprattutto l'ultimo versetto chiarisce tutto:
Aronne passa a riscuotere il premio per aver portato gli israeliti fuori dell'Egitto: Ricchezza e lavoro piacevole per sé e per i suoi discendenti in eterno!

Esodo Cap. 30 vv. 7-10 (La Bibbia spiegata agli illegittimi)

⁷Aronne brucerà su di esso l'incenso aromatico: lo brucerà ogni mattina, quando riordinerà le lampade, ⁸e lo brucerà anche al tramonto, quando Aronne riempirà le lampade: incenso perenne davanti al Signore di generazione in generazione. ⁹Non vi offrirete sopra incenso illegittimo né olocausto né oblazione, né vi verserete libagione. ¹⁰Una volta all'anno Aronne compirà il rito espiatorio sui corni di esso: con il sangue del sacrificio espiatorio per il peccato compirà sopra di esso, una volta all'anno, il rito espiatorio di generazione in generazione. È cosa santissima per il Signore".

Continuano le dettagliatissime ed assurde prescrizioni su come realizzare gli altari (sempre con grande profusione di oro) e sulla necessità di bruciare perennemente incenso, giorno e notte.
Ma qualcuno mi spiega cosa è l'"incenso illegittimo"?
In queste pagine c'è una profusione di parole come santo, santissimo applicato a cose di per sé banali: incenso, suppellettili in oro, animali sacrificali: Ecco il potere dei sacerdoti: trasformare delle cose banalissime in cose intoccabili, santissime, per incutere ammirazione e timore nei fedeli.
Non vi ricorda un poco la transustanziazione?

Esodo Cap. 30 vv. 11-16 (La Bibbia spiegata ai rapitori)

¹¹Il Signore parlò a Mosè e gli disse: ¹²"Quando per il censimento conterai uno per uno gli Israeliti, all'atto del censimento ciascuno di essi pagherà al Signore il riscatto della sua vita, perché non li colpisca un flagello in occasione del loro censimento. ¹³Chiunque verrà sottoposto al censimento, pagherà un mezzo siclo, conforme al siclo del santuario, il siclo di venti ghera. Questo mezzo siclo sarà un'offerta prelevata in onore del Signore. ¹⁴Ogni persona sottoposta al censimento, dai venti anni in su, corrisponderà l'offerta prelevata per il Signore. ¹⁵Il ricco non darà di più e il povero non darà di meno di mezzo siclo, per soddisfare all'offerta prelevata per il Signore, a riscatto delle vostre vite. ¹⁶Prenderai il denaro espiatorio ricevuto dagli Israeliti e lo impiegherai per il servizio della tenda del convegno. Esso sarà per gli Israeliti come un memoriale davanti al Signore, per il riscatto delle vostre vite".

Gli israeliti devono riscattare le loro vite, solo pagando possono mantenere il diritto di vivere, ed a chi si paga questo riscatto?

Ai sacerdoti, ovviamente, dato che dio non sa che farsene dei soldi.
Non vi ricorda un poco la storiella del peccato originale?
Anche noi, secondo i dettami della religione cattolica nasciamo nel peccato e quindi degni di morte, ma se regaliamo tanti soldini ai preti riceviamo in premio la vita eterna..
Ma é anche bellissimo il fatto che la prebenda da dare ai sacerdoti sia uguale per tutti: ricchi e poveri, Berlusconi ed il barbone: tutti mezzo siclo, poca importa che per qualcuno mezzo siclo abbia il valore di un caffè, mentre per altri magari rappresenti una vita di sacrifici.
Non vi ricorda la conclusione della "bellissima" parabola dei talenti?
"perché a chi ha sarà dato, ma a chi non ha sarà tolto anche quel poco che ha"
Tutto si tiene in questa religione che vampirizza i poveracci.

Esodo Cap. 30 vv. 17-38 (La Bibbia spiegata ai profumieri)

[17]*Il Signore parlò a Mosè:* [18]*"Farai per le abluzioni un bacino di bronzo con il piedistallo di bronzo; lo collocherai tra la tenda del convegno e l'altare e vi metterai acqua.* [19]*Aronne e i suoi figli vi attingeranno per lavarsi le mani e i piedi.* [20]*Quando entreranno nella tenda del convegno, faranno un'abluzione con l'acqua, perché non muoiano; così quando si avvicineranno all'altare per officiare, per bruciare un'offerta da consumare con il fuoco in onore del Signore,* [21]*si laveranno le mani e i piedi e non moriranno. È una prescrizione rituale perenne per Aronne e per i suoi discendenti, in tutte le loro generazioni".*
[22]*Il Signore parlò a Mosè:* [23]*"Procùrati balsami pregiati: mirra vergine per il peso di cinquecento sicli; cinnamòmo profumato, la metà, cioè duecentocinquanta sicli; canna aromatica, duecentocinquanta;* [24]*cassia, cinquecento sicli, conformi al siclo del santuario; e un hin d'olio d'oliva.* [25]*Ne farai l'olio per l'unzione sacra, un unguento composto secondo l'arte del profumiere: sarà l'olio per l'unzione sacra.* [26]*Con esso ungerai la tenda del convegno, l'arca della Testimonianza,* [27]*la tavola e tutti i suoi accessori, il candelabro con i suoi accessori, l'altare dell'incenso,* [28]*l'altare degli olocausti e tutti i suoi accessori, il bacino con il suo piedistallo.* [29]*Consacrerai queste cose, che diventeranno santissime: tutto quello che verrà a contatto con esse sarà santo.*
[30]*Ungerai anche Aronne e i suoi figli e li consacrerai, perché esercitino il mio sacerdozio.* [31]*Agli Israeliti dirai: "Questo sarà per me l'olio dell'unzione sacra, di generazione in generazione.* [32]*Non si dovrà versare sul corpo di nessun uomo e di simile*

*a questo non ne dovrete fare: è una cosa santa e santa la dovrete ritenere. ³³Chi ne farà di simile a questo o ne porrà sopra un uomo estraneo, sia eliminato dal suo popolo"".
³⁴Il Signore disse a Mosè: "Procùrati balsami: storace, ònice, gàlbano e incenso puro: il tutto in parti uguali. ³⁵Farai con essi un profumo da bruciare, una composizione aromatica secondo l'arte del profumiere, salata, pura e santa. ³⁶Ne pesterai un poco riducendola in polvere minuta e ne metterai davanti alla Testimonianza, nella tenda del convegno, dove io ti darò convegno. Cosa santissima sarà da voi ritenuta. ³⁷Non farete per vostro uso alcun profumo di composizione simile a quello che devi fare: lo riterrai una cosa santa in onore del Signore. ³⁸Chi ne farà di simile, per sentirne il profumo, sia eliminato dal suo popolo".*

Ho ritenuto importante riportare ancora per intero questi passi, in cui oro, profumi rari, lusso, prorompono da ogni rigo, si tratta di prescrizioni, badate bene, imposte ad un popolo nomade di pastori, appena uscito da una diaspora e da anni di gravissima carestia!
Il popolo viene vampirizzato per la costruzione di paramenti "sacri" e per bruciare a vanvera preziosissime essenze.
E per chi non ubbidisce la minaccia di sanzioni pesantissime: La morte o la cacciata dalla tribù e quindi anche in questo caso la morte certa nel deserto.

Esodo Cap. 31 vv. 12-16 (La Bibbia spiegata a buttiglione)

¹²Il Signore disse a Mosè: ¹³"Tu ora parla agli Israeliti e riferisci loro: "Osserverete attentamente i miei sabati, perché il sabato è un segno tra me e voi, di generazione in generazione, perché si sappia che io sono il Signore che vi santifica. ¹⁴Osserverete dunque il sabato, perché per voi è santo. Chi lo profanerà sia messo a morte; chiunque in quel giorno farà qualche lavoro, sia eliminato dal suo popolo. ¹⁵Per sei giorni si lavori, ma il settimo giorno vi sarà riposo assoluto, sacro al Signore. Chiunque farà un lavoro in giorno di sabato sia messo a morte. ¹⁶Gli Israeliti osserveranno il sabato, festeggiando il sabato nelle loro generazioni come un'alleanza perenne. ¹⁷Esso è un segno perenne fra me e gli Israeliti: infatti il Signore in sei giorni ha fatto il cielo e la terra, ma nel settimo ha cessato e ha preso respiro"".

Bastava che di sabato alzavi un dito, nella tribù di Israele, per essere messo a morte, magari se ti cucinavi qualcosa, se andavi alla stalla a far sgravare una pecora, se raccoglievi una pera da un albero:

A MORTE!
Questa pena capitale usata come la cosa più semplice e banale: togliere la vita ad un uomo per aver disubbidito a ridicole prescrizioni, NON per la gravità della violazione in sé, ma perché in quel modo si è ribellato al potere, totalmente teocratico: Religione e stato, reato e peccato sono la stessa cosa.
Le stesse intollerabili idee che degli uomini piccoli piccoli vorrebbero reintrodurre OGGI in Italia.
E poi dicono che il vecchio testamento non sia più attuale!

Esodo Cap. 31 v. 18 (La Bibbia spiegata ai teo-anatomisti)

[18]Quando il Signore ebbe finito di parlare con Mosè sul monte Sinai, gli diede le due tavole della Testimonianza, tavole di pietra, scritte dal dito di Dio.

Già eravamo stati eruditi in precedenza che dio è dotato di materia, di corpo e di piedi, adesso sappiamo che ha almeno un dito e quindi anche degli arti superiori.
Ignoriamo se sia biondo o bruno, ma di certo è MASCHIO.

Esodo Cap. 32 vv. 1-6 (La Bibbia spiegata ai fonditori)

[1]Il popolo, vedendo che Mosè tardava a scendere dal monte, fece ressa intorno ad Aronne e gli disse: "Fa' per noi un dio che cammini alla nostra testa, perché a Mosè, quell'uomo che ci ha fatto uscire dalla terra d'Egitto, non sappiamo che cosa sia accaduto". [2]Aronne rispose loro: "Togliete i pendenti d'oro che hanno agli orecchi le vostre mogli, i vostri figli e le vostre figlie e portateli a me". [3]Tutto il popolo tolse i pendenti che ciascuno aveva agli orecchi e li portò ad Aronne. [4]Egli li ricevette dalle loro mani, li fece fondere in una forma e ne modellò un vitello di metallo fuso. Allora dissero: "Ecco il tuo Dio, o Israele, colui che ti ha fatto uscire dalla terra d'Egitto!". [5]Ciò vedendo, Aronne costruì un altare davanti al vitello e proclamò: "Domani sarà festa in onore del Signore". [6]Il giorno dopo si alzarono presto, offrirono olocausti e presentarono sacrifici di comunione. Il popolo sedette per mangiare e bere, poi si alzò per darsi al divertimento.

Questo popolo è davvero portato ad una religione primitiva ed all'adorazione di statue, ma non erano le stesse prescrizioni di dio che stabilivano che tutto ciò che è dentro il santuario: candelabri, pendagli vesti etc. è sacro?
Tutte le religioni si fanno il loro vitello d'oro, che oggi può essere rappresentato dalle statue di Pio da Pietrelcina e della madonna, ma ogni religione è portata a ridicolizzare gli idoli degli altri.
In fondo ogni credente è ateo al 9999/10000, dato che circa diecimila sono le religioni e che ogni credente rigetta con disprezzo ogni altra fede che non sia la sua.

Esodo Cap. 32 vv. 14-16 (La Bibbia spiegata ai grafologi)

[14]*Il Signore si pentì del male che aveva minacciato di fare al suo popolo.*
[15]*Mosè si voltò e scese dal monte con in mano le due tavole della Testimonianza, tavole scritte sui due lati, da una parte e dall'altra.* [16]*Le tavole erano opera di Dio, la scrittura era scrittura di Dio, scolpita sulle tavole.*

Come si riconosce la scrittura di dio?
Magari un grafologo potrebbe aiutarci a riconoscerla, individuando una personalità megalomane, irascibile e violenta.
Un dio piccolo piccolo, che da bravo cancelliere scrive di suo pugno (pugno?) le tavole della legge, con scalpello e mazzuolo, un dio che si infuria e minaccia di sterminare il suo popolo, ma poi si pente.
Ma che dio perfettissimo è uno scalpellino che per giunta è indeciso, diventa iroso, minaccia, sbaglia e poi si pente?
Berlusconi non si pente mai...

Esodo Cap. 32 (La Bibbia spiegata agli eretici)

[19]*Quando si fu avvicinato all'accampamento, vide il vitello e le danze. Allora l'ira di Mosè si accese: egli scagliò dalle mani le tavole, spezzandole ai piedi della montagna.* [20]*Poi afferrò il vitello che avevano fatto, lo bruciò nel fuoco, lo frantumò fino a ridurlo in polvere, ne sparse la polvere nell'acqua e la fece bere agli Israeliti.*

Comincia un brano di inaudita violenza, badate bene tutta interna alle tribù di Israele, che terminerà con uno sterminio in grande stile, tutto voluto da dio, naturalmente.
Si comincia con Mosè che frantuma le tavole della legge scritte da dio e non ancora lette al popolo.
E' credibile che lo abbia fatto? Che abbia distrutto una prova materiale dell'esistenza di dio?
Ovvio che no!
Il vitello era d'oro, se lo butti al fuoco NON si riduce in cenere, ma il metallo fonde, è impossibile ridurlo in polvere.
Ma, ammesso che Mosè ci fosse riuscito, obbligare gli israeliti a berlo è stato sicuramente im atto spietato e tanti israeliti saranno morti intossicati dall'oro.

Esodo Cap. 32 vv. 25-29 (La Bibbia spiegata ai Catari)

25Mosè vide che il popolo non aveva più freno, perché Aronne gli aveva tolto ogni freno, così da farne oggetto di derisione per i loro avversari. 26Mosè si pose alla porta dell'accampamento e disse: "Chi sta con il Signore, venga da me!". Gli si raccolsero intorno tutti i figli di Levi. 27Disse loro: "Dice il Signore, il Dio d'Israele: "Ciascuno di voi tenga la spada al fianco. Passate e ripassate nell'accampamento da una porta all'altra: uccida ognuno il proprio fratello, ognuno il proprio amico, ognuno il proprio vicino"". 28I figli di Levi agirono secondo il comando di Mosè e in quel giorno perirono circa tremila uomini del popolo. 29Allora Mosè disse: "Ricevete oggi l'investitura dal Signore; ciascuno di voi è stato contro suo figlio e contro suo fratello, perché oggi egli vi accordasse benedizione".

La Bibbia, il libro che non si contraddice mai:
Prima Mosè fa pentire dio di aver programmato di sterminare gli Israeliti e poi lo fa lui stesso, attraverso la tribù di Levi: tremila persone ammazzate fra amici e parenti e per questa carneficina, la prima strage per un'eresia descritta sulla Bibbia, Levi riceve il premio dell'investitura, diciamo diventa il braccio armato di una religione che svena il popolo.

Esodo Cap. 32 vv.30-35 (La Bibbia della laicità)

³⁰*Il giorno dopo Mosè disse al popolo: "Voi avete commesso un grande peccato; ora salirò verso il Signore: forse otterrò il perdono della vostra colpa".* ³¹*Mosè ritornò dal Signore e disse: "Questo popolo ha commesso un grande peccato: si sono fatti un dio d'oro.* ³²*Ma ora, se tu perdonassi il loro peccato... Altrimenti, cancellami dal tuo libro che hai scritto!".* ³³*Il Signore disse a Mosè: "Io cancellerò dal mio libro colui che ha peccato contro di me* ³⁴*Ora va', conduci il popolo là dove io ti ho detto. Ecco, il mio angelo ti precederà; nel giorno della mia visita li punirò per il loro peccato".*
³⁵*Il Signore colpì il popolo, perché aveva fatto il vitello fabbricato da Aronne.*

Allora ricapitoliamo:
Prima Mosè fa cambiare idea a dio, che decide di perdonare il popolo, ma poi lo stesso Mosè ne fa sterminare tremila, sempre con l'approvazione di dio.
Poi torna ancora a colloquio con dio, che gli dice in sostanza di tendere una trappola al suo popolo:
condurlo dove li porterà un angelo e lì saranno puniti del loro peccato (aver adorato un altro dio), la punizione è sempre la stessa e per la seconda volta: lo sterminio.

Esodo Cap. 33 vv. 1-6 (La Bibbia spiegata agli indecisi)

¹*Il Signore parlò a Mosè: "Su, sali di qui tu e il popolo che hai fatto uscire dalla terra d'Egitto, verso la terra che ho promesso con giuramento ad Abramo, a Isacco e a Giacobbe, dicendo: "La darò alla tua discendenza".* ²*Manderò davanti a te un angelo e scaccerò il Cananeo, l'Amorreo, l'Ittita, il Perizzita, l'Eveo e il Gebuseo* ³*Va' pure verso la terra dove scorrono latte e miele. Ma io non verrò in mezzo a te, per non doverti sterminare lungo il cammino, perché tu sei un popolo di dura cervice".* ⁴*Il popolo udì questa triste notizia e tutti fecero lutto: nessuno più indossò i suoi ornamenti.*
⁵*Il Signore disse a Mosè: "Riferisci agli Israeliti: "Voi siete un popolo di dura cervice; se per un momento io venissi in mezzo a te, io ti sterminerei. Ora togliti i tuoi ornamenti, così saprò che cosa dovrò farti"".* ⁶*Gli Israeliti si spogliarono dei loro ornamenti dal monte Oreb in poi.*

Nell'ultima puntata della telenovela dio aveva progettato di sterminare un poco di ebrei, ma poi decide di sterminare i soliti Cananei, Ittiti, Amorrei etc.
Poi dio ricomincia ancora una volta a fare i capricci e decide che non andrà con gli Israeliti, aveva le vesciche ai piedi e camminare gli dava tanto dolore...
A quel punto gli Israeliti si spogliarono dei loro ornamenti (Ma non li avevano fusi per fare il vitello d'oro?)

Esodo Cap. 33 v.11 (La Bibbia del colloquio con dio alle 5 del pomeriggio)

11Il Signore parlava con Mosè faccia a faccia, come uno parla con il proprio amico. Poi questi tornava nell'accampamento, mentre il suo inserviente, il giovane Giosuè figlio di Nun, non si allontanava dall'interno della tenda.

Insomma dio come un vecchio amico, ci si siede insieme attorno ad un tavolo, si prende un tè insieme e si discute amabilmente, intanto si guarda i suoi sontuosi vestiti, si osserva la sua barba curata (tutti gli dei importanti hanno una bella barba)
Peccato che qualche versetto dopo dio dirà che nessun uomo, Mosè compreso, può guardarlo in faccia perché ne morrebbe....
Ma quanto è brutto?
Non sarà mica La Russa questo dio?

Esodo Cap. 33 vv. 12-23 (La Bibbia spiegata ai timidi)

12Mosè disse al Signore: "Vedi, tu mi ordini: "Fa' salire questo popolo", ma non mi hai indicato chi manderai con me; eppure hai detto: "Ti ho conosciuto per nome, anzi hai trovato grazia ai miei occhi". 13Ora, se davvero ho trovato grazia ai tuoi occhi, indicami la tua via, così che io ti conosca e trovi grazia ai tuoi occhi; considera che questa nazione è il tuo popolo".14Rispose: "Il mio volto camminerà con voi e ti darò riposo". 15Riprese: "Se il tuo volto non camminerà con noi, non farci salire di qui. 16Come si saprà dunque che ho trovato grazia ai tuoi occhi, io e il tuo popolo, se

non nel fatto che tu cammini con noi? Così saremo distinti, io e il tuo popolo, da tutti i popoli che sono sulla faccia della terra".
[17]Disse il Signore a Mosè: "Anche quanto hai detto io farò, perché hai trovato grazia ai miei occhi e ti ho conosciuto per nome". [18]Gli disse: "Mostrami la tua gloria!". [19]Rispose: "Farò passare davanti a te tutta la mia bontà e proclamerò il mio nome, Signore, davanti a te. A chi vorrò far grazia farò grazia e di chi vorrò aver misericordia avrò misericordia".[20]Soggiunse: "Ma tu non potrai vedere il mio volto, perché nessun uomo può vedermi e restare vivo". [21]Aggiunse il Signore: "Ecco un luogo vicino a me. Tu starai sopra la rupe: [22]quando passerà la mia gloria, io ti porrò nella cavità della rupe e ti coprirò con la mano, finché non sarò passato. [23]Poi toglierò la mano e vedrai le mie spalle, ma il mio volto non si può vedere".

Riporto questo divertentissimo brano, in cui dio continua a fare i capricci, dice che non vuole mostrarsi, poi ci ripensa e dice che il suo volto camminerà davanti al popolo, ma Mosè capisce il contrario e se ne lamenta, e poi dio gli spiega che neanche Mosè può vedere il suo volto senza morire.
Ma non stavano già amabilmente conversando di fronte a tè e pasticcini?
Comunque alla fine si accordano che Mosè potrà vedere, solo per un attimo, le sue spalle (Quindi anche il fondo schiena di dio), ma non il suo volto.
Adesso sappiamo che dio ha mani e piedi, un volto inguardabile, delle spalle, forse un fondo schiena.
Incredibile, l'uomo lo ha fatto a sua immagine e somiglianza.

Esodo Cap. 34 vv. 5-9 (La Bibbia spiegata ai dissociati)

[5]Allora il Signore scese nella nube, si fermò là presso di lui e proclamò il nome del Signore. [6]Il Signore passò davanti a lui, proclamando: "Il Signore, il Signore, Dio misericordioso e pietoso, lento all'ira e ricco di amore e di fedeltà, [7]che conserva il suo amore per mille generazioni, che perdona la colpa, la trasgressione e il peccato, ma non lascia senza punizione, che castiga la colpa dei padri nei figli e nei figli dei figli fino alla terza e alla quarta generazione". [8]Mosè si curvò in fretta fino a terra e si prostrò. [9]Disse: "Se ho trovato grazia ai tuoi occhi, Signore, che il Signore cammini in mezzo a noi. Sì, è un popolo di dura cervice, ma tu perdona la nostra colpa e il nostro peccato: fa' di noi la tua eredità".

Le religioni cristiane hanno sempre oscillato nella definizione di dio fra il dio misericordioso che perdona tutto ed il dio vendicativo e feroce che non perdona il più piccolo sgarro, come i corleonesi.
In questo capitolo ci sono contemporaneamente e senza alcun dubbio di contraddizione, sfidando il ridicolo, entrambi i "Dii", quello buono, "lento all'ira e ricco d'amore" e quello feroce che "castiga la colpa dei padri nei figli e nei figli dei figli fino alla terza e alla quarta generazione"
Come è possibile che la stesa persona (pardon dio) possa essere buona se fa ricadere le colpe dei padri dei nonni, dei bisnonni, dei trisnonni su dei bambini innocenti che non hanno commesso alcun peccato?
Mistero della fede.

Esodo Cap. 34 vv. 11-16 (La Bibbia spiegata nel ghetto)

[11]Osserva dunque ciò che io oggi ti comando. Ecco, io scaccerò davanti a te l'Amorreo, il Cananeo, l'Ittita, il Perizzita, l'Eveo e il Gebuseo. [12]Guàrdati bene dal far alleanza con gli abitanti della terra nella quale stai per entrare, perché ciò non diventi una trappola in mezzo a te. [13]Anzi distruggerete i loro altari, farete a pezzi le loro stele e taglierete i loro pali sacri.[14]Tu non devi prostrarti ad altro dio, perché il Signore si chiama Geloso: egli è un Dio geloso. [15]Non fare alleanza con gli abitanti di quella terra, altrimenti, quando si prostituiranno ai loro dèi e faranno sacrifici ai loro dèi, inviteranno anche te: tu allora mangeresti del loro sacrificio. [16]Non prendere per mogli dei tuoi figli le loro figlie, altrimenti, quando esse si prostituiranno ai loro dèi, indurrebbero anche i tuoi figli a prostituirsi ai loro dèi.

Solita solfa: dio ama le guerre di sterminio contro i popoli NON eletti, o eletti da un altro dio, ed invita all'odio religioso ed all'odio razziale, occorre distruggere ogni altra religione, cancellare gli altri culti, e mantenere il più completo apartheid, evitando i matrimoni misti.
-Perchè?
-Perché è il dio dell'amore!

Esodo Cap. 34 vv. 19-20 (La Bibbia spiegata agli esattori)

[19]Ogni essere che nasce per primo dal seno materno è mio: ogni tuo capo di bestiame maschio, primo parto del bestiame grosso e minuto. [20]Riscatterai il primo parto

dell'asino mediante un capo di bestiame minuto e, se non lo vorrai riscattare, gli spaccherai la nuca. Ogni primogenito dei tuoi figli lo dovrai riscattare.
Nessuno venga davanti a me a mani vuote.

Orrendo questo dio che pretende i primogeniti anche umani e che quindi per salvarli vanno riscattati.
Non vi ricorda la storiella del peccato originale?
Tutto questo capitolo è la quasi fotocopia di capitoli precedenti, è decisamente debole di mente questo pastore errante scrittore.
Degna di nota la frase che nessuno deve andare a mani vuote al cospetto di dio (o al cospetto dei suoi presunti ministri?)

Esodo Cap. 34 vv. 27-28 (La Bibbia spiegata ai dettatori)

²⁷Il Signore disse a Mosè: "Scrivi queste parole, perché sulla base di queste parole io ho stabilito un'alleanza con te e con Israele".
²⁸Mosè rimase con il Signore quaranta giorni e quaranta notti, senza mangiar pane e senza bere acqua. Egli scrisse sulle tavole le parole dell'alleanza, le dieci parole.

Veramente erano dieci frasi e non dieci parole.
La prima volta il decalogo era stato scritto direttamente da dio, ma evidentemente adesso era stanco e lo fa scrivere, sotto dettatura, da Mosè.

Esodo Cap. 34 vv. 29-35 (La Bibbia spiegata a Roentgen)

²⁹Quando Mosè scese dal monte Sinai - le due tavole della Testimonianza si trovavano nelle mani di Mosè mentre egli scendeva dal monte - non sapeva che la pelle del suo viso era diventata raggiante, poiché aveva conversato con lui. ³⁰Ma Aronne e tutti gli Israeliti, vedendo che la pelle del suo viso era raggiante, ebbero timore di avvicinarsi a lui. ³¹Mosè allora li chiamò, e Aronne, con tutti i capi della comunità, tornò da lui. Mosè parlò a loro. ³²Si avvicinarono dopo di loro tutti gli Israeliti ed egli ingiunse loro ciò che il Signore gli aveva ordinato sul monte Sinai.
³³Quando Mosè ebbe finito di parlare a loro, si pose un velo sul viso. ³⁴Quando entrava davanti al Signore per parlare con lui, Mosè si toglieva il velo, fin quando non fosse uscito. Una volta uscito, riferiva agli Israeliti ciò che gli era stato ordinato.³⁵Gli

Israeliti, guardando in faccia Mosè, vedevano che la pelle del suo viso era raggiante. Poi egli si rimetteva il velo sul viso, fin quando non fosse di nuovo entrato a parlare con il Signore.

Insomma a parlare con dio si diventa raggianti, come dopo aver assorbito una grossa dose di radiazioni.
Ma se il popolo non doveva vederlo raggiante (??) come mai prima di mettersi il cappuccio sul viso si faceva vedere?
E quali erano i danni che il popolo subiva alla vista di siffatte radiazioni?
E l'esposizione al volto di Mosè faceva risparmiare anche sulle spese radiologiche?

Esodo Cap. 35 vv. 4-19 (La Bibbia spiegata ai piranha)

[4]Mosè disse a tutta la comunità degli Israeliti: "Il Signore ha comandato: [5]"Prelevate su quanto possedete un contributo per il Signore". Quanti hanno cuore generoso, portino questo contributo per il Signore: oro, argento e bronzo, [6]tessuti di porpora viola e rossa, di scarlatto, di bisso e di pelo di capra, [7]pelli di montone tinte di rosso, pelli di tasso e legno di acacia,[8]olio per l'illuminazione, balsami per l'olio dell'unzione e per l'incenso aromatico, [9]pietre di ònice e pietre da incastonare nell'efod e nel pettorale. [10]Tutti gli artisti che sono tra voi vengano ed eseguano quanto il Signore ha comandato: [11]la Dimora, la sua tenda, la sua copertura, le sue fibbie, le sue assi, le sue traverse, le sue colonne e le sue basi, [12]l'arca e le sue stanghe, il propiziatorio e il velo che lo nasconde, [13]la tavola con le sue stanghe e tutti i suoi accessori e i pani dell'offerta, [14]il candelabro per illuminare con i suoi accessori, le sue lampade e l'olio per l'illuminazione, [15]l'altare dell'incenso con le sue stanghe, l'olio dell'unzione e l'incenso aromatico, la cortina d'ingresso alla porta della Dimora,[16]l'altare degli olocausti con la sua graticola di bronzo, le sue sbarre e tutti i suoi accessori, il bacino con il suo piedistallo,[17]i tendaggi del recinto, le sue colonne e le sue basi e la cortina alla porta del recinto, [18]i picchetti della Dimora, i picchetti del recinto e le loro corde, [19]le vesti ornamentali per officiare nel santuario, le vesti sacre per il sacerdote Aronne e le vesti dei suoi figli per esercitare il sacerdozio".

Viene ripetuto quasi esattamente un capitolo precedente, evidentemente repetita iuvant: si batte sempre a cassa, questa volta aumentando la varietà di doni che questo dio vorace richiede dal popolo.
Il dio vorace o i piranha dei suoi ministri?

Si chiede inoltre ad artisti ed artigiani di lavorare, immagino gratis per la costruzione del santuario.

Esodo Cap. 36 vv. 8-38 (La Bibbia spiegata agli inventaristi)

[8]*Tutti gli artisti addetti ai lavori fecero la Dimora. Besalèl la fece con dieci teli di bisso ritorto, di porpora viola, di porpora rossa e di scarlatto. La fece con figure di cherubini artisticamente lavorati.* [9]*La lunghezza di ciascun telo era ventotto cubiti; la larghezza quattro cubiti per ciascun telo; la stessa dimensione per tutti i teli.* [10]*Unì cinque teli l'uno all'altro e anche i cinque altri teli unì l'uno all'altro.* [11]*Fece cordoni di porpora viola sull'orlo del primo telo all'estremità della sutura, e fece la stessa cosa sull'orlo del telo estremo nella seconda sutura.* [12]*Fece cinquanta cordoni al primo telo e fece anche cinquanta cordoni all'estremità del telo della seconda sutura: i cordoni corrispondevano l'uno all'altro.* [13]*Fece cinquanta fibbie d'oro, e unì i teli l'uno all'altro mediante le fibbie; così la Dimora formò un tutto unico.*

[14]*Fece poi teli di peli di capra per la tenda sopra la Dimora. Fece undici teli.* [15]*La lunghezza di un telo era trenta cubiti; la larghezza quattro cubiti per un telo; la stessa dimensione per gli undici teli.* [16]*Unì insieme cinque teli a parte e sei teli a parte.* [17]*Fece cinquanta cordoni sull'orlo del telo della seconda sutura.* [18]*Fece cinquanta fibbie di bronzo per unire insieme la tenda, così da formare un tutto unico.* [19]*Fece poi per la tenda una copertura di pelli di montone tinte di rosso, e al di sopra una copertura di pelli di tasso.*

[20]*Fece per la Dimora assi di legno di acacia, verticali.* [21]*Dieci cubiti la lunghezza di un'asse e un cubito e mezzo la larghezza.* [22]*Ogni asse aveva due sostegni, congiunti l'uno all'altro da un rinforzo. Così fece per tutte le assi della Dimora.* [23]*Fece dunque le assi per la Dimora: venti assi sul lato verso il mezzogiorno, a sud.* [24]*Fece anche quaranta basi d'argento sotto le venti assi, due basi sotto un'asse, per i suoi due sostegni, e due basi sotto l'altra asse, per i suoi due sostegni.* [25]*Per il secondo lato della Dimora, verso il settentrione, fece venti assi* [26]*e le loro quaranta basi d'argento, due basi sotto un'asse e due basi sotto l'altra asse.* [27]*Per la parte posteriore della Dimora, verso occidente, fece sei assi.* [28]*Fece inoltre due assi per gli angoli della Dimora nella parte posteriore.* [29]*Esse erano formate ciascuna da due pezzi uguali, abbinati e perfettamente congiunti dal basso fino alla cima, all'altezza del primo anello. Così fece per ambedue: esse vennero a formare i due angoli.* [30]*C'erano dunque otto assi con le loro basi d'argento: sedici basi, due basi sotto un'asse e due basi sotto l'altra asse.* [31]*Fece inoltre traverse di legno di acacia: cinque per le assi di un lato della Dimora,* [32]*cinque traverse*

per le assi dell'altro lato della Dimora e cinque traverse per le assi della parte posteriore, verso occidente. ³³*Fece la traversa mediana che, a mezza altezza delle assi, le attraversava da un'estremità all'altra.* ³⁴*Rivestì d'oro le assi, fece in oro i loro anelli per inserire le traverse, e rivestì d'oro anche le traverse.*
³⁵*Fece il velo di porpora viola e di porpora rossa, di scarlatto e di bisso ritorto. Lo fece con figure di cherubini, lavoro d'artista.* ³⁶*Fece per esso quattro colonne di acacia, le rivestì d'oro; anche i loro uncini erano d'oro, e fuse per esse quattro basi d'argento.* ³⁷*Fecero poi una cortina per l'ingresso della tenda, di porpora viola e di porpora rossa, di scarlatto e di bisso ritorto, lavoro di ricamatore,* ³⁸*e le sue cinque colonne con i loro uncini. Rivestì d'oro i loro capitelli e le loro aste trasversali, e fece le loro cinque basi di bronzo.*

Riporto quasi per intero il Cap. 36 perché a me queste pignole descrizioni di ogni dettaglio della costruzione del santuario suscitano ilarità. Ma che se ne potrebbe fare un dio, chiunque esso sia di questo assurdo lusso, di questa cattedrale nel deserto?

Esodo Cap. 37 vv. 6-9 (La Bibbia dei cherubini, angeli, arcangeli e così via)

⁶*Fece il propiziatorio d'oro puro: aveva due cubiti e mezzo di lunghezza e un cubito e mezzo di larghezza.* ⁷*Fece due cherubini d'oro; li fece lavorati a martello sulle due estremità del propiziatorio:* ⁸*un cherubino a una estremità e un cherubino all'altra estremità. Fece i cherubini tutti d'un pezzo con il propiziatorio, posti alle sue due estremità.* ⁹*I cherubini avevano le due ali spiegate verso l'alto, proteggendo con le ali il propiziatorio; erano rivolti l'uno verso l'altro e le facce dei cherubini erano rivolte verso il propiziatorio.*

Se è difficile credere ad un dio unico, diventa ancora più assurdo credere a questa infinita serie di divinità presenti nell'olimpo di una religione sedicente monoteistica.
Dio aiutato da una schiera di angeli cherubini etc. , che cosa sono se non divinità?
E più di tutti a me inquieta quell'angelo custode costantemente alle nostre spalle a spiarci, giorno e notte, è davvero angosciante!

Esodo Cap. 38 vv. 24-31 (La Bibbia dei quintali d'oro)

²⁴Il totale dell'oro impiegato nella lavorazione, cioè per tutto il lavoro del santuario - era l'oro presentato in offerta - fu di ventinove talenti e settecentotrenta sicli, in sicli del santuario. ²⁵L'argento raccolto, in occasione del censimento della comunità, pesava cento talenti e millesettecentosettantacinque sicli, in sicli del santuario, ²⁶cioè un beka a testa, vale a dire mezzo siclo, secondo il siclo del santuario, per ciascuno dei sottoposti al censimento, dai vent'anni in su. Erano seicentotremilacinquecentocinquanta. ²⁷Cento talenti d'argento servirono a fondere le basi del santuario e le basi del velo: cento basi per cento talenti, cioè un talento per ogni base. ²⁸Con i millesettecentosettantacinque sicli fece gli uncini delle colonne, rivestì i loro capitelli e le riunì con le aste trasversali. ²⁹Il bronzo presentato in offerta assommava a settanta talenti e duemilaquattrocento sicli. ³⁰Con esso fece le basi per l'ingresso della tenda del convegno, l'altare di bronzo con la sua graticola di bronzo e tutti gli accessori dell'altare, ³¹le basi del recinto, le basi della porta del recinto, tutti i picchetti della Dimora e tutti i picchetti del recinto.

Non so esattamente quale sia la conversione di sicli e talenti nel nostro sistema decimale, ma di certo fu arraffata dalla casta sacerdotale una quantità industriale di oro, argento, bronzo, per non parlare di stoffe ed altri doni preziosi, al punto che dovettero ordinare al popolo di non fare più doni.
Per quanti secoli il popolo poteva essere sfamato con quelle ricchezze?
A me ricorda tanto il vaticano che, pur avendo accumulato tesori incalcolabili, chiede in continuazione ai poveri di fare offerte per loro.

Esodo Cap. 40 vv. 34-35 (La Bibbia spiegata a Bhopal)

³⁴Allora la nube coprì la tenda del convegno e la gloria del Signore riempì la Dimora. ³⁵Mosè non poté entrare nella tenda del convegno, perché la nube sostava su di essa e la gloria del Signore riempiva la Dimora.

Non si capisce perché quando la gloria del signore riempie la dimora non ci possa entrare Mosè, è così ingombrante questo signore?
Finora sapevamo che è dotato di mani, piedi, spalle, un volto impresentabile, ora sappiamo che è anche molto , molto ingombrante, diciamo un lottatore di sumo.

COMMENTO FINALE ALL'ESODO

Abbiamo visto che l'Esodo comincia con il famosissimo episodio di Mosè che chiede al faraone di far uscire il suo popolo dall'Egitto ed il faraone che non acconsente "perché lo stesso dio gli aveva indurito il cuore"!
L'episodio è stato raccontato infinite volte e messo in scena anche in famosissimi film.
Il racconto biblico è a tratti assurdo, contraddittorio ed insensato: se dio ha indurito il cuore al faraone, significa che proprio lui ha cercato la strage con le piaghe e con la distruzione dell'esercito del faraone per puro spirito sadico. Non ci sono altre spiegazioni.
Ma il lungo esodo nel deserto dà l'occasione agli illusionisti Mosè ed Aronne, con alcuni ben azzeccati effetti speciali, per costituire una voracissima casta sacerdotale, al cui confronto le cavallette della famosa piaga erano inappetenti...

LEVITICO

Levitico Cap. 1 vv. 14-17 (La Bibbia spiegata a ai colombi)

[14]*Se la sua offerta in onore del Signore è un olocausto di uccelli, presenterà tortore o colombi.* [15]*Il sacerdote presenterà l'animale all'altare, ne staccherà la testa, la farà bruciare sull'altare e il sangue sarà spruzzato sulla parete dell'altare.* [16]*Poi toglierà il gozzo con il suo sudiciume e lo getterà al lato orientale dell'altare, dov'è il luogo delle ceneri.* [17]*Dividerà l'uccello in due metà prendendolo per le ali, ma senza staccarle, e il sacerdote lo brucerà sull'altare, sulla legna che è sul fuoco. È un olocausto, sacrificio consumato dal fuoco, profumo gradito in onore del Signore.*

Conoscevamo già quanto fossero cruenti i sacrifici di grossi animali, ma la descrizione dei sacrifici di uccelli penso superi di gran lunga ogni romanzo dell'orrore. Teste staccate, sangue spruzzato, visceri gettate, petti squarciati e dappertutto il profumo di carne bruciata, tanto gradito a questo spaventoso signore.

Levitico Cap. 2 vv. 1-10 (La Bibbia delle sante oblazioni)

[1]*Se qualcuno presenterà come offerta un'oblazione in onore del Signore, la sua offerta sarà di fior di farina, sulla quale verserà olio e porrà incenso.* [2]*La porterà ai figli di Aronne, i sacerdoti; prenderà da essa una manciata di fior di farina e d'olio, con tutto l'incenso, e il sacerdote la farà bruciare sull'altare come suo memoriale: è un sacrificio consumato dal fuoco, profumo gradito in onore del Signore.* [3]*Il resto dell'oblazione spetta ad Aronne e ai suoi figli; è parte santissima, porzione del Signore.*
[4]*Quando presenterai come offerta un'oblazione cotta nel forno, essa consisterà in focacce azzime di fior di farina impastate con olio e anche in schiacciate azzime spalmate di olio.* [5]*Se la tua offerta sarà un'oblazione cotta sulla teglia, sarà di fior di farina, azzima e impastata con olio;* [6]*la dividerai in pezzi e sopra vi verserai olio: è un'oblazione.* [7]*Se la tua offerta sarà un'oblazione cotta nella pentola, sarà fatta con fior di farina e olio;* [8]*porterai al Signore l'oblazione così preparata, poi sarà presentata al sacerdote, che la porterà sull'altare.* [9]*Il sacerdote preleverà dall'oblazione il suo memoriale e lo brucerà sull'altare: sacrificio consumato dal fuoco, profumo gradito in onore del Signore.* [10]*Il resto dell'oblazione spetta ad Aronne e ai suoi figli; è parte santissima, porzione del Signore.*

Le offerte, si chiarisce in questo capitolo, vanno in gran parte NON a dio ma ad Aronne e figli e cioè alla casta parassitaria (pardon sacerdotale). Ed è proprio questa parte che è *"santissima, porzione del signore"*!

Levitico Cap. 3 vv. 12-17 (La Bibbia spiegata alle capre)

[12]Se la sua offerta è una capra, la offrirà davanti al Signore; [13]poserà la mano sulla sua testa e la scannerà davanti alla tenda del convegno e i figli di Aronne ne spargeranno il sangue attorno all'altare. [14]Di essa preleverà, come offerta consumata dal fuoco in onore del Signore, il grasso che avvolge le viscere e tutto il grasso che vi è sopra, [15]i due reni con il loro grasso e il grasso attorno ai lombi e al lobo del fegato, che distaccherà insieme ai reni. [16]Il sacerdote li farà bruciare sull'altare: è un alimento consumato dal fuoco, profumo gradito in onore del Signore.
Ogni parte grassa appartiene al Signore. [17]È una prescrizione rituale perenne di generazione in generazione, dovunque abiterete: non dovrete mangiare né grasso né sangue"".

Continuano le prescrizioni sanguinarie sui sacrifici animali, ma con l'aggiunta dell'altro assurdo divieto di cibarsi di sangue e di grasso, di cui invece è ghiotto dio.
Qualcuno faccia l'esame del colesterolo al povero dio, dato che con questa alimentazione rischia di non essere più eterno.

Levitico Cap. 3 vv. 3-12 (La Bibbia spiegata ai giovenchi)

[3]Se chi ha peccato è il sacerdote consacrato e così ha reso colpevole il popolo, presenterà in onore del Signore, per il peccato da lui commesso, un giovenco senza difetto, come sacrificio per il peccato. [4]Condurrà il giovenco davanti al Signore, all'ingresso della tenda del convegno; poserà la mano sulla testa del giovenco e lo scannerà davanti al Signore. [5]Il sacerdote consacrato prenderà un po' del sangue del giovenco e lo porterà nell'interno della tenda del convegno; [6]intingerà il dito nel sangue e farà sette aspersioni davanti al Signore, di fronte al velo del santuario. [7]Porrà un po' del sangue sui corni dell'altare dell'incenso aromatico, che è davanti al Signore nella tenda del convegno, e verserà tutto il resto del sangue del giovenco alla base dell'altare degli olocausti, che si trova all'ingresso della tenda del convegno. [8]Poi, dal giovenco del sacrificio per il peccato

toglierà tutto il grasso: il grasso che avvolge le viscere, tutto quello che vi è sopra, ^9i due reni con il loro grasso e il grasso attorno ai lombi e al lobo del fegato, che distaccherà insieme ai reni. ^{10}*Farà come si fa per il giovenco del sacrificio di comunione e farà bruciare il tutto sull'altare degli olocausti.* ^{11}*Ma la pelle del giovenco, la carne con la testa, le viscere, le zampe e gli escrementi,* ^{12}*cioè tutto il resto del giovenco, egli lo farà portare fuori dell'accampamento, in luogo puro, dove si gettano le ceneri, e lo farà bruciare sulla legna: dovrà essere bruciato sul mucchio delle ceneri.*

Il cap. 3 del Levitico spiega cosa fare nel caso si sia peccato (senza precisare natura e gravità del peccato).
Di qualunque peccato si tratti alla fine però saranno sempre giovenchi, capre, pecore ed altri poveri ed innocenti animali a dover pagare per le colpe degli uomini.

Levitico Cap. 4 vv 1-4
(La Bibbia spiegata ai peccatori "a sua insaputa")

^{1} *Quando una persona ha udito una formula di scongiuro e ne è testimone, perché l'ha visto o l'ha saputo, e pecca perché non dichiara nulla, porterà il peso della sua colpa;* ^{2}*oppure quando qualcuno, senza avvedersene, tocca una cosa impura, come il cadavere di una bestia selvatica o il cadavere di un animale domestico o quello di un rettile, rimarrà egli stesso impuro e in condizione di colpa;* ^{3}*oppure quando, senza avvedersene, tocca un'impurità propria della persona umana - una qualunque delle cose per le quali l'uomo diviene impuro - quando verrà a saperlo, sarà in condizione di colpa;* ^{4}*oppure quando qualcuno, senza avvedersene, parlando con leggerezza, avrà giurato, con uno di quei giuramenti che gli uomini proferiscono alla leggera, di fare qualche cosa di male o di bene, quando se ne rende conto, sarà in condizione di colpa.*

Come possa una persona non avvedersi di aver giurato il falso è difficile da capire, comunque questo capitolo è dedicato ai peccati commessi senza avvedersene e badate bene che sono infinite le occasioni di peccato: toccare un cadavere, perché ci si urta il piede, toccare escrementi umani, giurare per sbaglio e tante altre occasioni accuratamente descritte nei versetti successivi.
Come risolvere il guaio?

Facile: basta immolare tante povere bestie, parte a dio (mandarle in fumo) e una parte naturalmente riservarla per i sacerdoti, che semplicemente se la mangiano.
L'importante è far sentire sempre il popolo in colpa.

Levitico Cap. 5 vv. 7-10
(La Bibbia spiegata ai grassi sacerdoti)

[7]Il sacrificio di riparazione è come il sacrificio per il peccato: la stessa legge vale per ambedue; la vittima spetterà al sacerdote che avrà compiuto il rito espiatorio. [8]Il sacerdote che avrà offerto l'olocausto per qualcuno avrà per sé la pelle della vittima che ha offerto. [9]Così anche ogni oblazione, cotta nel forno o preparata nella pentola o nella teglia, spetterà al sacerdote che l'ha offerta. [10]Ogni oblazione impastata con olio o asciutta spetterà a tutti i figli di Aronne in misura uguale.

Ancora una volta si precisa che gli animali ed i cibi portati in sacrificio, tolta la parte per il sacrificio vero e proprio, spettano al sacerdote, anche la pelle, che ritengo fosse molto importante in quei tempi. Restano ancora dubbi sull'interesse da parte della casta sacerdotale ad allargare all'infinito la definizione di peccato?

Levitico Cap. 5 vv. 18-21 (La Bibbia spiegata agli igienisti)

[18]Se qualcuno mangia la carne del sacrificio di comunione il terzo giorno, l'offerente non sarà gradito; dell'offerta non gli sarà tenuto conto: sarà avariata e chi ne avrà mangiato subirà la pena della sua colpa. [19]La carne che sarà stata a contatto con qualche cosa di impuro, non si potrà mangiare; sarà bruciata nel fuoco. Chiunque sarà puro potrà mangiare la carne; [20]se qualcuno mangerà la carne del sacrificio di comunione offerto al Signore e sarà in stato di impurità, costui sarà eliminato dal suo popolo. [21]Se qualcuno toccherà qualsiasi cosa impura - un'impurità umana, un animale impuro o qualsiasi cosa obbrobriosa - e poi mangerà la carne di un sacrificio di comunione offerto in onore del Signore, sarà eliminato dal suo popolo"".

Sono di certo norme igieniche non mangiare la carne dopo il terzo giorno dalla macellazione, ma sono anche norme per far cadere sempre e comunque il popolo nel peccato, addirittura si può essere eliminati "dal popolo" e quindi forse anche uccisi solo per aver mangiato la carne del sacrificio dopo aver toccato qualcosa di impuro (termine quanto mai impreciso).

Levitico Cap. 9 (La Bibbia spiegata a James Randi)

²³Mosè e Aronne entrarono nella tenda del convegno; poi uscirono e benedissero il popolo e la gloria del Signore si manifestò a tutto il popolo. ²⁴Un fuoco uscì dalla presenza del Signore e consumò sull'altare l'olocausto e le parti grasse; tutto il popolo vide, mandarono grida di esultanza e si prostrarono con la faccia a terra.

Un altro trucco di basso illusionismo che però sconvolge il popolo: L'olocausto sull'altare si incendia spontaneamente, probabilmente l'altare era stato preparato con liquidi incendiari, forse c'era una miccia, forse qualcuno con una torcia era nascosto dietro l'altare, sono infiniti i trucchi per abbindolare il popolo e quando non si è bravi illusionisti si inventa la transustanziazione, dove tutto resta come prima.

Levitico Cap. 10 vv. 1-7 (La Bibbia spiegata ai camerieri)

¹Ora Nadab e Abiu, figli di Aronne, presero ciascuno un braciere, vi misero dentro il fuoco e vi posero sopra dell'incenso e presentarono davanti al Signore un fuoco illegittimo, che il Signore non aveva loro ordinato. ²Ma un fuoco uscì dalla presenza del Signore e li divorò e morirono così davanti al Signore. ³Allora Mosè disse ad Aronne: "Di questo il Signore ha parlato quando ha detto: "In coloro che mi stanno vicino mi mostrerò santo e alla presenza di tutto il popolo sarò glorificato"". Aronne tacque.
⁴Mosè chiamò Misaele ed Elsafàn, figli di Uzzièl, zio di Aronne, e disse loro: "Avvicinatevi, portate via questi vostri fratelli dal santuario, fuori dell'accampamento". ⁵Essi si avvicinarono e li portarono via con le loro tuniche, fuori dell'accampamento, come Mosè aveva detto. ⁶Ad Aronne, a Eleàzaro e a Itamàr, suoi figli, Mosè disse: "Non vi scarmigliate i capelli del capo e non vi stracciate le vesti, perché non moriate e il Signore non si adiri contro tutta la comunità; ma i vostri fratelli, tutta la casa d'Israele, facciano pure lutto per coloro che il Signore ha distrutto con il

fuoco. ⁷*Non vi allontanate dall'ingresso della tenda del convegno, così che non moriate; perché l'olio dell'unzione del Signore è su di voi". Essi fecero come Mosè aveva detto.*

Un passo disumano, in cui due figli di Aronne e quindi due sacerdoti finiscono bruciati per colpa di bracieri dove si stavano offrendo sacrifici a dio.
Il problema è che dio non aveva ordinato quei sacrifici e quindi, come un cliente intrattabile, se l'è presa con i poveri camerieri.
Parimenti disumane sono le prescrizioni di Mosè rivolte ad Aronne ed ai figli rimasti, di non piangere i morti altrimenti sarebbero morti a loro volta.
Insomma un dio che uccide se riceve poco cibo, ma che uccide anche se qualcuno, preso da eccessiva solerzia, gliene dà troppo...

Levitico Cap. 10 vv. 16-20 (La Bibbia spiegata ai superstiti)

¹⁶*Mosè si informò accuratamente circa il capro del sacrificio per il peccato e seppe che era stato bruciato; allora si sdegnò contro Eleàzaro e contro Itamàr, figli superstiti di Aronne, dicendo:* ¹⁷*"Perché non avete mangiato la vittima del sacrificio per il peccato nel luogo santo? Infatti è cosa santissima. Il Signore ve l'ha data, perché tolga la colpa della comunità, compiendo per loro il rito espiatorio davanti al Signore.* ¹⁸*Ecco, il sangue della vittima non è stato portato dentro il santuario; voi avreste dovuto mangiarla nel santuario, come io avevo ordinato".* ¹⁹*Aronne allora disse a Mosè: "Ecco, oggi essi hanno offerto il loro sacrificio per il peccato e il loro olocausto davanti al Signore; ma, dopo le cose che mi sono capitate, se oggi avessi mangiato la vittima del sacrificio per il peccato, sarebbe stato bene agli occhi del Signore?".*²⁰*Quando Mosè udì questo, parve bene ai suoi occhi.*

Ancora disumano Mosè, invece di partecipare al dolore di Aronne che ha perso due figli, lo accusa di non aver eseguito alla perfezione i sacrifici e di non aver mangiato la carne offerta.

Levitico Cap. 11 vv. 1-28 (La Bibbia spiegata agli animali con l'unghia bipartita)

¹*Il Signore parlò a Mosè e ad Aronne e disse loro:* ²*"Parlate agli Israeliti dicendo: "Questi sono gli animali che potrete mangiare fra tutte le bestie che sono sulla*

terra. ³*Potrete mangiare di ogni quadrupede che ha l'unghia bipartita, divisa da una fessura, e che rumina.* ⁴*Ma fra i ruminanti e gli animali che hanno l'unghia divisa, non mangerete i seguenti: il cammello, perché rumina, ma non ha l'unghia divisa, lo considererete impuro;* ⁵*l'iràce, perché rumina, ma non ha l'unghia divisa, lo considererete impuro;* ⁶*la lepre, perché rumina, ma non ha l'unghia divisa, la considererete impura;* ⁷*il porco, perché ha l'unghia bipartita da una fessura, ma non rumina, lo considererete impuro.* ⁸*Non mangerete la loro carne e non toccherete i loro cadaveri; li considererete impuri.*
⁹*Fra tutti gli animali acquatici ecco quelli che potrete mangiare: potrete mangiare tutti quelli, di mare o di fiume, che hanno pinne e squame.* ¹⁰*Ma di tutti gli animali che si muovono o vivono nelle acque, nei mari e nei fiumi, quanti non hanno né pinne né squame saranno per voi obbrobriosi.* ¹¹*Essi saranno per voi obbrobriosi; non mangerete la loro carne e riterrete obbrobriosi i loro cadaveri.* ¹²*Tutto ciò che non ha né pinne né squame nelle acque sarà per voi obbrobrioso.*
¹³*Fra i volatili saranno obbrobriosi questi, che non dovrete mangiare, perché obbrobriosi: l'aquila, l'avvoltoio e l'aquila di mare,* ¹⁴*il nibbio e ogni specie di falco,* ¹⁵*ogni specie di corvo,* ¹⁶*lo struzzo, la civetta, il gabbiano e ogni specie di sparviero,* ¹⁷*il gufo, l'alcione, l'ibis,* ¹⁸*il cigno, il pellicano, la fòlaga,* ¹⁹*la cicogna, ogni specie di airone, l'ùpupa e il pipistrello.*
²⁰*Sarà per voi obbrobrioso anche ogni insetto alato che cammina su quattro piedi.* ²¹*Però fra tutti gli insetti alati che camminano su quattro piedi, potrete mangiare quelli che hanno due zampe sopra i piedi, per saltare sulla terra.* ²²*Perciò potrete mangiare i seguenti: ogni specie di cavalletta, ogni specie di locusta, ogni specie di acrìdi e ogni specie di grillo.* ²³*Ogni altro insetto alato che ha quattro piedi sarà obbrobrioso per voi;* ²⁴*infatti vi rendono impuri: chiunque toccherà il loro cadavere sarà impuro fino alla sera* ²⁵*e chiunque trasporterà i loro cadaveri si dovrà lavare le vesti e sarà impuro fino alla sera.*
²⁶*Riterrete impuro ogni animale che ha l'unghia, ma non divisa da fessura, e non rumina: chiunque li toccherà sarà impuro.* ²⁷*Considererete impuri tutti i quadrupedi che camminano sulla pianta dei piedi; chiunque ne toccherà il cadavere sarà impuro fino alla sera.* ²⁸*E chiunque trasporterà i loro cadaveri si dovrà lavare le vesti e sarà impuro fino alla sera. Tali animali riterrete impuri.*

Questo è l'esilarante capitolo delle prescrizioni sugli animali puri ed impuri. Come si fa a considerare seriamente questo capitolo?
Il cammello è impuro perché pur essendo ruminante non ha l'unghia bipartita (fessa).
La lepre per lo stesso motivo è impura, il porco naturalmente impurissimo.
Gli insetti sarebbero impuri, ma grilli e cavallette si possono mangiare senza problemi, ci farò un pensierino domani per pranzo.

Invece dovrò buttare nel secchio della spazzatura l'aragosta acquistata per la cena: non ha né pinne né squame e quindi è impurissima!
E come mai allora i cattolici prendono in giro i musulmani quando si vietano la carne di maiale?
Chi ha deciso ed in base a cosa, che queste prescrizioni non sono più valide?

Levitico Cap. 11 vv. 29-33 (La Bibbia spiegata ai topi striscianti)

[29] Fra gli animali che strisciano per terra riterrete impuro: la talpa, il topo e ogni specie di sauri, [30] il toporagno, la lucertola, il geco, il ramarro, il camaleonte. [31] Questi animali, fra quanti strisciano, saranno impuri per voi; chiunque li toccherà morti, sarà impuro fino alla sera. [32] Ogni oggetto sul quale cadrà morto qualcuno di essi, sarà impuro: si tratti di utensile di legno oppure di veste o pelle o sacco o qualunque altro oggetto di cui si faccia uso; si immergerà nell'acqua e sarà impuro fino alla sera, poi sarà puro. [33] Se ne cade qualcuno in un vaso di terra, quanto vi si troverà dentro sarà impuro e spezzerete il vaso.

Si può discutere a lungo se la lucertola, il ramarro, la talpa, il geco camminino o striscino,
ma una cosa è certa, il topo cammina!
Certo molte di queste prescrizioni sono utili norme igieniche (come considerare impuri i cadaveri degli animali), ma la maggior parte di queste prescrizioni sono assurde, dentro un libro assurdo.

Levitico Cap. 12 vv. 1-8 (La Bibbia spiegata alle puerpere)

*[1] Il Signore parlò a Mosè e disse: [2] "Parla agli Israeliti dicendo: "Se una donna sarà rimasta incinta e darà alla luce un maschio, sarà impura per sette giorni; sarà impura come nel tempo delle sue mestruazioni.
[3] L'ottavo giorno si circonciderà il prepuzio del bambino. [4] Poi ella resterà ancora trentatré giorni a purificarsi dal suo sangue; non toccherà alcuna cosa santa e non entrerà nel santuario, finché non siano compiuti i giorni della sua purificazione. [5] Ma se partorisce una femmina sarà impura due settimane come durante le sue mestruazioni; resterà sessantasei giorni a purificarsi del suo sangue.*

⁶Quando i giorni della sua purificazione per un figlio o per una figlia saranno compiuti, porterà al sacerdote all'ingresso della tenda del convegno un agnello di un anno come olocausto e un colombo o una tortora in sacrificio per il peccato. ⁷Il sacerdote li offrirà davanti al Signore e farà il rito espiatorio per lei; ella sarà purificata dal flusso del suo sangue. Questa è la legge che riguarda la donna, quando partorisce un maschio o una femmina. ⁸Se non ha mezzi per offrire un agnello, prenderà due tortore o due colombi: uno per l'olocausto e l'altro per il sacrificio per il peccato. Il sacerdote compirà il rito espiatorio per lei ed ella sarà pura"".

Per i misogini pastori erranti che hanno scritto la Bibbia la donna è per definizione essere inferiore ed impuro, ma ci sono occasioni in cui è ancora più impura.
Una di queste occasioni sarebbe proprio il parto, che dovrebbe essere considerato un atto sublime compiuto da una donna:
Il problema è il sangue, il sangue delle mestruazioni, il sangue che esce col parto, insieme agli altri liquidi biologici.
E quando si è impuri si lava tutto portando offerte a dio (pardon ai sacerdoti).
Tutte le occasioni sono buone per spillare soldi e regali, ieri come oggi.

Levitico Cap. 13 vv. 1-8 (La Bibbia spiegata ai lebbrosi)

¹ Il Signore parlò a Mosè e ad Aronne e disse: ²"Se qualcuno ha sulla pelle del corpo un tumore o una pustola o macchia bianca che faccia sospettare una piaga di lebbra, quel tale sarà condotto dal sacerdote Aronne o da qualcuno dei sacerdoti, suoi figli. ³Il sacerdote esaminerà la piaga sulla pelle del corpo: se il pelo della piaga è diventato bianco e la piaga appare come incavata rispetto alla pelle del corpo, è piaga di lebbra; il sacerdote, dopo averlo esaminato, dichiarerà quell'uomo impuro. ⁴Ma se la macchia sulla pelle del corpo è bianca e non appare incavata rispetto alla pelle e il suo pelo non è diventato bianco, il sacerdote isolerà per sette giorni colui che ha la piaga. ⁵Al settimo giorno il sacerdote l'esaminerà ancora; se gli parrà che la piaga si sia fermata senza allargarsi sulla pelle, il sacerdote lo isolerà per altri sette giorni. ⁶Il sacerdote, il settimo giorno, lo esaminerà di nuovo: se vedrà che la piaga non è più bianca e non si è allargata sulla pelle, dichiarerà quell'uomo puro; è una pustola. Quello si laverà le vesti e sarà puro. ⁷Ma se la pustola si è allargata sulla pelle, dopo che egli si è mostrato al sacerdote per essere dichiarato puro, si farà esaminare di nuovo dal sacerdote: ⁸il sacerdote l'esaminerà e se vedrà che la pustola si è allargata sulla pelle, il sacerdote lo dichiarerà impuro; è lebbra.

Le conoscenze mediche erano molto limitate e questo capitolo cerca di approntare un vademecum delle malattie dermatologiche cercando di distinguere quelle pericolse e contagiose da quelle trascurabili.
Il risultato non è gran che, ma se la Bibbia è ispirata da dio, egli non poteva darci, oltre ad inutili prescrizioni, anche una valida terapia per la lebbra?

Levitico Cap. 14 vv. 1-7 (La Bibbia spiegata agli uccelli-aspersori)

¹ Il Signore parlò a Mosè e disse: ²"Questa è la legge che si riferisce al lebbroso per il giorno della sua purificazione. Egli sarà condotto al sacerdote. ³Il sacerdote uscirà dall'accampamento e lo esaminerà: se riscontrerà che la piaga della lebbra è guarita nel lebbroso, ⁴ordinerà che si prendano, per la persona da purificare, due uccelli vivi, puri, legno di cedro, panno scarlatto e issòpo. ⁵Il sacerdote ordinerà di immolare uno degli uccelli in un vaso di terracotta con acqua corrente. ⁶Poi prenderà l'uccello vivo, il legno di cedro, il panno scarlatto e l'issòpo e li immergerà, con l'uccello vivo, nel sangue dell'uccello sgozzato sopra l'acqua corrente. ⁷Ne aspergerà sette volte colui che deve essere purificato dalla lebbra; lo dichiarerà puro e lascerà andare libero per i campi l'uccello vivo.

Nel cap. 14 c'è una lunga serie di riti assurdi e ridicoli, degni di uno stregone aborigeno.
Il più schifoso è questo in cui si prende una coppia di uccelli, se ne sacrifica uno dissanguandolo e si immergerà quello vivo nel sangue dell'uccello sgozzato.
L'uccello vivo verrà usato come aspersorio per bagnare di sangue la persona da purificare.
Non sappiamo con quanto piacere per il purificando e soprattutto per l'uccello-aspersorio.

Levitico Cap. 14 vv. 1-12 (La Bibbia spiegata ai venerei)

¹ *Il Signore parlò a Mosè e ad Aronne e disse:* ²*"Parlate agli Israeliti dicendo loro: "Se un uomo soffre di gonorrea nella sua carne, la sua gonorrea è impura.* ³*Questa è la condizione di impurità per la gonorrea: sia che la carne lasci uscire il liquido, sia che lo trattenga, si tratta di impurità.* ⁴*Ogni giaciglio sul quale si coricherà chi è affetto da gonorrea sarà impuro; ogni oggetto sul quale si siederà sarà impuro.* ⁵*Chi toccherà il giaciglio di costui, dovrà lavarsi le vesti e bagnarsi nell'acqua e resterà impuro fino alla sera.* ⁶*Chi si siederà sopra un oggetto qualunque, sul quale si sia seduto colui che soffre di gonorrea, dovrà lavarsi le vesti, bagnarsi nell'acqua e resterà impuro fino alla sera.* ⁷*Chi toccherà il corpo di colui che è affetto da gonorrea si laverà le vesti, si bagnerà nell'acqua e resterà impuro fino alla sera.* ⁸*Se colui che ha la gonorrea sputerà sopra uno che è puro, questi dovrà lavarsi le vesti, bagnarsi nell'acqua e resterà impuro fino alla sera.* ⁹*Ogni sella su cui monterà chi ha la gonorrea sarà impura.* ¹⁰*Chiunque toccherà qualsiasi cosa, che sia stata sotto quel tale, resterà impuro fino alla sera. Chi porterà tali oggetti dovrà lavarsi le vesti, bagnarsi nell'acqua e resterà impuro fino alla sera.* ¹¹*Chiunque sarà toccato da colui che ha la gonorrea, se questi non si era lavato le mani, dovrà lavarsi le vesti, bagnarsi nell'acqua e resterà impuro fino alla sera.* ¹²*Il recipiente di terracotta toccato da colui che soffre di gonorrea sarà spezzato; ogni vaso di legno sarà lavato nell'acqua.*

Continuano nel cap. 14 le prescrizioni igienico-sanitarie, alcune sono sensate, altre molto meno.
Ma che significa: *"Se un uomo soffre di gonorrea nella sua carne, la sua gonorrea è impura."*
Esistono gonorree pure?

Levitico Cap. 14 vv. 16-18 (La Bibbia spiegata agli sboroni)

¹⁶*L'uomo che avrà avuto un'emissione seminale, si laverà tutto il corpo nell'acqua e resterà impuro fino alla sera* ¹⁷*Ogni veste o pelle su cui vi sarà un'emissione seminale dovrà essere lavata nell'acqua e resterà impura fino alla sera.*
¹⁸*La donna e l'uomo che abbiano avuto un rapporto con emissione seminale si laveranno nell'acqua e resteranno impuri fino alla sera.*

Associare ogni cosa attinente il sesso con impurità e sporcizia è tecnica risaputa di molte religioni, in particolare della cattolico-giudaica.

L'atto sessuale che sporca, nel fisico ed anche nell'animo.

Levitico Cap. 14 vv. 19-22 (La Bibbia spiegata ai ginecologi)

[19]*Quando una donna abbia flusso di sangue, cioè il flusso nel suo corpo, per sette giorni resterà nell'impurità mestruale; chiunque la toccherà sarà impuro fino alla sera.* [20]*Ogni giaciglio sul quale si sarà messa a dormire durante la sua impurità mestruale sarà impuro; ogni mobile sul quale si sarà seduta sarà impuro.* [21]*Chiunque toccherà il suo giaciglio, dovrà lavarsi le vesti, bagnarsi nell'acqua e sarà impuro fino alla sera.* [22]*Chi toccherà qualunque mobile sul quale lei si sarà seduta, dovrà lavarsi le vesti, bagnarsi nell'acqua e sarà impuro fino alla sera.* [23]*Se un oggetto si trova sul letto o su qualche cosa su cui lei si è seduta, chiunque toccherà questo oggetto sarà impuro fino alla sera.* [24]*Se un uomo ha rapporto intimo con lei, l'impurità mestruale viene a contatto con lui: egli resterà impuro per sette giorni e ogni giaciglio sul quale si coricherà resterà impuro.*

I pregiudizi sulle mestruazioni risalgono alla notte dei tempi ed il Levitico non si sottrae a queste assurdità: la donna mestruata impura, qualunque cosa tocchi diventa impura, se un uomo ha un rapporto con lei diventa impuro...
D'altra parte è la donna stessa ad essere impura.

Levitico cap.16 vv. 20-22
(La Bibbia spiegata ai mobbizzatori)

[20]*Quando avrà finito di purificare il santuario, la tenda del convegno e l'altare, farà accostare il capro vivo.* [21]*Aronne poserà entrambe le mani sul capo del capro vivo, confesserà su di esso tutte le colpe degli Israeliti, tutte le loro trasgressioni, tutti i loro peccati e li riverserà sulla testa del capro; poi, per mano di un uomo incaricato di ciò, lo manderà via nel deserto.* [22]*Così il capro porterà sopra di sé tutte le loro colpe in una regione remota, ed egli invierà il capro nel deserto.*

La tecnica del capro espiatorio, applicato ai poveri capri farà indignare gli animalisti, immaginate la capra morire lentamente di sete nel deserto, o dilaniata dagli sciacalli.

Ma lo stesso metodo viene spesso applicato nelle comunità umane, nei posti di lavoro, insomma in ogni gruppo umano:
Si prende il più debole, gli si addossano tutte le colpe e lo si fa fuori materialmente o semplicemente isolandolo come un intoccabile. E pare che questo modo di procedere sia tanto amato da dio se è questo il modo che propone per scaricarsi dei propri peccati.

Levitico cap.16 vv. 29-30 (La Bibbia spiegata agli infallibili)

[29]*Questa sarà per voi una legge perenne: nel settimo mese, nel decimo giorno del mese, vi umilierete, vi asterrete da qualsiasi lavoro, sia colui che è nativo del paese sia il forestiero che soggiorna in mezzo a voi,* [30]*poiché in quel giorno si compirà il rito espiatorio per voi, al fine di purificarvi da tutti i vostri peccati.*

Ecco la prescrizione principe di tutte le religioni UMILIARSI, SOTTOMETTERSI, ad una casta sacerdotale arrogante e potentissima, in nome di un dio inesistente.
Straordinario che a parlare di umiltà, a ritenerla una virtù, siano il papa ed i suoi seguaci che si dichiarano addirittura infallibili!

Levitico cap.17 vv. 3-6
(La Bibbia spiegata agli addetti ai mattatoi)

[3]*Ogni Israelita che scanni un giovenco o un agnello o una capra entro l'accampamento o fuori dell'accampamento* [4]*e non lo porti all'ingresso della tenda del convegno, per presentarlo come offerta al Signore davanti alla Dimora del Signore, sarà considerato colpevole di delitto di sangue: ha sparso il sangue, e quest'uomo sarà eliminato dal suo popolo.* [5]*Perciò gli Israeliti, invece di immolare, come fanno, le loro vittime nei campi, le presenteranno in onore del Signore portandole al sacerdote all'ingresso della tenda del convegno, e le immoleranno in onore del Signore come sacrifici di comunione.* [6]*Il sacerdote ne spanderà il sangue sull'altare del Signore, all'ingresso della tenda del convegno, e farà bruciare il grasso come profumo gradito in onore del Signore.*

Insomma ogni animale che dovesse essere ucciso nella tribù andava portato al sacerdote che avrebbe provveduto lui a scannarlo. (Che orribile lavoro!)

La pena per questa trasgressione apparentemente lieve è l'eliminazione dal popolo "eletto" e quindi probabilmente la morte.
Certo che ci vanno pesante con le sanzioni!

Levitico cap.17 v. 7
(La Bibbia spiegata ai diversamente credenti)

⁷Essi non offriranno più i loro sacrifici ai satiri, ai quali sogliono prostituirsi. Questa sarà per loro una legge perenne, di generazione in generazione".

Se offri animali a dio, sei una persona pia, ma se li offri ad altre divinità sei un prostituto.
Questa è la considerazione dei diversi che si insegna con la Bibbia.

Levitico cap.17 vv. 10-12
(La Bibbia spiegata ai dissanguatori)

¹⁰Ogni uomo, Israelita o straniero dimorante in mezzo a loro, che mangi di qualsiasi specie di sangue, contro di lui, che ha mangiato il sangue, io volgerò il mio volto e lo eliminerò dal suo popolo. ¹¹Poiché la vita della carne è nel sangue. Perciò vi ho concesso di porlo sull'altare in espiazione per le vostre vite; perché il sangue espia, in quanto è la vita. ¹²Perciò ho detto agli Israeliti: Nessuno tra voi mangerà il sangue, neppure lo straniero che dimora fra voi mangerà sangue.

Anche per questi versetti i grandi teologi diranno che non si può fare una interpretazione letterale, ma simbolica e che il divieto di versare sangue va inteso nel senso di non ammazzare.
Ma in questo caso si scrive chiaramente che non bisogna MANGIARE il sangue e quindi non mi pare una prescrizione simbolica e la motivazione è che *"la vita della carne è nel sangue"* insomma nel sangue risiederebbe l'anima.
Concezione davvero primitiva, ma una vale l'altra.
In base a questa prescrizione gli ebrei mangiano ancora oggi animali uccisi mediante dissanguamento, cioè hanno fatto una lettura diretta del libro ed i Testimoni di geova per lo stesso motivo rifiutano le trasfusioni.
Chi ha ragione?

Hanno torto tutte le religioni, dato che pretendono di disciplinare i comportamenti di interi popoli sulla base di prescrizioni assurde di migliaia di anni fa.

Levitico cap. 18 vv. 19,29 (Il ciclo della Bibbia)

¹⁹Non ti accosterai a donna per scoprire la sua nudità durante l'impurità mestruale.
......
²⁰perché chiunque praticherà qualcuna di queste abominazioni, ogni persona che le commetterà, sarà eliminata dal suo popolo.

In una tribù dove probabilmente l'acqua era preziosa, questa potrebbe anche essere una norma igienica, ma comunque la Chiesa ha utilizzato anche questi passi per giustificare la sua sessuofobia e la sua misoginia.
La condanna per avere fatto sesso in periodo mestruale è sempre la stessa: l'eliminazione!

Levitico cap. 18 vv. 22,29 (La Bibbia spiegata all'arci gay)

²²Non ti coricherai con un uomo come si fa con una donna: è cosa abominevole.
....
²⁹perché chiunque praticherà qualcuna di queste abominazioni, ogni persona che le commetterà, sarà eliminata dal suo popolo.

Anche per gli omosessuali la condanna è sempre la stessa: l'eliminazione.
E questo hanno fatto per millenni ed ancora oggi la Chiesa discrimina gli omosessuali, questo passo del Levitico aiuta molto la Chiesa nella sua crociata omofoba.

Levitico cap. 19 v.14
(La Bibbia spiegata agli otorinolaringoiatri)

[14]*Non maledirai il sordo, né metterai inciampo davanti al cieco, ma temerai il tuo Dio. Io sono il Signore.*

Il cap. 19 del Levitico contiene prescrizioni in gran parte condivisibili, diciamo di buon senso comune, ma quello che contesto è il motivo di base per cui si dovrebbe fare del bene: per timore di dio, non per rispetto del cieco o del sordo!
Ma se esiste l'istituto della confessione e quindi del perdono (a proposito, dove sta scritto sulla Bibbia?), anche questo tabù cade: si può tranquillamente peccare e poi pentirsi.
Questo dimostra che i credenti sono POTENZIALMENTE peggiori di chi non crede, perché loro gli atti ingiusti od illeciti non li evitano per intimo convincimento, ma solo per non incorrere nelle ire di dio.

Levitico cap. 19 (La Bibbia spiegata agli umanisti)

[17]*Non coverai nel tuo cuore odio contro il tuo fratello; rimprovera apertamente il tuo prossimo, così non ti caricherai di un peccato per lui.* [18]*Non ti vendicherai e non serberai rancore contro i figli del tuo popolo, ma amerai il tuo prossimo come te stesso. Io sono il Signore.*

Sembra un passaggio bellissimo, condivisibile, universale, ed invece cova al suo interno una sottile e velenosa insidia:
-Cos'è il prossimo?
-Quello che ci sta vicino, che condivide con noi luoghi, cibo, costumi, idee, quindi dio dice di amare NON l'umanità intera, ma i membri della stessa tribù.
Per quelli invece che sono al di fuori è ovvio che la prescrizione è la stessa ripetuta già infinite volte: ODIO E GUERRA.

Levitico cap. 19 v. 19 (La Bibbia spiegata agli ortolani)

[19]*Osserverete le mie leggi.*
Non accoppierai bestie di specie differenti; non seminerai il tuo campo con due specie di seme né porterai veste tessuta di due specie diverse.

Uno dei passaggi più ridicoli di tutto il Vecchio Testamento:
Se accoppi due bestie di specie diverse semplicemente... non succede nulla, dato che sono sterili, il dio dettatore non lo sapeva? Eppure le ha create lui le specie animali!
Ma per le sementi: è così grave se un ortolano pianta della rughetta a fianco della lattuga?
Ed infine: a casa ho un giaccone in sintetico con qualche inserto in pelle: Cosa rischio come condanna?

Levitico cap. 19 vv. 23-25
(La Bibbia spiegata agli sbucciatori di pere)

[23]*Quando sarete entrati nella terra e vi avrete piantato ogni sorta di alberi da frutto, ne considererete i frutti come non circoncisi; per tre anni saranno per voi come non circoncisi: non se ne dovrà mangiare.* [24]*Nel quarto anno tutti i loro frutti saranno consacrati al Signore, come dono festivo.* [25]*Nel quinto anno mangerete il frutto di quegli alberi; così essi continueranno a produrre per voi. Io sono il Signore, vostro Dio.*

"I frutti circoncisi" Il Levitico è una inesauribile fonte di amenità.
Magari potevano spiegare come circoncidere una mela, una pera, un'anguria... la testa di alcuni uomini...

Levitico cap. 19 v. 26 (La Bibbia spiegata ad Aronne)

[26]*Non mangerete carne con il sangue.*
Non praticherete alcuna sorta di divinazione o di magia.

Giusto questo divieto, ma cosa fa in realtà la casta sacerdotale di Aronne? Nient'altro che pessima divinazione e magia.
- Ma quella è quella giusta, fatta per volere di dio

- Ah ecco e chi decide quale divinazione o magia è quella giusta?
- La casta sacerdotale...
- Andiamo bene!

Levitico cap. 19 vv. 27-28 (La Bibbia spiegata ai parrucchieri)

²⁷Non vi taglierete in tondo il margine dei capelli, né deturperai ai margini la tua barba. ²⁸Non vi farete incisioni sul corpo per un defunto, né vi farete segni di tatuaggio. Io sono il Signore.

Questa religione assolutista ed invadente quanto poche pretende di dettare anche le regole sul come acconciarsi capelli e barba.
A dio non piacciono gli uomini con i capelli tagliati a tondo e li vuole con le barbe lunghe e non tagliate. (mi ricordano i talebani).
Ma allora perché i monaci portano i capelli tagliati in tondo?
Misteri insondabili.
A me i tatuaggi non piacciono, ma perché dio dovrebbe interessarsi a cosa disegniamo sulla pelle?

Levitico cap. 20 vv. 1-5
(La Bibbia degli immolatori di bambini)

¹ Il Signore parlò a Mosè e disse: ²"Dirai agli Israeliti: "Chiunque tra gli Israeliti o tra i forestieri che dimorano in Israele darà qualcuno dei suoi figli a Moloc, dovrà essere messo a morte; il popolo della terra lo lapiderà. ³Anch'io volgerò il mio volto contro quell'uomo e lo eliminerò dal suo popolo, perché ha dato qualcuno dei suoi figli a Moloc, con l'intenzione di rendere impuro il mio santuario e profanare il mio santo nome. ⁴Se il popolo della terra chiude gli occhi quando quell'uomo dà qualcuno dei suoi figli a Moloc e non lo mette a morte, ⁵io volgerò il mio volto contro quell'uomo e contro la sua famiglia ed eliminerò dal suo popolo lui con quanti si danno all'idolatria come lui, prostituendosi a venerare Moloc.

Il problema di dio non è che a Moloch si facciano sacrifici umani e quindi dio non è interessato a proteggere la vita dei bambini sacrificali, ma il suo problema è sempre lo stesso: non tollera che ci siano altri dei e che ad essi si facciano sacrifici, l'odore d'arrosto lo vuole solo per lui!

Levitico cap. 20 vv. 9-14 (La Bibbia spiegata a Beccaria)

⁹*Chiunque maledice suo padre o sua madre dovrà essere messo a morte; ha maledetto suo padre o sua madre: il suo sangue ricadrà su di lui.*
¹⁰*Se uno commette adulterio con la moglie del suo prossimo, l'adultero e l'adultera dovranno esser messi a morte.*
¹¹*Se uno ha rapporti con una moglie di suo padre, egli scopre la nudità del padre; tutti e due dovranno essere messi a morte: il loro sangue ricadrà su di loro.*
¹²*Se uno ha rapporti con la nuora, tutti e due dovranno essere messi a morte; hanno commesso una perversione: il loro sangue ricadrà su di loro.*
¹³*Se uno ha rapporti con un uomo come con una donna, tutti e due hanno commesso un abominio; dovranno essere messi a morte: il loro sangue ricadrà su di loro.*
¹⁴*Se uno prende in moglie la figlia e la madre, è un'infamia; si bruceranno con il fuoco lui e loro, perché non ci sia fra voi tale delitto.*

Lunghi versetti grondanti di sangue, per peccati/reati di natura sessuale: gente da mettere a morte, bruciare, distruggere, poveracci ammazzati solo perché avrebbero maledetto i genitori, o per un adulterio: E' la legge della religione che insegna ad amare il prossimo, la legge della terra dove peccato e reato coincidono, la legge talebana che è alla base della religione cattolica e che solo le circostanze storiche hanno fatto mettere da parte.
Ma state certi che la Chiesa è pronta a restaurare queste leggi non appena se ne presenti l'occasione.

Levitico cap. 20 vv. 15-16 (La Bibbia spiegata alle bestie antropofile)

¹⁵*L'uomo che si accoppia con una bestia dovrà essere messo a morte; dovrete uccidere anche la bestia.* ¹⁶*Se una donna si accosta a una bestia per accoppiarsi con essa, ucciderai la donna e la bestia; tutte e due dovranno essere messe a morte: il loro sangue ricadrà su di loro.*

Passi che la zoofilia sia considerata una pratica riprovevole, ma che colpa ne ha la povera bestia?
Perché dovrebbe essere messa a morte, per aver tentato l'umano?

Levitico cap.20 v. 18 (La Bibbia del flusso nascosto)

[18] *Se uno ha un rapporto con una donna durante le sue mestruazioni e ne scopre la nudità, quel tale ha scoperto il flusso di lei e lei ha scoperto il flusso del proprio sangue; perciò tutti e due saranno eliminati dal loro popolo.*

Questi ingenui degli Israeliti: non conoscono le mestruazioni e si accorgono del flusso solo nel momento che hanno un rapporto sessuale:
-Oh mi è diventato tutto rosso, come mai?
-Che sbadata, non mi ero accorta di avere un flusso ematico!
La coppia non sarà messa a morte per immoralità, ma perché avrebbe scoperto il flusso mestruale!

Levitico cap. 20 vv. 20-21 (La Bibbia spiegata alla cicogna)

[20] *Se uno ha rapporti con la moglie di suo zio, scopre la nudità di suo zio; tutti e due porteranno la pena del loro peccato: dovranno morire senza figli.*
[21] *Se uno prende la moglie del fratello, è un'impurità; egli ha scoperto la nudità del fratello: non avranno figli.*

In questi casi la punizione è molto più mite: condannati a non avere figli.
Ma chi può applicare tale sentenza?
Dio naturalmente.
Ancora evidente la confusione fra giustizia terrena e giustizia divina.

Levitico cap.20 vv. 23-24 (La Bibbia spiegata agli autarchici)

[23] *Non seguirete le usanze delle nazioni che io sto per scacciare dinanzi a voi; esse hanno fatto tutte quelle cose, perciò ho disgusto di esse* [24] *e vi ho detto: Voi possederete il loro suolo; ve lo darò in proprietà. È una terra dove scorrono latte e miele. Io il Signore, vostro Dio, vi ho separato dagli altri popoli.*

Bella scusa per appropriarsi delle terre e delle ricchezze altrui!
Il dio che parla di amare il prossimo ordina guerre di conquista ed ordina di separarsi dagli altri popoli. Una chiara conferma che quando la Bibbia parla di prossimo parla di appartenenti allo stesso clan, non di umanità nel suo totale!

Levitico cap. 21 vv. 1-4 (La Bibbia spiegata ai necrofori)

¹*Il Signore disse a Mosè: "Parla ai sacerdoti, figli di Aronne, dicendo loro: "Un sacerdote non dovrà rendersi impuro per il contatto con un morto della sua parentela,* ²*se non per un suo parente stretto, cioè per sua madre, suo padre, suo figlio, sua figlia, suo fratello* ³*e sua sorella ancora vergine, che viva con lui e non sia ancora maritata; per questa può esporsi all'impurità.*⁴*Come marito, non si renda impuro per la sua parentela, profanando se stesso.*

Per il Levitico un cadavere è impuro ed il sacerdote non può avvicinarsi ad esso.
Può farlo per i parenti stretti, madre , padre, fratelli, sorella, ma solo se vergine! Una non più vergine inutile piangerla...
Come mai i sacerdoti cattolici si avvicinano eccome ai cadaveri dei fedeli?
Forse perché hanno scoperto come ricavarne tanti soldini?

Levitico cap.21 vv. 5-6 (La Bibbia spiegata ai santi per decreto)

⁵*I sacerdoti non si faranno tonsure sul capo, né si raderanno ai margini la barba né si faranno incisioni sul corpo.* ⁶*Saranno santi per il loro Dio e non profaneranno il nome del loro Dio, perché sono loro che presentano al Signore sacrifici consumati dal fuoco, pane del loro Dio; perciò saranno santi.*

La stessa pretesa del clero di oggi: autodefinirsi santi, solo perché dicono la messa.
Ma come mai l'acconciatura preferita dei capelli da parte di monaci e preti è proprio la tonsura?
Ma allora si divertono a violare di proposito i precetti sacri!

Levitico cap. 21 vv. 7-8 (La Bibbia spiegata agli esigenti)

⁷Non prenderanno in moglie una prostituta o una già disonorata, né una donna ripudiata dal marito. Infatti il sacerdote è santo per il suo Dio. ⁸Tu considererai dunque il sacerdote come santo, perché egli offre il pane del tuo Dio: sarà per te santo, perché io, il Signore, che vi santifico, sono santo.

Passi per la prostituta, ma perché una poveretta ripudiata dal marito non sarebbe degna di sposare un sacerdote?
Lo spiega bene successivamente: I sacerdoti si trattavano bene un tempo: potevano sposarsi e le loro mogli dovevano essere vergini, e quindi anche giovanissime.
E bravi questi preti!

Levitico cap.21 v.9 (La Bibbia del comma 22)

⁹Se la figlia di un sacerdote si disonora prostituendosi, disonora suo padre; sarà arsa con il fuoco.

Notate che ci sono sanzioni pesantissime per il popolo e per le figlie dei sacerdoti, ma NON ci sono sanzioni per i sacerdoti, se non, probabilmente, la loro destituzione, ma chi destituisce un sacerdote?
Un altro sacerdote, ovvio!
Insomma tutto come oggi: il clero dovrebbe combattere la pedofilia nel clero!

Levitico cap. 21 vv. 13-14 (La Bibbia delle primizie)

¹³Sposerà una vergine. ¹⁴Non potrà sposare né una vedova né una divorziata né una disonorata né una prostituta, ma prenderà in moglie una vergine della sua parentela. ¹⁵Così non disonorerà la sua discendenza tra la sua parentela; poiché io sono il Signore che lo santifico"".

Il Levitico (probabilmente scritto proprio dai sacerdoti) riserva ai sacerdoti le primizie, le vergini fanciulle, a questa casta parassitaria che da subito ha imparato a vivere sulle spalle degli altri.
E ci tengono tanto a questa prescrizione che viene ripetuta svariate volte.

Levitico cap.21 vv. 16-21 (La Bibbia dell'eugenetica)

[16]Il Signore parlò a Mosè e disse: [17]"Parla ad Aronne dicendo: "Nelle generazioni future nessun uomo della tua stirpe che abbia qualche deformità potrà accostarsi ad offrire il pane del suo Dio; [18]perché nessun uomo che abbia qualche deformità potrà accostarsi: né un cieco né uno zoppo né uno sfregiato né un deforme, [19]né chi abbia una frattura al piede o alla mano, [20]né un gobbo né un nano né chi abbia una macchia nell'occhio o la scabbia o piaghe purulente o i testicoli schiacciati. [21]Nessun uomo della stirpe del sacerdote Aronne con qualche deformità si accosterà per presentare i sacrifici consumati dal fuoco in onore del Signore. Ha un difetto: non si accosti quindi per offrire il pane del suo Dio.

Altre "sante" parole di questo "santo" libro.
Chi è deforme, cieco, gobbo, od addirittura ha solo una frattura della mano od una macchia in un occhio, non potrà accostarsi all'altare perché lo profanerebbe!
Il dio dell'eugenetica.

Levitico cap. 22 vv. 3-6 (La Bibbia che discrimina)

[3]Di' loro: "Nelle generazioni future ogni uomo della vostra discendenza che si accosterà in stato di impurità alle offerte sante, consacrate dagli Israeliti in onore del Signore, sarà eliminato dalla mia presenza. Io sono il Signore.
[4]Nessun uomo della stirpe di Aronne affetto da lebbra o da gonorrea potrà mangiare le offerte sante, finché non sia puro. Così sarà per chi toccherà qualsiasi cosa impura a causa di un cadavere o per chi avrà perdite seminali, [5]oppure per chi toccherà un rettile che lo rende impuro o una persona che lo rende impuro, qualunque sia la sua impurità. [6]Colui che avrà avuto tali contatti resterà impuro fino alla sera e non mangerà le offerte sante prima di essersi lavato il corpo nell'acqua;

Ancora pregiudizi che accomunano i malati di gonorrea (che comunque non trasmettono la malattia con gli alimenti) a chi ha emesso sperma (o meglio ha perso sperma).
Tanto sempre di emissione di liquidi si tratta!
Si potrà osservare che a quei tempi gli Israeliti non avevano le conoscenze mediche di oggi.
- Gli Israeliti NO, ma dio, il dettatore della Bibbia, non poteva non averle!

Levitico cap. 22 vv. 21-25 (La Bibbia spiegata agli orchitici)

^{21}Se qualcuno presenterà al Signore, in sacrificio di comunione, un bovino o un ovino, sia per adempiere un voto sia come offerta spontanea, la vittima, perché sia gradita, dovrà essere perfetta e non avere alcun difetto. ^{22}Non presenterete in onore del Signore nessuna vittima cieca o storpia o mutilata o con ulcere o con la scabbia o con piaghe purulente; non ne farete sull'altare un sacrificio consumato dal fuoco in onore del Signore. ^{23}Un capo di bestiame grosso o minuto che sia deforme o atrofizzato, potrai offrirlo come dono spontaneo, ma non sarà gradito come sacrificio votivo. ^{24}Non offrirete al Signore un animale con i testicoli ammaccati o contusi o strappati o tagliati. Tali cose non farete nella vostra terra ^{25}né prenderete dalle mani dello straniero alcuna di queste vittime per offrirla come cibo in onore del vostro Dio; essendo mutilate, difettose, non sarebbero gradite a vostro favore"".

Fa davvero il difficile dio (O Aronne?).
Gli animali da sacrificare devono essere perfetti, non sia mai abbia un testicolo contuso!
Naturalmente si accetta tutto, anche gli animali non perfetti, ma in tal caso non verrebbero sacrificati ma accettati come dono (alla stirpe sacerdotale ovviamente).

Levitico cap. 23 vv. 26-32 (La Bibbia umiliante)

^{26}Il Signore parlò a Mosè e disse: ^{27}"Il decimo giorno di questo settimo mese sarà il giorno dell'espiazione; terrete una riunione sacra, vi umilierete e offrirete sacrifici consumati dal fuoco in onore del Signore. ^{28}In quel giorno non farete alcun lavoro, poiché è il giorno dell'espiazione, per compiere il rito espiatorio per voi davanti al Signore, vostro Dio. ^{29}Ogni persona che non si umilierà in quel giorno sarà eliminata dalla sua

parentela. ³⁰*Ogni persona che farà in quel giorno un qualunque lavoro io la farò perire in mezzo alla sua parentela.* ³¹*Non farete alcun lavoro. Sarà per voi una legge perenne, di generazione in generazione, in tutti i luoghi dove abiterete.* ³²*Sarà per voi un sabato di assoluto riposo e dovrete umiliarvi: il nono giorno del mese, dalla sera alla sera seguente, farete il vostro riposo del sabato".*

Quante umiliazioni deve subire chi aderisce ad una religione:
umiliarsi, inginocchiarsi, mangiare la polvere, ed offrire tanti, tanti sacrifici a dio (pardon ai sacerdoti).

Levitico cap.23 vv. 42-43 (La Bibbia dei bungalows)

⁴²*Dimorerete in capanne per sette giorni; tutti i cittadini d'Israele dimoreranno in capanne,* ⁴³*perché le vostre generazioni sappiano che io ho fatto dimorare in capanne gli Israeliti, quando li ho condotti fuori dalla terra d'Egitto. Io sono il Signore, vostro Dio"".*

Ve l'immaginate il popolo di Israele dimorare per sette giorni in capanne?
Ma ora la prescrizione sarebbe estesa a tutti i fedeli cristiani!
Il mondo riempito di capanne, ma gli ordini di dio non si possono contraddire, no?

Levitico cap. 24 vv. 1-4 (La Bibbia dell'oro massiccio)

¹*Il Signore parlò a Mosè e disse:* ²*"Ordina agli Israeliti che ti portino olio puro di olive schiacciate per l'illuminazione, per tenere perennemente accesa la lampada.* ³*Aronne la disporrà nella tenda del convegno, fuori del velo che sta davanti alla Testimonianza, perché arda dalla sera al mattino davanti al Signore, sempre. Sarà per voi una legge perenne, di generazione in generazione.* ⁴*Egli disporrà le lampade sul candelabro d'oro puro, perché ardano sempre davanti al Signore.*

Se partissimo dall'assurda ipotesi dell'esistenza di una divinità, la cosa più improbabile è che questa divinità sia avida di uno dei tanti metalli presenti sulla Terra, di quello giallo e malleabile che tanti morti ha provocato tra gli animaletti chiamati umani.

Pertanto immaginare un dio che si bea dei candelabri in oro massiccio è degno di una religione primordiale, come quella cattolica, che accumula nelle sue chiese e nei suoi caveau oro a tonnellate "per la gloria di dio".

Levitico cap.24 (La Bibbia spiegata ai blasfemi)

[10]Ora il figlio di una donna israelita e di un Egiziano uscì in mezzo agli Israeliti, e nell'accampamento scoppiò una lite fra il figlio della donna e un Israelita. [11]Il figlio della Israelita bestemmiò il Nome, imprecando; perciò fu condotto da Mosè. La madre di quel tale si chiamava Selomìt, figlia di Dibrì, della tribù di Dan. [12]Lo misero sotto sorveglianza, finché venisse una decisione dalla bocca del Signore. [13]Il Signore parlò a Mosè dicendo: [14]"Conduci quel bestemmiatore fuori dell'accampamento; quanti lo hanno udito posino le mani sul suo capo e tutta la comunità lo lapiderà. [15]Parla agli Israeliti dicendo:
"Chiunque maledirà il suo Dio, porterà il peso del suo peccato. [16]Chi bestemmia il nome del Signore dovrà essere messo a morte: tutta la comunità lo dovrà lapidare. Straniero o nativo della terra, se ha bestemmiato il Nome, sarà messo a morte.
...
[23]Mosè parlò agli Israeliti ed essi condussero quel bestemmiatore fuori dell'accampamento e lo lapidarono. Così gli Israeliti fecero come il Signore aveva ordinato a Mosè.

I cattolici propagandano la superiorità della loro religione e quindi del loro libro "sacro" rispetto ad altri libri "sacri" come il Corano, che propaganderebbero la violenza e l'intolleranza.
Non so cosa ci sia scritto sul Corano, ma è difficile ci siano passi peggiori di questo.
P.S.: Il termine "bestemmiare" è quanto meno impreciso, dato che a decidere cosa sia bestemmia sono sempre gli stessi: quelli che si sentirebbero offesi dalle bestemmie. Con questo criterio anche chi affermasse che dio non esiste, o che dio non è trino potrebbe essere accusato di blasfemia ed essere lapidato.
In effetti proprio questo è successo da millenni!

Levitico cap. 24 vv. 17-21 (La Bibbia del taglione)

[17]Chi percuote a morte qualsiasi uomo, dovrà essere messo a morte.
[18]Chi percuote a morte un capo di bestiame, dovrà risarcirlo: vita per vita.
[19]Se uno farà una lesione al suo prossimo, si farà a lui come egli ha fatto all'altro: [20]frattura per frattura, occhio per occhio, dente per dente; gli si farà la stessa lesione che egli ha fatto all'altro.
[21]Chi percuote a morte un capo di bestiame, dovrà risarcirlo; ma chi percuote a morte un uomo sarà messo a morte.

La legge del taglione che diventa la legge di dio, quell'essere perfettissimo etc.
Se una persona ti acceca dovrà essere accecata, se ti rompe un dente gli si dovrà rompere un dente.
Concetti lontani anni luce dalla coscienza moderna, ma che la Chiesa non ha mai cambiato, stanno scritti sul libro "sacro", pronti ad essere ripresi non appena le circostanze storiche lo permettano.
Nella società teocratica dell'occhio per occhio si diventa tutti ciechi.

Levitico cap. 25 vv. 10-12 (La Bibbia del giubileo)

[10]Dichiarerete santo il cinquantesimo anno e proclamerete la liberazione nella terra per tutti i suoi abitanti. Sarà per voi un giubileo; ognuno di voi tornerà nella sua proprietà e nella sua famiglia. [11]Il cinquantesimo anno sarà per voi un giubileo; non farete né semina né mietitura di quanto i campi produrranno da sé, né farete la vendemmia delle vigne non potate. [12]Poiché è un giubileo: esso sarà per voi santo; potrete però mangiare il prodotto che daranno i campi.

Bello quest'anno sabbatico in cui non si lavora e si mangia dei frutti prodotti spontaneamente dalla terra, ma basterà per tutti?
Insomma anche il giubileo dei cattolici è stato copiato da questa antica prescrizione ebraica, ma i papi hanno imparato come trarre profitti immensi da questa invenzione.

Levitico cap. 25 vv. 24-28 (La Bibbia spiegata ai comunisti)

23*Le terre non si potranno vendere per sempre, perché la terra è mia e voi siete presso di me come forestieri e ospiti.* 24*Perciò, in tutta la terra che avrete in possesso, concederete il diritto di riscatto per i terreni.* 25*Se il tuo fratello cade in miseria e vende una parte della sua proprietà, colui che ha il diritto di riscatto, cioè il suo parente più stretto, verrà e riscatterà ciò che il fratello ha venduto.* 26*Se uno non ha chi possa fare il riscatto, ma giunge a procurarsi da sé la somma necessaria al riscatto,* 27*conterà le annate passate dopo la vendita, restituirà al compratore il valore degli anni che ancora rimangono e rientrerà così in possesso del suo patrimonio.* 28*Ma se non trova da sé la somma sufficiente a rimborsarlo, ciò che ha venduto rimarrà in possesso del compratore fino all'anno del giubileo; al giubileo il compratore uscirà e l'altro rientrerà in possesso del suo patrimonio.*

La Bibbia diventa comunista: i terreni non possono essere dati in proprietà perenne ed ad ogni giubileo i terreni tornano in mano al venditore, anche se non ha i soldi per riscattarli!
Ma una domanda è lecita:: chi aveva dato il diritto di proprietà al venditore?
Ovvio che risalendo di venditore in venditore si arriva alla conclusione che il terreno è di tutti, (di dio?) e non può essere venduto o comprato a tempo indeterminato.
Ottimo, ma come mai questa bella regola non è stata mai applicata?
Come mai quando dio fa il comunista nessuno lo ascolta?

Levitico cap. 25 vv. 32-34
(La Bibbia spiegata ai pagatori di ICI)

32*Quanto alle città dei leviti e alle case che essi vi possederanno, i leviti avranno il diritto perenne di riscatto.* 33*Se chi riscatta è un levita, in occasione del giubileo il compratore uscirà dalla casa comprata nella città levitica, perché le case delle città levitiche sono loro proprietà, in mezzo agli Israeliti.* 34*Neppure campi situati nei dintorni delle città levitiche si potranno vendere, perché sono loro proprietà perenne.*

Insomma i levitici (sacerdoti) come papere bianche anche allora:

I levitici potranno riscattare gratuitamente le case delle città ed il compratore dovrà uscirne, ad ogni giubileo, contrariamente alla legge in vigore per gli altri cittadini.
E neppure i terreni potranno essere venduti, ma saranno di proprietà dei levitici.
Questo brano mi ricorda qualcosa sulle immense proprietà immobiliari della Chiesa e sulle tante leggi inventate a difesa di tali proprietà, spesso ottenute con lusinghe o con l'inganno, ad esempio con testamenti estorti a moribondi.
Mi ricorda inoltre che le proprietà ecclesiastiche sono esenti da ICI!

Levitico cap. 25 vv. 44-46
(La Bibbia spiegata agli schiavi stranieri)

44Quanto allo schiavo e alla schiava che avrai in proprietà, potrete prenderli dalle nazioni che vi circondano; da queste potrete comprare lo schiavo e la schiava. 45Potrete anche comprarne tra i figli degli stranieri stabiliti presso di voi e tra le loro famiglie che sono presso di voi, tra i loro figli nati nella vostra terra; saranno vostra proprietà. 46Li potrete lasciare in eredità ai vostri figli dopo di voi, come loro proprietà; vi potrete servire sempre di loro come di schiavi. Ma quanto ai vostri fratelli, gli Israeliti, nessuno dòmini sull'altro con durezza.

Per la prima volta si proibisce di rendere schiavi i membri della stirpe eletta.
Ma naturalmente dai popoli stranieri sì!
E se il divieto di "dominare con durezza" vale per i fratelli, ne consegue che riguardo gli schiavi stranieri si possa trattarli con durezza!

Levitico cap. 26 v.1 (La Bibbia statuaria)

1 Non vi farete idoli, né vi erigerete immagini scolpite o stele, né permetterete che nella vostra terra vi sia pietra ornata di figure, per prostrarvi davanti ad essa; poiché io sono il Signore, vostro Dio.

Quante volte è ripetuta questa prescrizione nella Bibbia?

E quante volte è stata violata, per puro calcolo di convenienza dai capi della Chiesa cattolica?
Che senso hanno, alla luce di questa prescrizione, le statue di un certo Pio da Pietrelcina, piantate nelle piazze d'Italia,?

Levitico cap.26 vv. 3-5 (La Bibbia della danza della pioggia)

³Se seguirete le mie leggi, se osserverete i miei comandi e li metterete in pratica, ⁴io vi darò le piogge al loro tempo, la terra darà prodotti e gli alberi della campagna daranno frutti. ⁵La trebbiatura durerà per voi fino alla vendemmia e la vendemmia durerà fino alla semina; mangerete il vostro pane a sazietà e abiterete al sicuro nella vostra terra.

Si tratta di una religione che pretende di essere nuova e moderna ma che adora un dio che fa piovere a richiesta, esattamente come manitou, esattamente come le migliaia di idoli sparsi fra i popoli cosiddetti primitivi, intorno ai cui idoli si fa la danza della pioggia.

Levitico cap. 26 vv. 6-8
(La Bibbia spiegata agli animali estinti)

⁶Io stabilirò la pace nella terra e, quando vi coricherete, nulla vi turberà. Farò sparire dalla terra le bestie nocive e la spada non passerà sui vostri territori. ⁷Voi inseguirete i vostri nemici ed essi cadranno dinanzi a voi colpiti di spada. ⁸Cinque di voi ne inseguiranno cento, cento di voi ne inseguiranno diecimila e i vostri nemici cadranno dinanzi a voi colpiti di spada.

Eppure dio dovrebbe sapere che non esistono bestie nocive, ma che tutte concorrono all'equilibrio ecologico.
Un dio che auspica l'estinzione delle stesse bestie "nocive" da lui create, incredibile!

Levitico cap. 26 vv. 14-26 (La Bibbia del buon dio)

¹⁴*Ma se non mi darete ascolto e se non metterete in pratica tutti questi comandi,* ¹⁵*se disprezzerete le mie leggi e rigetterete le mie prescrizioni, non mettendo in pratica tutti i miei comandi e infrangendo la mia alleanza,* ¹⁶*ecco come io vi tratterò: manderò contro di voi il terrore, la consunzione e la febbre, che vi faranno languire gli occhi e vi consumeranno la vita. Seminerete invano le vostre sementi: le mangeranno i vostri nemici.* ¹⁷*Volgerò il mio volto contro di voi e voi sarete sconfitti dai nemici; quelli che vi odiano vi opprimeranno e vi darete alla fuga, senza che alcuno vi insegua.*
¹⁸*Se nemmeno a questo punto mi darete ascolto, io vi castigherò sette volte di più per i vostri peccati.* ¹⁹*Spezzerò la vostra forza superba, renderò il vostro cielo come ferro e la vostra terra come bronzo.* ²⁰*Le vostre energie si consumeranno invano, poiché la vostra terra non darà prodotti e gli alberi della campagna non daranno frutti.*
²¹*Se vi opporrete a me e non mi vorrete ascoltare, io vi colpirò sette volte di più, secondo i vostri peccati.* ²²*Manderò contro di voi le bestie selvatiche, che vi rapiranno i figli, stermineranno il vostro bestiame, vi ridurranno a un piccolo numero e le vostre strade diventeranno deserte.*
²³*Se, nonostante questi castighi, non vorrete correggervi per tornare a me, ma vi opporrete a me,* ²⁴*anch'io mi opporrò a voi e vi colpirò sette volte di più per i vostri peccati.* ²⁵*Manderò contro di voi la spada, vindice della mia alleanza; voi vi raccoglierete nelle vostre città, ma io manderò in mezzo a voi la peste e sarete dati in mano al nemico.* ²⁶*Quando io avrò tolto il sostegno del pane, dieci donne faranno cuocere il vostro pane in uno stesso forno e il pane che esse porteranno sarà razionato: mangerete, ma non vi sazierete.*

Che dire di questo brano: i popoli si dominano con la religione e le religioni sono sempre dispensatrici di piccole carote e di lunghi bastoni.
Il dio inascoltato si vendica (o si vendicano e minacciano vendetta i suoi sedicenti rappresentanti?).
Le minacciate vendette devono essere spaventose, terrorizzanti, la gente deve tremare di paura. E chi crede è portato ad avere paura di fronte a queste minacce e per millenni la chiesa ha governato col terrore e la minaccia della dannazione eterna. Basta guardare i fregi di una cattedrale gotica per capire lo spirito di questo medioevo che Ratzinger vorrebbe infinito.

Levitico cap. 26 vv. 27-33 (La Bibbia spiegata ai cannibali)

^{27}*Se, nonostante tutto questo, non vorrete darmi ascolto, ma vi opporrete a me,* ^{28}*anch'io mi opporrò a voi con furore e vi castigherò sette volte di più per i vostri peccati.* ^{29}*Mangerete perfino la carne dei vostri figli e mangerete la carne delle vostre figlie.* ^{30}*Devasterò le vostre alture, distruggerò i vostri altari per l'incenso, butterò i vostri cadaveri sui cadaveri dei vostri idoli e vi detesterò.* ^{31}*Ridurrò le vostre città a deserti, devasterò i vostri santuari e non aspirerò più il profumo dei vostri incensi.* ^{32}*Devasterò io stesso la terra, e i vostri nemici, che vi prenderanno dimora, ne saranno stupefatti.* ^{33}*Quanto a voi, vi disperderò fra le nazioni e sguainerò la spada dietro di voi; la vostra terra sarà desolata e le vostre città saranno deserte.*

Certo che il pastore errante estensore di questo brano ci è andato molto pesante: dio minaccia addirittura di ridurre al cannibalismo per fame il suo amato popolo, fino a fargli mangiare la carne dei loro figli.
Si è un dio davvero buono!

Levitico cap. 26 vv. 36-41
(La Bibbia spiegata ai cardiochirurghi)

^{36}*A quelli che tra voi saranno superstiti infonderò nel cuore costernazione nei territori dei loro nemici: il fruscio di una foglia agitata li metterà in fuga; fuggiranno come si fugge di fronte alla spada e cadranno senza che alcuno li insegua.* ^{37}*Cadranno uno sopra l'altro come di fronte alla spada, senza che alcuno li insegua. Non potrete resistere dinanzi ai vostri nemici.*^{38}*Perirete fra le nazioni: la terra dei vostri nemici vi divorerà.*
^{39}*Quelli che tra voi saranno superstiti si consumeranno a causa delle proprie colpe nei territori dei loro nemici; anche a causa delle colpe dei loro padri periranno con loro.* ^{40}*Dovranno confessare la loro colpa e la colpa dei loro padri: per essere stati infedeli nei miei riguardi ed essersi opposti a me;* ^{41}*perciò anch'io mi sono opposto a loro e li ho deportati nella terra dei loro nemici. Allora il loro cuore non circonciso si umilierà e sconteranno la loro colpa.*

Un altro meraviglioso passaggio in cui il dio dell'amore spiega cosa farà a chi non segue i suoi voleri.
Ma a me colpisce in particolare il concetto di "cuore non circonciso"

Lo so che è una metafora, ma comunque l'idea di aprire il torace e di circoncidere il muscolo cardiaco mi diverte troppo per non farci un commento.

Levitico cap. 27 vv. 1-8 (La Bibbia spiegata alle metà)

¹Il Signore parlò a Mosè e disse: ²*"Parla agli Israeliti dicendo loro: "Se qualcuno vorrà adempiere un voto in onore del Signore, basandosi su valutazioni corrispondenti alle persone,* ³*eccone i valori: per un uomo dai venti ai sessant'anni, il valore è di cinquanta sicli d'argento, conformi al siclo del santuario;* ⁴*invece per una donna, il valore è di trenta sicli.* ⁵*Dai cinque ai venti anni, il valore è di venti sicli per un maschio e di dieci sicli per una femmina.* ⁶*Da un mese a cinque anni, il valore è di cinque sicli d'argento per un maschio e di tre sicli d'argento per una femmina.* ⁷*Dai sessant'anni in su, il valore è di quindici sicli per un maschio e di dieci sicli per una femmina.* ⁸*Se colui che ha fatto il voto è troppo povero per pagare la somma fissata, dovrà presentare al sacerdote la persona consacrata con voto e il sacerdote ne farà la stima. Il sacerdote farà la stima in proporzione dei mezzi di colui che ha fatto il voto.*

Si era già detto finora che i primogeniti del bestiame e degli umani toccano a dio e vanno immolati (gli umani possono essere riscattati, bontà di dio).
Ma i sacerdoti gradiscono non solo i primogeniti, ma anche i voti, e non si accontentano che ciascuno dia in voto ciò che può, ma si stabilisce un ben preciso tariffario per i voti.
In questo tariffario le femmine valgono poco più della metà di un maschio. La differenza vale anche per i bambini: i maschi valgono quasi il doppio!

Levitico cap. 27 vv. 14-25
(La Bibbia dell'accumulazione primaria)

¹⁴*Se qualcuno vorrà consacrare la sua casa come cosa sacra al Signore, il sacerdote ne farà la stima secondo che essa sia in buono o in cattivo stato; si starà alla stima stabilita dal sacerdote.* ¹⁵*Se colui che ha consacrato la sua casa la vorrà riscattare, aggiungerà un quinto al prezzo della stima e sarà sua.*
¹⁶*Se qualcuno vorrà consacrare al Signore un terreno del suo patrimonio, il suo valore sarà stabilito in proporzione alla semente: cinquanta sicli d'argento per un homer di*

seme d'orzo. ¹⁷*Se consacra il suo campo dall'anno del giubileo, il prezzo resterà intero secondo la stima;* ¹⁸*ma se lo consacra dopo il giubileo, il sacerdote ne valuterà il prezzo in proporzione agli anni che rimangono fino al giubileo e si farà una detrazione dalla stima.* ¹⁹*Se colui che ha consacrato il pezzo di terra lo vorrà riscattare, aggiungerà un quinto all'ammontare della stima e resterà suo.* ²⁰*Se non riscatta il pezzo di terra e lo vende a un altro, non lo si potrà più riscattare;* ²¹*ma quel pezzo di terra, quando al giubileo il compratore ne uscirà, sarà sacro al Signore, come un campo votato allo sterminio, e diventerà proprietà del sacerdote.* ²²*Se uno vorrà consacrare al Signore un pezzo di terra comprato, che non fa parte del suo patrimonio,* ²³*il sacerdote valuterà l'ammontare del prezzo fino all'anno del giubileo; quel tale pagherà il giorno stesso il prezzo fissato, come cosa consacrata al Signore.* ²⁴*Nell'anno del giubileo la terra tornerà a colui da cui fu comprata e del cui patrimonio faceva parte.*
²⁵*Ogni valutazione si farà sulla base del siclo del santuario: il siclo corrisponde a venti ghera.*

Si parla di soldi, faccenda da sempre strettamente connessa con la fede: una casta sacerdotale rapace che non aspetta altro che di appropriarsi dei beni altrui, con la scusa del voto e che al cavallo donato guarda in bocca e soppesa il valore dei regali.
In questo modo case, terreni, animali passarono ai levitici, oggi con metodi simili immensi beni passano alla casta parassitaria clericale.

Levitico cap. 27 vv. 28-29 (La Bibbia degli sterminatori)

²⁸*Nondimeno, quanto uno avrà consacrato al Signore con voto di sterminio, fra le cose che gli appartengono, persona, animale o pezzo di terra del suo patrimonio, non potrà essere né venduto né riscattato; ogni cosa votata allo sterminio è cosa santissima, riservata al Signore.* ²⁹*Nessuna persona votata allo sterminio potrà essere riscattata; dovrà essere messa a morte.*

Non chiedetemi cosa significhi "voto di sterminio".
Credo significhi solo ciò che è destinato alle offerte, ma il termine è quanto meno angosciante: di stermini ce n'erano già troppi senza doverci fare anche un voto.

Levitico cap. 27 vv. 30-33 (La Bibbia dei decimatori)

[30]*Ogni decima della terra, cioè delle granaglie del suolo e dei frutti degli alberi, appartiene al Signore: è cosa consacrata al Signore.* [31]*Se uno vuole riscattare una parte della sua decima, vi aggiungerà un quinto.* [32]*Ogni decima del bestiame grosso o minuto, ossia il decimo capo di quanto passa sotto la verga del pastore, sarà consacrata al Signore.* [33]*Non si farà cernita fra animale migliore e peggiore, né si faranno sostituzioni; qualora però avvenisse una sostituzione, entrambi gli animali diverranno cosa sacra: non si potranno riscattare"".*

I levitici (sacerdoti) come le S.S. Prelevavano la decima parte (il 10%) del raccolto e del bestiame, forse erano socialisti...
Non so se riuscite ad immaginare la situazione di questa società pastorale al limite della sopravvivenza, in cui si costituisce una vorace classe sacerdotale che, attraverso le minacce più spaventose di questo orrendo dio, mette sotto ricatto il popolo.
Popolo tartassato in maniera spaventosa:
-Tutti i primogeniti sono del signore (dei sacerdoti)
Il dieci per cento del raccolto è del signore (dei sacerdoti)
-Le offerte, fortemente auspicate e desiderate sono del signore (dei sacerdoti).
Mi pare evidente che in quella economia di sopravvivenza la consistenza di quelle offerte ed il divieto di lavorare il sabato, potevano fare la differenza fra sopravvivenza e morte per fame.

COMMENTO FINALE AL LEVITICO

Il Levitico mi era già parso un libro noiosissimo quando, da adolescente, decisi di leggere la Bibbia.
Con questa rilettura mi sono persuaso ancora di più:
il Levitico è un libro noiosissimo.
Non solo, è anche prolisso, ripetitivo, pignolo fino all'estremo, ma soprattutto INUTILE.
Non si capisce cosa ci stia a fare nella Bibbia cattolica un libro che decriva minuziosamente i compiti dei sacerdoti e del popolo, i rispettivi rapporti, le leggi, i doveri di sacrifici, donazioni, decime etc.
O meglio, forse si capisce:
queste prescrizioni sono un precedente, uno specchio di fronte al quale, simmetricamente, è stato costruito il potere temporale del papa. La Bibbia come la donazione di Costantino: un libro fantasy ed un falso storico alla base dell'immensa accumulazione fondiaria e monetaria delle moderne cavallette.

NUMERI

Numeri Cap. 1 vv. 1-4 (La Bibbia dei generali)

¹*Il Signore parlò a Mosè, nel deserto del Sinai, nella tenda del convegno, il primo giorno del secondo mese, il secondo anno dalla loro uscita dalla terra d'Egitto, e disse:* ²*"Fate il computo di tutta la comunità degli Israeliti, secondo le loro famiglie, secondo i loro casati paterni, contando i nomi di tutti i maschi, testa per testa,* ³*dai vent'anni in su, quanti in Israele possono andare in guerra; tu e Aronne li censirete, schiera per schiera.* ⁴*Sarà con voi un uomo per tribù, un uomo che sia capo del casato dei suoi padri.*

Squillano le trombe di guerra, è dio che chiama alla guerra santa.
Si tratta di sterminare altri popoli, è cosa buona e giusta.
Mai che questo dio insegni agli uomini ad amarsi l'un l'altro ed a cooperare per il progresso reciproco, insegna sempre e comunque a scannarsi meglio.

Numeri Cap. 1 vv. 47-51 (La Bibbia dei disertori)

⁴⁷*Ma i leviti, secondo la loro tribù paterna, non furono registrati insieme con gli altri.* ⁴⁸*Il Signore parlò a Mosè dicendo:*⁴⁹*"Solo la tribù di Levi non censirai, né di essa farai il computo tra gli Israeliti;* ⁵⁰*invece affiderai ai leviti la Dimora della Testimonianza, tutti i suoi accessori e quanto le appartiene. Essi trasporteranno la Dimora e tutti i suoi accessori, vi presteranno servizio e staranno accampati attorno alla Dimora.* ⁵¹*Quando la Dimora dovrà muoversi, i leviti la smonteranno; quando la Dimora dovrà accamparsi, i leviti la erigeranno. Se un estraneo si avvicinerà, sarà messo a morte.*

La chiamata alla guerra santa vale per tutti i maschi delle tribù, di età maggiore di 20 anni, ma NON vale per la tribù di Levi, perché è la tribù dei sacerdoti.
Fin da allora i sacerdoti hanno gettato il sasso e nascosto la mano, hanno coniato il motto "armiamoci e partite", hanno istigato all'odio ma poi si sono rintanati nelle retrovie a custodire il santuario! Proprio come oggi.

Numeri Cap. 2 vv. 11-13 (La Bibbia spiegata ai pretestuosi)

¹¹*Il Signore parlò a Mosè e disse:* ¹²*"Ecco, io ho scelto i leviti tra gli Israeliti al posto di ogni primogenito che nasce per primo dal seno materno tra gli Israeliti; i leviti saranno miei,* ¹³*perché ogni primogenito è mio. Quando io colpii tutti i primogeniti in terra d'Egitto, io consacrai a me in Israele ogni primogenito, sia dell'uomo sia del bestiame; essi mi apparterranno. Io sono il Signore".*

Pretesto piuttosto contorto quello di dio:
dato che ho ammazzato tutti i primogeniti egiziani DOVEVO ammazzare anche tutti i primogeniti di Israele (perché?).
Ma, dato che sono buono mi prendo tutti i leviti (perché?), ma i leviti non li ammazzo, come sarebbe logico sulla base del precedente ragionamento, ma li faccio diventare sacerdoti (pensa che punizione...)
La logica divina.

Numeri Cap. 3 vv. 39-43 (La Bibbia dei troppi parassiti)

³⁹*Tutti i leviti di cui Mosè e Aronne fecero il censimento secondo le loro famiglie per ordine del Signore, tutti i maschi da un mese in su, erano ventiduemila.* ⁴⁰*Il Signore disse a Mosè: "Censisci tutti i primogeniti maschi tra gli Israeliti, da un mese in su, e conta i loro nomi.* ⁴¹*Prenderai i leviti per me - io sono il Signore - invece di tutti i primogeniti degli Israeliti e il bestiame dei leviti invece dei primi parti del bestiame degli Israeliti".* ⁴²*Mosè censì, come il Signore gli aveva comandato, ogni primogenito tra gli Israeliti, secondo l'ordine che il Signore gli aveva dato.* ⁴³*Il totale dei primogeniti maschi che furono censiti, contando i nomi da un mese in su, fu di ventiduemiladuecentosettantatré.*

Da questi dati si deduce che i leviti maschi (e quindi la casta sacerdotale) erano 20.000, presumendo che per ogni primogenito di ciascuna famiglia delle rimanenti tribù, vi fossero altri nove fratelli, se ne deduce che la popolazione dei sacerdoti era almeno 1/10 della popolazione totale degli Israeliti.
Insomma una casta voracissima, come abbiamo più volte visto, e numerosissima, davvero in grado di ridurre alla fame un intero popolo.
M,a dato che i primogeniti delle altre tribù superavano di 273 membri i maschi della tribù di Levi, i furbi levitici si inventano un altro giochino che racconteremo al prossimo capitolo!

Numeri Cap. 3 vv. 44-51 (La Bibbia spiegata agli eccedenti)

⁴⁴*Il Signore parlò a Mosè e disse:* ⁴⁵*"Prendi i leviti al posto di tutti i primogeniti degli Israeliti e il bestiame dei leviti al posto del loro bestiame; i leviti saranno miei. Io sono il Signore.* ⁴⁶*Come riscatto dei duecentosettantatré eccedenti rispetto ai leviti tra i primogeniti degli Israeliti,* ⁴⁷*prenderai cinque sicli a testa; li prenderai conformi al siclo del santuario: venti ghera per un siclo.* ⁴⁸*Darai il denaro ad Aronne e ai suoi figli come riscatto di quelli tra loro eccedenti".* ⁴⁹*Mosè prese il denaro del riscatto di quelli che oltrepassavano il numero dei primogeniti riscattati dai leviti.* ⁵⁰*Da questi primogeniti degli Israeliti prese in denaro milletrecentosessantacinque sicli, conformi al siclo del santuario.* ⁵¹*Mosè diede il denaro del riscatto ad Aronne e ai suoi figli, secondo l'ordine del Signore, come aveva ordinato il Signore a Mosè.*

Le scuse per incamerare soldi sono infinite ed i sacerdoti le sanno tutte: dato che il numero di primogeniti delle altre tribù eccedeva il numero di maschi levitici, per gli eccedenti 273 occorreva pagare il riscatto, ma qui Aronne e la sua cosca gettano la maschera: i soldi vanno dati direttamente ad Aronne ed ai suoi figli, mica al santuario!

Numeri Cap. 4 vv. 5-13 (La Bibbia spiegata ai metodici)

⁵*Quando si leveranno le tende, verranno Aronne e i suoi figli, caleranno il velo della cortina e copriranno con esso l'arca della Testimonianza;* ⁶*poi porranno sull'arca una coperta di pelli di tasso, vi stenderanno sopra un drappo tutto di porpora viola e metteranno a posto le stanghe.*
⁷*Poi stenderanno un drappo di porpora viola sulla tavola dell'offerta e vi metteranno sopra i piatti, le coppe, le anfore, le tazze per le libagioni; sopra vi sarà il pane perenne.* ⁸*Su queste cose stenderanno un drappo scarlatto e lo copriranno con una coperta di pelli di tasso e collocheranno le stanghe.*
⁹*Prenderanno un drappo di porpora viola e copriranno il candelabro per l'illuminazione, le sue lampade, i suoi smoccolatoi, i suoi portacenere e tutti i vasi per l'olio di cui si servono.* ¹⁰*Metteranno il candelabro con tutti i suoi accessori in una coperta di pelli di tasso e lo metteranno sopra la portantina.*
¹¹*Sopra l'altare d'oro stenderanno un drappo di porpora viola e lo copriranno con una coperta di pelli di tasso e collocheranno le stanghe.*

¹²*Prenderanno tutti gli arredi che si usano per il servizio nel santuario, li metteranno in un drappo di porpora viola, li avvolgeranno in una coperta di pelli di tasso e li metteranno sopra la portantina.*
¹³*Toglieranno il grasso bruciato dall'altare e stenderanno su di esso un drappo scarlatto;* ¹⁴*vi metteranno sopra tutti gli arredi di cui si servono, i bracieri, le forcelle, le palette, i vasi per l'aspersione, tutti gli accessori dell'altare e vi stenderanno sopra una coperta di pelli di tasso e collocheranno le stanghe.*

Sarò ripetitivo anche io come lo è il pastore errante scrittore, ma a me la descrizione maniacale di questi riti mi diverte da morire.
E' la descrizione di come faccia una casta sfaticata a darsi un'aura di mistero e di santità, non a caso si proibisce agli altri persino di toccare il santuario, è così che si diventa speciali e degni delle più grosse offerte.

Numeri Cap. 4 vv. 17-20 (La Bibbia spiegata ai pubblicitari)

¹⁷*Il Signore parlò a Mosè e ad Aronne e disse:* ¹⁸*"Non provocate l'eliminazione della tribù delle famiglie dei Keatiti di mezzo ai leviti;* ¹⁹*ma fate questo per loro, perché vivano e non muoiano nell'accostarsi al Santo dei Santi: Aronne e i suoi figli vengano e assegnino ciascuno di loro al proprio servizio e al proprio incarico.* ²⁰*Non entrino essi a guardare neanche per un istante il santuario, perché morirebbero".*

Ripeti una balla, ripetila all'infinito, alla fine diverrà vera.
Sicuramente i levitici conoscevano alla perfezione le tecniche pubblicitarie e se ne servirono regolarmente. Se ripeti all'infinito che chiunque guardasse il santuario ne morirebbe, alla fine il popolo ci crede, e questo ti dà un'aura di sacralità, di santità, perché TU puoi guardare il santuario, anche tre volte al giorno, ma loro NO, tu sei quello che quindi fa miracoli, gli altri non sono nulla.
-E se qualcuno osasse entrare per guardare il santuario?
- Allora è sufficiente ammazzarli all'istante per confermare la profezia...

Numeri Cap. 4 vv. 46-49 (La Bibbia spiegata ai trasportatori)

⁴⁶*Tutti i censiti che Mosè, Aronne e i prìncipi d'Israele censirono presso i leviti, secondo le loro famiglie, secondo i loro casati paterni,* ⁴⁷*dai trent'anni fino ai cinquant'anni,*

quanti prestavano servizio di lavoro e servizio di trasporto nella tenda del convegno, ⁴⁸*tutti quelli di cui si fece il censimento, furono ottomilacinquecentoottanta.* ⁴⁹*Per ordine del Signore li censirono, per mezzo di Mosè, uno per uno, assegnando a ciascuno il servizio che doveva fare e ciò che doveva trasportare. Il loro censimento fu quello che il Signore aveva ordinato a Mosè.*

Certo che se per smontare, trasportare e rimontare una tenda, per quanto complessa, occorrevano 8580 persone, non mi meraviglio che il popolo eletto subisse frequenti carestie...
Ma quanti parassiti infestavano questo povero popolo!

Numeri Cap. 5 vv. 1-3 (La Bibbia spiegata ancora ai necrofori)

¹Il Signore parlò a Mosè e disse: ²*"Ordina agli Israeliti che espellano dall'accampamento ogni lebbroso, chiunque soffre di gonorrea e ogni impuro a causa di un morto.* ³*Allontanerete sia i maschi sia le femmine; li allontanerete dall'accampamento, così non renderanno impuro il loro accampamento, dove io abito tra di loro".*

Allontanare i lebbrosi è disumano, ma sicuramente è utile a prevenire il contagio, quasi la stessa cosa si potrebbe dire dei gonorroici, ma chi sono gli impuri a causa di un morto? Chiunque abbia toccato un morto?
Ed allora chi provvedeva a preparare e seppellire i morti in questa strana tribù?

Numeri Cap. 5 vv. 6-10 (La Bibbia spiegata ai penitenti)

⁶*"Di' agli Israeliti: "Quando un uomo o una donna avrà fatto qualsiasi peccato contro qualcuno, commettendo un'infedeltà contro il Signore, questa persona sarà in condizione di colpa.* ⁷*Dovrà confessare il peccato commesso. Restituirà per intero ciò per cui si è reso colpevole, vi aggiungerà un quinto e lo darà a colui verso il quale si è reso colpevole.* ⁸*Ma se non vi è un parente stretto a cui dare il risarcimento, questo è da restituire al Signore, cioè al sacerdote, oltre l'ariete del rito di espiazione, mediante il quale si compirà l'espiazione per lui.*

⁹*Ogni prelievo su tutte le cose consacrate che gli Israeliti offriranno al sacerdote, apparterrà a lui;* ¹⁰*le cose sante di ognuno saranno sue, ma ciò che uno darà al sacerdote apparterrà a lui"".*

I sacerdoti di Israele sembrano esperti quasi quanto i sacerdoti di oggi ad arraffare soldi con qualsiasi scusa. In questo caso, quando non si trovava la persona da risarcire per un peccato/illecito commesso, il dovuto andava ai sacerdoti!
E si precisa pure, come se fosse necessario, che i soldi dati al sacerdote sono suoi, proprio suoi!

Numeri Cap. 5 vv. 12-28 (La Bibbia spiegata ai mariti gelosi)

¹²*"Parla agli Israeliti dicendo loro: "Se un uomo ha una moglie che si è traviata e ha commesso un'infedeltà verso di lui* ¹³*e un altro uomo ha avuto rapporti con lei, ma la cosa è rimasta nascosta agli occhi del marito ed ella si è resa impura in segreto, non vi sono testimoni contro di lei e non è stata colta sul fatto,* ¹⁴*qualora uno spirito di gelosia si impadronisca del marito e questi diventi geloso della moglie che si è resa impura, oppure uno spirito di gelosia si impadronisca di lui e questi diventi geloso della moglie che non si è resa impura,* ¹⁵*il marito condurrà sua moglie al sacerdote e per lei porterà come offerta un decimo di efa di farina d'orzo; non vi spanderà sopra olio né vi metterà sopra incenso, perché è un'oblazione di gelosia, un'oblazione commemorativa per ricordare una colpa.*
¹⁶*Il sacerdote farà avvicinare la donna e la farà stare davanti al Signore.* ¹⁷*Poi il sacerdote prenderà acqua santa in un vaso di terra; prenderà anche un po' della polvere che è sul pavimento della Dimora e la metterà nell'acqua.* ¹⁸*Il sacerdote farà quindi stare la donna davanti al Signore, le scioglierà la capigliatura e porrà nelle mani di lei l'oblazione commemorativa, che è oblazione di gelosia, mentre il sacerdote avrà in mano l'acqua di amarezza che porta maledizione.* ¹⁹*Il sacerdote la farà giurare e dirà alla donna: Se nessun altro uomo si è coricato con te e se non ti sei traviata rendendoti impura con un altro mentre appartieni a tuo marito, sii tu dimostrata innocente da quest'acqua di amarezza, che porta maledizione.* ²⁰*Ma se ti sei traviata con un altro mentre appartieni a tuo marito e ti sei resa impura e un altro uomo ha avuto rapporti con te, all'infuori di tuo marito...,* ²¹*a questo punto il sacerdote farà giurare la donna con un'imprecazione e il sacerdote dirà alla donna: Il Signore faccia di te un oggetto di maledizione e di imprecazione in mezzo al tuo popolo, facendoti lui, il Signore, avvizzire i fianchi e gonfiare il ventre;* ²²*quest'acqua che porta maledizione ti entri nelle*

viscere per farti gonfiare il ventre e avvizzire i fianchi! E la donna dirà: Amen, Amen! [23]*E il sacerdote scriverà queste imprecazioni su un documento e le cancellerà con l'acqua di amarezza.* [24]*Farà bere alla donna quell'acqua di amarezza che porta maledizione e l'acqua che porta maledizione entrerà in lei per produrre amarezza.* [25]*Il sacerdote prenderà dalle mani della donna l'oblazione di gelosia, presenterà l'oblazione con il rito di elevazione davanti al Signore e l'accosterà all'altare.* [26]*Il sacerdote prenderà una manciata di quell'oblazione come suo memoriale e la farà bruciare sull'altare; poi farà bere l'acqua alla donna.*
[27]*Quando le avrà fatto bere l'acqua, se lei si è contaminata e ha commesso un'infedeltà contro suo marito, l'acqua che porta maledizione entrerà in lei per produrre amarezza; il ventre le si gonfierà e i suoi fianchi avvizziranno e quella donna diventerà un oggetto d'imprecazione all'interno del suo popolo.* [28]*Ma se la donna non si è resa impura ed è quindi pura, sarà dimostrata innocente e sarà feconda.*

Sono costretto a riportare per intero questo assurdo passo, degno della peggiore Bibbia:
l'ipotesi che si fa NON è l'adulterio accertato, perché in tal caso alla SOLA donna toccano ben altre punizioni, ma semplicemente l'ipotesi che il marito sospetti di adulterio la moglie, a torto od a ragione non ha alcuna importanza.
La poveretta viene comunque portata al cospetto del gran sacerdote, dal marito, che naturalmente dovrà portare un'offerta al sacerdote, mai andare a mani vuote.
L'offerta è di gelosia, un'oblazione per ricordare una colpa (N.B. Questo vale anche nell'ipotesi che la colpa non ci sia mai stata, basta il sospetto del marito)!
Davanti al sacerdote la poveretta verrà sottoposta ad una specie di giudizio di dio:
dovrà bere una schifosissima acqua mescolata alla polvere del pavimento del santuario (L'acqua dell'amarezza): Se dopo aver bevuto l'acqua alla donna si gonfierà il ventre ed avvizziranno i fianchi sarà colpevole, in caso contrario vuol dire che era innocente.
Purtroppo il pastore errante non precisa entro quanto tempo questi eventi dovrebbero accadere, dato che prima o poi a tutte le donne si gonfierà il ventre ed i fianchi avvizziranno!
Curiosa la prescrizione di far giurare la donna "con un'imprecazione".
L'imprecazione è imposta od è a libera scelta della donna?
Un porco seguito dal nome della divinità andava bene?

Numeri Cap. 5 vv. 29-31 (La Bibbia spiegata alle pie donne)

²⁹Questa è la legge della gelosia, nel caso in cui una donna si sia traviata con un altro mentre appartiene al marito e si sia resa impura, ³⁰e nel caso in cui uno spirito di gelosia si impadronisca del marito e questi sia divenuto geloso della moglie; egli farà comparire sua moglie davanti al Signore e il sacerdote le applicherà questa legge integralmente. ³¹Il marito sarà immune da colpa, ma la donna porterà la propria colpa"".

Non era necessario ribadirlo, ma il pastore errante lo fa:
i maschi sono immuni per definizione da colpe sessuali, solo la donna dovrà portare la propria colpa.
Grazie, pastore, l'avevamo capito!

Numeri Cap. 6 (La Bibbia spiegata ai votanti)

*¹Il Signore parlò a Mosè e disse: ²"Parla agli Israeliti dicendo loro: "Quando un uomo o una donna farà un voto speciale, il voto di nazireato, per consacrarsi al Signore, ³si asterrà dal vino e dalle bevande inebrianti, non berrà aceto di vino né aceto di bevanda inebriante, non berrà liquori tratti dall'uva e non mangerà uva, né fresca né secca. ⁴Per tutto il tempo del suo nazireato non mangerà alcun prodotto della vite, dai chicchi acerbi alle vinacce.
⁵Per tutto il tempo del suo voto di nazireato il rasoio non passerà sul suo capo; finché non siano compiuti i giorni per i quali si è votato al Signore, sarà sacro: lascerà crescere liberamente la capigliatura del suo capo.
⁶Per tutto il tempo in cui rimane votato al Signore, non si avvicinerà a un cadavere; ⁷si trattasse anche di suo padre, di sua madre, di suo fratello e di sua sorella, non si renderà impuro per loro alla loro morte, perché porta sul capo il segno della sua consacrazione a Dio. ⁸Per tutto il tempo del suo nazireato egli è sacro al Signore.*

Insomma il nazireato non è il reato fatto dai nazisti, ma una specie di voto che si faceva a dio: di non bere alcolici e qualsiasi altro prodotto della vite, di non tagliarsi i capelli, di non toccare cadaveri, addirittura non potevano toccare nemmeno il cadavere della madre, del fratello, della sorella!
E vedremo nel commento successivo come anche da questa proibizione i sacerdoti sappiano trarci bei soldini.

Numeri Cap. 6 vv. 9-12 (La Bibbia spiegata ai votanti)

⁹*Se qualcuno gli muore accanto all'improvviso e rende impuro il suo capo consacrato, nel giorno della sua purificazione si raderà il capo: se lo raderà il settimo giorno;* ¹⁰*l'ottavo giorno porterà due tortore o due piccoli di colomba al sacerdote, all'ingresso della tenda del convegno.* ¹¹*Il sacerdote ne offrirà uno in sacrificio per il peccato e l'altro in olocausto e compirà il rito espiatorio per lui, per il peccato in cui è incorso a causa di quel morto. In quel giorno stesso, il nazireo consacrerà così il suo capo.* ¹²*Consacrerà di nuovo al Signore i giorni del suo nazireato e offrirà un agnello dell'anno come sacrificio per il peccato; i giorni precedenti decadranno, perché il suo nazireato è stato reso impuro.*

Continua la faccenda del nazireato.
Addirittura se il nazireo (che brutta parola!) ha toccato un cadavere per puro caso, interrompe il nazireato e deve andare dal sacerdote a purificarsi, offrendogli naturalmente due colombi ed un succoso agnello!
E si ritorna alla casella di partenza!

Numeri Cap. 6 vv. 13-20 (La Bibbia spiegata agli arieti)

¹³*Questa è la legge per il nazireo: quando i giorni del suo nazireato saranno compiuti, lo si farà venire all'ingresso della tenda del convegno;* ¹⁴*egli presenterà l'offerta al Signore: un agnello dell'anno, senza difetto, per l'olocausto; una pecora dell'anno, senza difetto, per il sacrificio per il peccato; un ariete senza difetto, come sacrificio di comunione;* ¹⁵*un canestro di pani azzimi di fior di farina, di focacce impastate con olio, di schiacciate senza lievito unte d'olio, insieme con la loro oblazione e le loro libagioni.* ¹⁶*Il sacerdote le offrirà davanti al Signore e compirà il suo sacrificio per il peccato e il suo olocausto;* ¹⁷*offrirà l'ariete come sacrificio di comunione al Signore, oltre al canestro degli azzimi. Il sacerdote offrirà anche l'oblazione e la sua libagione.* ¹⁸*Il nazireo raderà, all'ingresso della tenda del convegno, il suo capo consacrato, prenderà la capigliatura del suo capo consacrato e la metterà sul fuoco che è sotto il sacrificio di comunione.* ¹⁹*Il sacerdote prenderà la spalla dell'ariete, quando sarà cotta, una focaccia non lievitata dal canestro e una schiacciata azzima e le porrà nelle mani del nazireo, dopo che questi avrà rasato la capigliatura consacrata.* ²⁰*Il sacerdote le presenterà con il rito di elevazione davanti al Signore; è cosa santa che appartiene al sacerdote, insieme con il petto della vittima offerta con il rito di elevazione e la coscia della vittima offerta come tributo. Dopo, il nazireo potrà bere vino.*

Come si vede, questa invenzione del nazireato è un'inesauribile fonte di guadagno per i sacerdoti che vengono riempiti di petti, spalle e cosce di arieti nonché di pani a iosa, un poco come le cattoliche messe per i defunti...

Numeri Cap. 7 vv. 1-9 (La Bibbia spiegata agli sfigati di Keat)

¹*Nel giorno in cui Mosè ebbe finito di erigere la Dimora e l'ebbe unta e consacrata con tutti i suoi arredi, quando ebbe eretto l'altare e tutti i suoi arredi e li ebbe unti e consacrati,* ²*i prìncipi di Israele, capi dei loro casati paterni, quelli che erano i prìncipi delle tribù e che avevano presieduto al censimento, presentarono un'offerta.* ³*Portarono la loro offerta davanti al Signore: sei carri coperti e dodici capi di bestiame grosso, cioè un carro ogni due prìncipi e un bue ciascuno, e li offrirono davanti alla Dimora.* ⁴*Il Signore disse a Mosè:* ⁵*"Prendili da loro per impiegarli al servizio della tenda del convegno e assegnali ai leviti; a ciascuno secondo il suo servizio".* ⁶*Mosè prese dunque i carri e i buoi e li diede ai leviti.* ⁷*Diede due carri e quattro buoi ai figli di Gherson, secondo il loro servizio;* ⁸*diede quattro carri e otto buoi ai figli di Merarì, secondo il loro servizio, sotto la sorveglianza di Itamàr, figlio del sacerdote Aronne.* ⁹*Ma ai figli di Keat non ne diede, perché a loro incombeva il servizio del santuario e dovevano trasportarlo sulle spalle.*

La consacrazione della Dimora è un'altra ghiotta occasione di arricchimento per i sacerdoti: sei carri coperti, pieni di doni e dodici capi di bestiame grosso per ogni famiglia importante di Israele, della serie i leviti (sacerdoti) non si abboffano mai!
I più sfigati di tutti sono i leviti figli di Keat perché loro dovevano trasportare il santuario sulle spalle. (e quindi?) Facendo un lavoro così gravoso magari toccava un premio doppio, ma la giustizia divina ragiona alla reversa.

Numeri Cap. 7 vv. 84-88 (La Bibbia spiegata agli inventaristi)

[84]*Questi furono i doni per la dedicazione dell'altare da parte dei capi d'Israele, il giorno in cui esso fu unto: dodici piatti d'argento, dodici vassoi d'argento, dodici coppe d'oro;* [85]*ogni piatto d'argento era di centotrenta sicli e ogni vassoio di settanta. Totale dell'argento dei vasi: duemilaquattrocento sicli, conformi al siclo del santuario;* [86]*dodici coppe d'oro piene d'incenso, a dieci sicli per coppa, conformi al siclo del santuario. Totale dell'oro delle coppe: centoventi sicli.* [87]*Totale del bestiame per l'olocausto: dodici giovenchi, dodici arieti, dodici agnelli di un anno con la loro oblazione, e dodici capri per il sacrificio per il peccato.* [88]*Totale del bestiame per il sacrificio di comunione: ventiquattro giovenchi, sessanta arieti, sessanta capri, sessanta agnelli di un anno. Questa fu la dedicazione dell'altare, dopo che esso fu unto.*

Vi risparmio il racconto delle donazioni, giorno per giorno per ciascun capo tribù, tanto è tutto riassunto minuziosamente nei versetti conclusivi. Alla faccia dei sacerdoti!

Numeri Cap. 8 vv. 5-8 (La Bibbia dell'acqua lustrale)

[5]*Il Signore parlò a Mosè e disse:* [6]*"Prendi i leviti tra gli Israeliti e purificali.* [7]*Per purificarli farai così: li aspergerai con l'acqua lustrale; faranno passare il rasoio su tutto il loro corpo, laveranno le loro vesti e si purificheranno.* [8]*Poi prenderanno un giovenco e la sua oblazione di fior di farina impastata con olio, e tu prenderai un secondo giovenco per il sacrificio per il peccato.*

Cosa sarebbe l'acqua lustrale?
Un'altra invenzione della vorace casta sacerdotale, forse.
Comunque ogni occasione è buona per immolare i giovenchi, che sono evidentemente nati per sacrificarsi a questo dio sanguinario

Numeri Cap. 9 vv. 13-14
(La Bibbia spiegata ai diversamente credenti)

[13]*Però l'uomo che sia puro e non sia in viaggio, ma ometta di fare la Pasqua, quella persona sarà eliminata dal suo popolo, perché non ha presentato l'offerta al Signore nel tempo stabilito: quell'uomo porterà il suo peccato.*

¹⁴*Se uno straniero che dimora tra voi celebrerà la Pasqua per il Signore, lo farà secondo la legge della Pasqua e secondo quanto è stabilito per essa. Vi sarà un'unica legge per voi, per lo straniero e per il nativo della terra"".*

La Bibbia insegna il concetto di laicità che ha fatto proprio anche Ratzinger:
laicità significa che la religione dominante può fare quello che vuole e si sostituisce allo Stato.
Laicità significa che gli stranieri, i non credenti ed i diversamente credenti si UNIFORMANO ai voleri di dio e cioè ai voleri del clero dominante, pena l'eliminazione.

Numeri Cap. 10 vv. 1-8 (La Bibbia spiegata alle reclute)

¹*Il Signore parlò a Mosè e disse:* ²*"Fatti due trombe d'argento; le farai d'argento lavorato a martello e ti serviranno per convocare la comunità e per far muovere gli accampamenti.*
³*Quando si suonerà con esse, tutta la comunità si radunerà presso di te all'ingresso della tenda del convegno.* ⁴*Al suono di una tromba sola, si raduneranno presso di te i prìncipi, capi delle migliaia d'Israele.*
⁵*Quando le suonerete a squillo disteso, gli accampamenti che sono a levante si metteranno in cammino.* ⁶*Quando le suonerete a squillo disteso una seconda volta, si metteranno in cammino gli accampamenti posti a mezzogiorno. A squillo disteso si suonerà per i loro spostamenti.*
⁷*Per radunare l'assemblea, suonerete, ma non con squillo disteso.* ⁸*I sacerdoti figli di Aronne suoneranno le trombe; sarà per voi un rito perenne di generazione in generazione.*

Per chi avesse ancora dubbi, questo capitolo ci fa capire che il popolo di Israele era sotto una ferrea disciplina miltar-clericale e bastava uno squillo di trombe per far radunare tutto il popolo.
Fortuna che i riti perenni... durano poco.

Numeri Cap. 11, vv. 1-3 (La Bibbia spiegata ai pompieri)

¹ *Ora il popolo cominciò a lamentarsi aspramente agli orecchi del Signore. Li udì il Signore e la sua ira si accese: il fuoco del Signore divampò in mezzo a loro e divorò un'estremità dell'accampamento.* ²*Il popolo gridò a Mosè; Mosè pregò il Signore e il fuoco si spense.* ³*Quel luogo fu chiamato Taberà, perché il fuoco del Signore era divampato fra loro.*

Mica ci si può lamentare se sono anni che si vive nel deserto fra stenti, malattie, carestie ed a mangiare solo l'orrenda manna, non si può, altrimenti l'ira del signore si accende.
E' destino di ogni incendio spegnersi, ma se dici una preghiera e prima o poi, logicamente, il fuoco si spegne, allora è un miracolo e l'illusionista Mosè di miracoli simili ne fece tanti...

Numeri Cap. 11, vv 7-9 (La Bibbia spiegata ai pastai)

⁷*La manna era come il seme di coriandolo e aveva l'aspetto della resina odorosa.* ⁸*Il popolo andava attorno a raccoglierla, poi la riduceva in farina con la macina o la pestava nel mortaio, la faceva cuocere nelle pentole o ne faceva focacce; aveva il sapore di pasta con l'olio.* ⁹*Quando di notte cadeva la rugiada sull'accampamento, cadeva anche la manna.*

Finalmente ci siamo spiegati, la manna sa di pasta con l'olio (che schifo!). Chiunque di voi ha, almeno una volta, visto la farina che cade dal cielo, quella precotta che basta scaldarla e ci si prepara la pasta.... o no?

Numeri Cap. 11, vv. 13-15 (La Bibbia spiegata ai manifestanti)

¹³*Da dove prenderò la carne da dare a tutto questo popolo? Essi infatti si lamentano dietro a me, dicendo: "Dacci da mangiare carne!".* ¹⁴*Non posso io da solo portare il peso di tutto questo popolo; è troppo pesante per me.* ¹⁵*Se mi devi trattare così, fammi morire piuttosto, fammi morire, se ho trovato grazia ai tuoi occhi; che io non veda più la mia sventura!".*

Io un'ideuzza ce l'avrei avuta per dare la carne al popolo: toglierla ai leviti e sacerdoti che si riempivano come otri.
Allora come ora la miseria del popolo è direttamente proporzionale alla ricchezza del clero.
Inoltre dio poteva mettersi a dieta anche lui ed accontentarsi di qualche giovenco in meno da carbonizzare...
Forse era proprio questa l'origine dello scontento del popolo!

Numeri Cap. 11, vv 31-35 (La Bibbia dove piovono quaglie)

[31]Un vento si alzò per volere del Signore e portò quaglie dal mare e le fece cadere sull'accampamento, per la lunghezza di circa una giornata di cammino da un lato e una giornata di cammino dall'altro, intorno all'accampamento, e a un'altezza di circa due cubiti sulla superficie del suolo. [32]Il popolo si alzò e tutto quel giorno e tutta la notte e tutto il giorno dopo raccolse le quaglie. Chi ne raccolse meno ne ebbe dieci homer; le distesero per loro intorno all'accampamento. [33]La carne era ancora fra i loro denti e non era ancora stata masticata, quando l'ira del Signore si accese contro il popolo e il Signore percosse il popolo con una gravissima piaga. [34]Quel luogo fu chiamato Kibrot-Taavà, perché là seppellirono il popolo che si era abbandonato all'ingordigia. [35]Da Kibrot-Taavà il popolo partì per Caseròt e a Caseròt fece sosta.

Ok, non è impossibile che per una improvvisa moria piovano uccelli dal cielo, è successo anche di recente, quello che è strano è che dio prima promette di far mangiare carne a volontà al suo popolo, ma poi quando ne mangiano a volontà vengono puniti perché sarebbero troppi ingordi.
Vallo a capire questo dio!
La spiegazione razionale all'accaduto potrebbe essere che le carcasse di animali, mal conservate nel deserto, siano state mangiate troppi giorni dopo la morte ed abbiano quindi provocato un episodio di dissenteria.

Numeri Cap. 12, vv 1- 15 (La Bibbia spiegata a Maria)

[1] Maria e Aronne parlarono contro Mosè, a causa della donna etiope che aveva preso. Infatti aveva sposato una donna etiope.[2]Dissero: "Il Signore ha forse parlato soltanto per mezzo di Mosè? Non ha parlato anche per mezzo nostro?". Il Signore udì. [3]Ora Mosè era un uomo assai umile, più di qualunque altro sulla faccia della terra....

....⁹*L'ira del Signore si accese contro di loro ed egli se ne andò.* ¹⁰*La nube si ritirò di sopra alla tenda ed ecco: Maria era lebbrosa, bianca come la neve. Aronne si volse verso Maria ed ecco: era lebbrosa.* ¹¹*Aronne disse a Mosè: "Ti prego, mio signore, non addossarci il peccato che abbiamo stoltamente commesso!* ¹²*Ella non sia come il bambino nato morto, la cui carne è già mezza consumata quando esce dal seno della madre".* ¹³*Mosè gridò al Signore dicendo: "Dio, ti prego, guariscila!".* ¹⁴*Il Signore disse a Mosè: "Se suo padre le avesse sputato in viso, non ne porterebbe lei vergogna per sette giorni? Stia dunque isolata fuori dell'accampamento sette giorni; poi vi sarà riammessa".* ¹⁵*Maria dunque rimase isolata, fuori dell'accampamento, sette giorni; il popolo non riprese il cammino, finché Maria non fu riammessa.*

In pratica Aronne e sua moglie si lamentano perché Mosè avrebbe preso in moglie una donna etiope (in effetti non mi sembrerebbe molto corretto per il capo della tribù di Israele), ma dio si adira NON con Mosè, ma con Maria, mentre il maschio Aronne viene naturalmente esentato da punizioni.
E Maria si becca la "giusta" punizione, la lebbra, che però durerà solo una settimana...
P.S: se tuo padre ti sputa in faccia NON è lui a doversene vergognare, ma TU, per sette giorni...

Numeri Cap. 13, vv 21- 24 (La Bibbia spiegata ai vignaioli)

²¹*Salirono dunque ed esplorarono la terra dal deserto di Sin fino a Recob, all'ingresso di Camat.* ²²*Salirono attraverso il Negheb e arrivarono fino a Ebron, dove erano Achimàn, Sesài e Talmài, discendenti di Anak. Ebron era stata edificata sette anni prima di Tanis d'Egitto.* ²³*Giunsero fino alla valle di Escol e là tagliarono un tralcio con un grappolo d'uva, che portarono in due con una stanga, e presero anche melagrane e fichi.* ²⁴*Quel luogo fu chiamato valle di Escol a causa del grappolo d'uva che gli Israeliti vi avevano tagliato.*

Un grappolo d'uva da portare in due con una stanga?
Vabbè che il pastore errante stava descrivendo una terra ricca, che si voleva conquistare, ma non esageriamo con le iperboli!

Numeri Cap. 14, vv 32- 38 (La Bibbia spiegata agli esploratori)

³²Quanto a voi, i vostri cadaveri cadranno in questo deserto. ³³I vostri figli saranno nomadi nel deserto per quarant'anni e porteranno il peso delle vostre infedeltà, finché i vostri cadaveri siano tutti quanti nel deserto.³⁴Secondo il numero dei giorni che avete impiegato per esplorare la terra, quaranta giorni, per ogni giorno un anno, porterete le vostre colpe per quarant'anni e saprete che cosa comporta ribellarsi a me". ³⁵Io, il Signore, ho parlato. Così agirò con tutta questa comunità malvagia, con coloro che si sono coalizzati contro di me: in questo deserto saranno annientati e qui moriranno". ³⁶Gli uomini che Mosè aveva mandato a esplorare la terra e che, tornati, avevano fatto mormorare tutta la comunità contro di lui, diffondendo il discredito sulla terra, ³⁷quegli uomini che avevano propagato cattive voci su quella terra morirono per un flagello, davanti al Signore. ³⁸Di quegli uomini che erano andati a esplorare la terra sopravvissero Giosuè, figlio di Nun, e Caleb, figlio di Iefunnè.

Riassumiamo, gli uomini mandati ad esplorare tornarono, ma avendo avuto paura della forza militare degli abitanti raccontarono che in realtà quella terra non era granché.
Ma i fanatici religiosi mai devono avere paura e mai indietreggiare, anche se votati al macello.
Per tale ragione gli esploratori (tranne due inspiegabilmente raccomandati) furono duramente puniti da dio che prima dice che li avrebbero puniti per 40 anni, ma poi ci ripensa e li fa fuori subito!

Numeri Cap. 15, vv 13- 16 (La Bibbia spiegata agli stranieri)

¹³Quanti sono nativi della terra faranno così, per offrire un sacrificio consumato dal fuoco, profumo gradito al Signore. ¹⁴Se uno straniero che dimora da voi, o chiunque abiterà in mezzo a voi, di generazione in generazione, offrirà un sacrificio consumato dal fuoco, profumo gradito al Signore, farà come fate voi. ¹⁵Vi sarà una sola legge per l'assemblea, sia per voi sia per lo straniero che dimora in mezzo a voi, una legge perenne, di generazione in generazione; come siete voi, così sarà lo straniero davanti al Signore. ¹⁶Ci sarà una stessa legge e una stessa regola per voi e per lo straniero che dimora presso di voi"'.

Anche nei "Numeri" si ribadisce un concetto ripetuto fino alla nausea:

La legge di dio è anche la legge dello stato di Israele e quelle leggi valgono per il popolo di dio e per gli stranieri, diciamo viene realizzata la perfetta teocrazia dove non si concepisce nemmeno l'idea di pensieri e comportamenti diversi.

Numeri Cap. 15, vv 32- 36 (La Bibbia spiegata ai boscaioli)

[32]Mentre gli Israeliti erano nel deserto, trovarono un uomo che raccoglieva legna in giorno di sabato. [33]Quelli che l'avevano trovato a raccogliere legna, lo condussero a Mosè, ad Aronne e a tutta la comunità. [34]Lo misero sotto sorveglianza, perché non era stato ancora stabilito che cosa gli si dovesse fare. [35]Il Signore disse a Mosè: "Quell'uomo deve essere messo a morte; tutta la comunità lo lapiderà fuori dell'accampamento". [36]Tutta la comunità lo condusse fuori dell'accampamento e lo lapidò; quello morì secondo il comando che il Signore aveva dato a Mosè.

La legge del dio buono e misericordioso:
se raccogli qualche tronco di sabato, magari per scaldarti, DEVI MORIRE lapidato.
Per realizzare una società davvero selvaggia non si può prescindere dal dotarla di una assurda religione monoteistica.

Numeri Cap. 16, vv. 28- 35
(La Bibbia che fa mancare la terra da sotto i piedi)

[28]Mosè disse: "Da questo saprete che il Signore mi ha mandato per fare tutte queste opere e che io non ho agito di mia iniziativa. [29]Se questa gente muore come muoiono tutti gli uomini, se la loro sorte è la sorte comune a tutti gli uomini, il Signore non mi ha mandato. [30]Ma se il Signore opera un prodigio, e se la terra spalanca la bocca e li ingoia con quanto appartiene loro, di modo che essi scendano vivi agli inferi, allora saprete che questi uomini hanno disprezzato il Signore".[31]Come egli ebbe finito di pronunciare tutte queste parole, il suolo si squarciò sotto i loro piedi, [32]la terra spalancò la bocca e li inghiottì: essi e le loro famiglie, con tutta la gente che apparteneva a Core e tutti i loro beni. [33]Scesero vivi agli inferi essi e quanto loro apparteneva; la terra li ricoprì ed essi scomparvero dall'assemblea. [34]Tutto Israele che era attorno a loro fuggì alle loro grida, perché dicevano: "La terra non inghiottisca anche noi!".

³⁵*Un fuoco uscì dal Signore e divorò i duecentocinquanta uomini che offrivano l'incenso.*

Un'altra mormorazione di una parte del popolo contro Mosè per non essere riuscito a portarli verso la terra promessa ed il solito spietato trattamento, non importa se da parte di dio o da parte di Mosè.
Basta esprimere un qualsiasi dubbio e si è condannati a morte travolti da una frana e dall'incendio.

Numeri Cap. 17, vv. 1- 5
(La Bibbia spiegata agli amanti del fai da te)

¹*Il Signore parlò a Mosè e disse:* ²"*Di' a Eleàzaro, figlio del sacerdote Aronne, di estrarre gli incensieri dall'incendio e di disperdere lontano il fuoco, perché essi sono sacri.* ³*Degli incensieri di quegli uomini, che hanno peccato a prezzo della loro vita, si facciano lamine intrecciate, come rivestimento per l'altare, poiché sono stati offerti davanti al Signore e quindi sono sacri; saranno un segno per gli Israeliti".* ⁴*Il sacerdote Eleàzaro prese gli incensieri di bronzo che gli uomini arsi dal fuoco avevano offerto, e furono ridotti in lamine per rivestirne l'altare,* ⁵*memoriale per gli Israeliti perché nessun profano, che non sia della discendenza di Aronne, si accosti a bruciare incenso davanti al Signore e subisca così la sorte di Core e di quelli che erano con lui. Eleàzaro fece come il Signore gli aveva ordinato per mezzo di Mosè.*

Una violenta invettiva contro la religione-fai-da-te. Solo i sacerdoti, che si arrogano il diritto per disposizione divina, possono fare le offerte, ed entrare nel sancta sanctorum, insomma amministrare il sacro, al popolo certe cose sono precluse.
D'altra parte il potere dei sacerdoti si basa proprio su questo: far credere di essere stati investiti da dio di un compito superiore ed esclusivo.

Numeri Cap. 17, vv. 8- 15
(La Bibbia spiegata agli sfortunati che vengono prima)

⁸*Mosè e Aronne vennero davanti alla tenda del convegno.* ⁹*Il Signore parlò a Mosè e disse:* ¹⁰"*Allontanatevi da questa comunità e io li consumerò in un istante". Ma essi si prostrarono con la faccia a terra.* ¹¹*Mosè disse ad Aronne: "Prendi l'incensiere, mettici il fuoco preso dall'altare, ponici sopra l'incenso, portalo in fretta in mezzo alla comunità e*

compi il rito espiatorio per loro; poiché l'ira del Signore è divampata, il flagello è già cominciato". [12]*Aronne prese quel che Mosè aveva detto, corse in mezzo all'assemblea; ecco, il flagello era già cominciato in mezzo al popolo. Mise l'incenso nel braciere e compì il rito espiatorio per il popolo.* [13]*Si fermò tra i morti e i vivi, e il flagello si arrestò.* [14]*Quelli che morirono per il flagello furono quattordicimilasettecento, oltre ai morti per il fatto di Core.* [15]*Aronne tornò da Mosè, all'ingresso della tenda del convegno: il flagello si era arrestato.*

Ancora una ribellione ed ancora una condanna in questo monotono, noioso ed orrendo libro dei "Numeri".
In questo caso è bastato un braciere per fermare il flagello, ma nel frattempo 14700 persone erano morte, che avevano la sola "colpa" di aver incontrato la morte prima dell'accensione del braciere.
E questa sarebbe la giustizia divina?

Numeri Cap. 17, vv. 21- 24 (La Bibbia spiegata agli ebanisti)

[21]*Mosè parlò agli Israeliti, e tutti i loro prìncipi gli diedero un bastone: un bastone per ciascun principe, secondo i loro casati paterni, cioè dodici bastoni; il bastone di Aronne era in mezzo ai loro bastoni.* [22]*Mosè ripose quei bastoni davanti al Signore nella tenda della Testimonianza.* [23]*L'indomani Mosè entrò nella tenda della Testimonianza ed ecco, il bastone di Aronne per il casato di Levi era fiorito: aveva prodotto germogli, aveva fatto sbocciare fiori e maturato mandorle.* [24]*Allora Mosè tolse tutti i bastoni dalla presenza del Signore e li portò a tutti gli Israeliti; essi li videro e presero ciascuno il proprio bastone.*

Un altro trucco di bassa lega organizzato da Mosè ed Aronne per placare il popolo e per imbrogliarlo ancora:
il bastone di Aronne fiorì, evidentemente era di legno verde o fu sostituito, dato che nel santuario poteva entrare solo lui.
Quando si dice abuso della credulità popolare...

Numeri Cap. 18, vv. 8- 15 (La Bibbia degli insaziabili)

⁸*Il Signore parlò ancora ad Aronne: "Ecco, io ti do il diritto su tutto ciò che si preleva per me, cioè su tutte le cose consacrate dagli Israeliti; le do a te e ai tuoi figli, a motivo della tua unzione, per legge perenne.* ⁹*Questo ti apparterrà fra le cose santissime, fra le loro offerte destinate al fuoco: ogni oblazione, ogni sacrificio per il peccato e ogni sacrificio di riparazione che mi presenteranno; sono tutte cose santissime che apparterranno a te e ai tuoi figli.* ¹⁰*Le mangerai in luogo santissimo; ne mangerà ogni maschio. Le tratterai come cose sante.* ¹¹*Questo ancora ti apparterrà: i doni che gli Israeliti presenteranno come tributo prelevato e tutte le loro offerte fatte con il rito di elevazione. Io le do a te, ai tuoi figli e alle tue figlie con te, per legge perenne. Chiunque sarà puro in casa tua ne potrà mangiare.* ¹²*Ti do anche tutte le primizie che offriranno al Signore: il meglio dell'olio nuovo, il meglio del mosto e del grano.* ¹³*Le primizie di quanto produrrà la loro terra, che essi porteranno al Signore, saranno tue. Chiunque sarà puro in casa tua ne potrà mangiare.* ¹⁴*Quanto in Israele sarà consacrato per voto di sterminio sarà tuo.* ¹⁵*Ogni essere che nasce per primo da ogni essere vivente, offerto al Signore, sia degli uomini sia degli animali, sarà tuo; però farai riscattare il primogenito dell'uomo e farai anche riscattare il primo nato dell'animale impuro ....*

Riporto solo una parte di questa lunghissima elencazione dei doni a cui hanno diritto i leviti ed i sacerdoti, elencazione ribadita dopo le sommosse popolari, ancora una volta risulta evidente che il popolo era ridotto alla fame dalla vorace comunità sacerdotale.

Numeri Cap. 19, vv. 17- 22 (La Bibbia spiegata agli innaffiatoi)

¹⁷*Per colui che sarà divenuto impuro si prenderà la cenere della vittima bruciata per l'espiazione e vi si verserà sopra l'acqua corrente, in un vaso;* ¹⁸*poi un uomo puro prenderà issòpo, lo intingerà nell'acqua e ne aspergerà la tenda, tutti gli arredi e tutte le persone che erano là e colui che ha toccato l'osso o l'ucciso o il morto o il sepolcro.* ¹⁹*L'uomo puro aspergerà l'impuro il terzo giorno e il settimo giorno e lo purificherà il settimo giorno; poi colui che è stato impuro si laverà le vesti, farà un bagno con l'acqua e alla sera diventerà puro.* ²⁰*Ma colui che, reso impuro, non si purificherà, sarà eliminato dall'assemblea, perché ha contaminato il santuario del Signore e l'acqua della purificazione non è stata aspersa su di lui: è impuro.* ²¹*Sarà per loro una legge perenne. Colui che avrà asperso l'acqua di purificazione si laverà le vesti; chi avrà*

toccato l'acqua di purificazione sarà impuro fino alla sera. ²²*Quanto l'impuro avrà toccato, sarà impuro; chi lo avrà toccato sarà impuro fino alla sera".*

Mi ricorda l'usanza dei preti cattolici di schizzare acqua dovunque, sui morti, sulle case, sulle automobili, tutto va bene da innaffiare.
Mi meraviglia in questi versetti che anche chi ha toccato l'acqua di purificazione diviene impuro!
Pazzesco!

Numeri Cap. 20, vv. 10- 11 (La Bibbia spiegata ai trivellatori)

¹⁰*Mosè e Aronne radunarono l'assemblea davanti alla roccia e Mosè disse loro: "Ascoltate, o ribelli: vi faremo noi forse uscire acqua da questa roccia?".* ¹¹*Mosè alzò la mano, percosse la roccia con il bastone due volte e ne uscì acqua in abbondanza; ne bevvero la comunità e il bestiame.*

Per nulla originale il "miracolo" di Mosè, nei racconti di tanti dei e nelle agiografie di infiniti santi vengono fatte sgorgare sorgenti, mai miracolo fu più abusato.

Numeri Cap. 21, vv. 1- 3 (La Bibbia degli stermini)

¹ *Il re cananeo di Arad, che abitava il Negheb, appena seppe che Israele veniva per la via di Atarìm, attaccò battaglia contro Israele e fece alcuni prigionieri.* ²*Allora Israele fece un voto al Signore e disse: "Se tu mi consegni nelle mani questo popolo, le loro città saranno da me votate allo sterminio".* ³*Il Signore ascoltò la voce d'Israele e gli consegnò nelle mani i Cananei; Israele votò allo sterminio i Cananei e le loro città e quel luogo fu chiamato Corma.*

Tante volte sulla Bibbia viene riportato il volere di dio di sterminare intere città nemiche, ma mai che si trovi un accordo, una convivenza pacifica fra due popoli, NO il "miracolo" di dio è sempre la strage, la pulizia etnica.

Numeri Cap. 21, vv. 6- 9 (La Bibbia spiegata agli avvelenati)

⁶*Allora il Signore mandò fra il popolo serpenti brucianti i quali mordevano la gente, e un gran numero d'Israeliti morì.* ⁷*Il popolo venne da Mosè e disse: "Abbiamo peccato, perché abbiamo parlato contro il Signore e contro di te; supplica il Signore che allontani da noi questi serpenti". Mosè pregò per il popolo.* ⁸*Il Signore disse a Mosè: "Fatti un serpente e mettilo sopra un'asta; chiunque sarà stato morso e lo guarderà, resterà in vita".* ⁹*Mosè allora fece un serpente di bronzo e lo mise sopra l'asta; quando un serpente aveva morso qualcuno, se questi guardava il serpente di bronzo, restava in vita.*

Continua il racconto di questo dio malvagio, impresentabile, che per vendetta manda serpenti velenosi, a mordere, evidentemente, a caso.
Ma se resti avvelenato non devi preoccuparti: basta che guardi il bastone di Mosè e tutto va a posto...

Numeri Cap. 21, vv. 14- 15
(La Bibbia, il libro delle guerre del signore)

¹⁴*Per questo si dice nel libro delle Guerre del Signore:*
"Vaèb in Sufa e i torrenti,
l'Arnon ¹⁵*e il pendio dei torrenti,*
che declina verso la sede di Ar
e si appoggia alla frontiera di Moab".

Il testo poetico di per sé non vale nulla, ma mi interessa il primo rigo:
"questo si dice nel libro delle Guerre del Signore"
Come un album di famiglia, come un albo d'onore, nel libro delle guerre vengono descritte ed archiviate le opere criminali di questo dio.

Numeri Cap. 21, vv. 29- 30 (La Bibbia, il libro dei devastatori)

²⁹*Guai a te, Moab,*
sei perduto, popolo di Camos!
Egli ha reso fuggiaschi i suoi figli,
e le sue figlie ha dato in schiavitù
a Sicon, re degli Amorrei.

> ³⁰*Ma noi li abbiamo trafitti!*
> *È rovinata Chesbon fino a Dibon.*
> *Abbiamo devastato fino a Nofach,*
> *che è presso Màdaba".*

Trafiggere, devastare, incendiare, rovinare città, queste sono le parole gradite a questo dio impresentabile.

Numeri Cap. 21, vv. 33- 35 (La Bibbia, il libro che non fa prigionieri)

³³*Poi mutarono direzione e salirono lungo la strada verso Basan. Og, re di Basan, uscì contro di loro con tutta la sua gente per dar loro battaglia a Edrei.* ³⁴*Ma il Signore disse a Mosè: "Non lo temere, perché io lo do in tuo potere, lui, tutta la sua gente e il suo territorio; trattalo come hai trattato Sicon, re degli Amorrei, che abitava a Chesbon".* ³⁵*E sconfissero lui, i suoi figli e tutto il suo popolo, così che non gli rimase più superstite alcuno, e si impadronirono del suo territorio.*

Nelle guerre amate da dio non si fanno prigionieri, non devono esservi superstiti, intere popolazioni vanno cancellate dalla faccia della terra.

Numeri Cap. 22, vv. 9- 14 (La Bibbia del dio 007)

⁹*Ora Dio venne da Balaam e gli disse: "Chi sono questi uomini che stanno da te?".* ¹⁰*Balaam rispose a Dio: "Balak, figlio di Sippor, re di Moab, mi ha mandato a dire:* ¹¹*"Ecco, il popolo che è uscito dall'Egitto ha ricoperto la superficie della terra. Ora vieni, maledicilo per me; forse riuscirò a batterlo e potrò scacciarlo"".* ¹²*Dio disse a Balaam: "Tu non andrai con loro, non maledirai quel popolo, perché esso è benedetto".* ¹³*Balaam si alzò la mattina e disse ai prìncipi di Balak: "Andatevene nella vostra terra, perché il Signore si è rifiutato di lasciarmi venire con voi".* ¹⁴*I prìncipi di Moab si alzarono, tornarono da Balak e dissero: "Balaam si è rifiutato di venire con noi".*

Ve l'immaginate questo dio, che come una qualsiasi spia del Mossad, va da Balaal e fa domande, indaga, come se lui non dovesse già sapere, essendo dio, chi erano quelle persone!

Numeri Cap. 22, vv. 20- 22
(La Bibbia spiegata agli ingannati da dio)

²⁰*La notte Dio venne da Balaam e gli disse: "Questi uomini non sono venuti a chiamarti? Àlzati dunque, e va' con loro; ma farai ciò che io ti dirò".* ²¹*Balaam quindi si alzò di buon mattino, sellò l'asina e se ne andò con i capi di Moab.*
²²*Ma l'ira di Dio si accese perché egli stava andando; l'angelo del Signore si pose sulla strada per ostacolarlo. Egli cavalcava la sua asina e aveva con sé due servitori.*

Qui dio semplicemente si diverte in modo cinico e spregevole: prima dice a Balaam di andare coi messaggeri, ma poi si adira perché Balaam stava ubbidendo!
Il senso?
Chiedetelo ai gesuiti!

Numeri Cap. 23, vv. 23- 24 (La Bibbia spiegata alle prede)

²³*Perché non vi è sortilegio contro Giacobbe*
   e non vi è magìa contro Israele:
   a suo tempo vien detto a Giacobbe
   e a Israele che cosa opera Dio.
²⁴*Ecco un popolo che si leva come una leonessa*
   e si erge come un leone;
   non si accovaccia, finché non abbia divorato la preda
   e bevuto il sangue degli uccisi".

Il popolo amato da dio divora la preda e beve il sangue degli uccisi.
Il tutto scritto a chiare lettere nel libro della religione dell'amore.

Numeri Cap. 24, vv. 7- 8 (La Bibbia del dio tritaossa)

⁷*Fluiranno acque dalle sue secchie*
e il suo seme come acque copiose.
Il suo re sarà più grande di Agàg
e il suo regno sarà esaltato.
⁸*Dio, che lo ha fatto uscire dall'Egitto,*

*è per lui come le corna del bufalo.
Egli divora le nazioni che lo avversano,
addenta le loro ossa
e le loro frecce egli spezza.*

Seme come acque copiose?
Ve lo dicevo di non mettere mai la Bibbia in mano ai bambini!
Dio divora le nazioni che lo avversano, addenta le loro ossa, un dio mostro insaziabile, trituratore di ossa, con le fauci insanguinate e gli occhi iniettati di sangue!

Numeri Cap. 24, vv. 17- 19
(La Bibbia spiegata ai fracassatori di crani)

*[17]Io lo vedo, ma non ora,
io lo contemplo, ma non da vicino:
una stella spunta da Giacobbe
e uno scettro sorge da Israele,
spacca le tempie di Moab
e il cranio di tutti i figli di Set;
[18]Edom diverrà sua conquista
e diverrà sua conquista Seir, suo nemico,
mentre Israele compirà prodezze.
[19]Uno di Giacobbe dominerà
e farà perire gli scampati dalla città".*

Altro edificante passaggio: il dio che si gloria di Israele che spaccherà il cranio di tutti i figli di Set.
Ecco cercate di immaginare la scena, i soldati di Israele che prendono per i piedi i bambini degli sconfitti e li scagliano contro una roccia fracassando loro il cranio, mentre il loro dio, tra le nuvole se la ride!

Numeri Cap. 25, vv. 1- 5 (La Bibbia spiegata ai meticci)

[1] Israele si stabilì a Sittìm e il popolo cominciò a fornicare con le figlie di Moab. [2]Esse invitarono il popolo ai sacrifici offerti ai loro dèi; il popolo mangiò e si prostrò davanti ai loro dèi. [3]Israele aderì a Baal-Peor e l'ira del Signore si accese contro Israele.

⁴*Il Signore disse a Mosè: "Prendi tutti i capi del popolo e fa' appendere al palo costoro, davanti al Signore, in faccia al sole, e si allontanerà l'ira ardente del Signore da Israele".* ⁵*Mosè disse ai giudici d'Israele: "Ognuno di voi uccida dei suoi uomini coloro che hanno aderito a Baal-Peor".*

L'integrazione fra razze, lingue, religioni, è garanzia di coabitazione pacifica e di benessere, ma dio odia tutto questo e chiede di far appendere al palo chiunque abbia avuto relazioni con le donne di Moab, ed abbiano aderito alla loro religione, sicuramente più attraente.

Numeri Cap. 25, vv. 6- 13 (La Bibbia spiegata ai lancieri)

⁶*Uno degli Israeliti venne e condusse ai suoi fratelli una donna madianita, sotto gli occhi di Mosè e di tutta la comunità degli Israeliti, mentre essi stavano piangendo all'ingresso della tenda del convegno.* ⁷*Vedendo ciò, Fineès, figlio di Eleàzaro, figlio del sacerdote Aronne, si alzò in mezzo alla comunità, prese in mano una lancia,* ⁸*seguì quell'uomo di Israele nell'alcova e li trafisse tutti e due, l'uomo d'Israele e la donna, nel basso ventre. E il flagello si allontanò dagli Israeliti.* ⁹*Quelli che morirono per il flagello furono ventiquattromila.*
¹⁰*Il Signore parlò a Mosè e disse:* ¹¹*"Fineès, figlio di Eleàzaro, figlio del sacerdote Aronne, ha allontanato la mia collera dagli Israeliti, mostrando la mia stessa gelosia in mezzo a loro, e io nella mia gelosia non ho sterminato gli Israeliti.* ¹²*Perciò digli che io stabilisco con lui la mia alleanza di pace;* ¹³*essa sarà per lui e per la sua discendenza dopo di lui un'alleanza di perenne sacerdozio, perché egli ha avuto zelo per il suo Dio e ha compiuto il rito espiatorio per gli Israeliti".*

Altro passo biblico degno di questo sanguinario dio:
Un pazzo fanatico israeliano ammazza contemporaneamente nell'alcova un israeliano ed una madianita, la cui loro unica colpa era amarsi.
Dio, manco a dirlo, premia l'assassino facendolo diventare sacerdote (e quindi privilegiato), lui e la sua stirpe.
Nonostante l'intervento "encomiabile" del lanciere, l'ira di dio aveva già fatto 24.000 vittime.
E bravo dio!

Numeri Cap. 26, vv. 63- 65 (La Bibbia spiegata ai morti di sete)

⁶³*Questi sono i censiti da Mosè e dal sacerdote Eleàzaro, i quali fecero il censimento degli Israeliti nelle steppe di Moab presso il Giordano di Gerico.* ⁶⁴*Fra questi non vi era alcuno di quegli Israeliti dei quali Mosè e il sacerdote Aronne avevano fatto il censimento nel deserto del Sinai,* ⁶⁵*perché il Signore aveva detto di loro: "Dovranno morire nel deserto!". E non ne rimase neppure uno, eccetto Caleb, figlio di Iefunnè, e Giosuè, figlio di Nun.*

Nel Cap. 26 viene riportato l'ennesimo maniacale censimento, ma il pastore errante ama ricordare che quelli che si erano ribellati a dio (Mosè?) erano morti TUTTI tranne due, nel deserto.
Opera del dio misericordioso...

Numeri Cap. 30, vv. 4- 9 (La Bibbia spiegata ai votanti)

₄*Quando una donna avrà fatto un voto al Signore e si sarà impegnata a un obbligo, mentre è ancora in casa del padre, durante la sua giovinezza,* ₅*se il padre, venuto a conoscenza del voto di lei e dell'obbligo al quale si è impegnata, non dice nulla, tutti i voti di lei saranno validi e saranno validi tutti gli obblighi ai quali si sarà impegnata.* ₆*Ma se il padre, quando ne viene a conoscenza, le fa opposizione, tutti i voti di lei e tutti gli obblighi ai quali si sarà impegnata non saranno validi; il Signore la perdonerà, perché il padre le ha fatto opposizione.* ₇*Se si sposa quando è legata da voti o da un obbligo assunto alla leggera con le labbra,* ₈*se il marito ne ha conoscenza e quando viene a conoscenza non dice nulla, i voti di lei saranno validi e saranno validi gli obblighi da lei assunti.* ₉*Ma se il marito, quando ne viene a conoscenza, le fa opposizione, egli annullerà il voto che ella ha fatto e l'obbligo che si è assunta alla leggera; il Signore la perdonerà.*

Viene ribadita ancora una volta la subordinazione delle donne in questa comunità tribale: le donne non hanno diritto nemmeno di fare un voto, se al voto stesso fa opposizione il maschio-padrone di turno, padre o marito.

Numeri Cap. 31, vv. 7- 12 (La Bibbia spiegata alle prede)

7*Marciarono dunque contro Madian, come il Signore aveva ordinato a Mosè, e uccisero tutti i maschi.* 8*Tra i caduti uccisero anche i re di Madian Evì, Rekem, Sur, Cur e Reba, cioè cinque re di Madian; uccisero di spada anche Balaam figlio di Beor.* 9*Gli Israeliti fecero prigioniere le donne di Madian e i loro fanciulli e catturarono come bottino tutto il loro bestiame, tutte le loro greggi e ogni loro bene;* 10*appiccarono il fuoco a tutte le città che quelli abitavano e a tutti i loro recinti,* 11*e presero tutto il bottino e tutta la preda, gente e bestiame.* 12*Poi condussero i prigionieri, la preda e il bottino a Mosè, al sacerdote Eleàzaro e alla comunità degli Israeliti, accampati nelle steppe di Moab, presso il Giordano di Gerico.*

Spaventosa descrizione delle razzie attuate dagli Israeliti, sempre su ordine di dio.
Ma nonostante l'orrore di tale descrizione, non è ancora abbastanza, vedremo come Mosè non sarà soddisfatto.

Numeri Cap. 31, vv. 14- 17 (La Bibbia spiegata agli stragisti)

14*Mosè si adirò contro i comandanti dell'esercito, capi di migliaia e capi di centinaia, che tornavano da quella spedizione di guerra.* 15*Mosè disse loro: "Avete lasciato in vita tutte le femmine?* 16*Proprio loro, per suggerimento di Balaam, hanno insegnato agli Israeliti l'infedeltà verso il Signore, nella vicenda di Peor, per cui venne il flagello nella comunità del Signore.* 17*Ora uccidete ogni maschio tra i fanciulli e uccidete ogni donna che si è unita con un uomo;* 18*ma tutte le fanciulle che non si sono unite con uomini, conservatele in vita per voi.*

Mosè non è contento, il sangue è stato troppo poco, ordina all'esercito di ammazzare tutte le donne, tranne le vergini, e tutti i fanciulli maschi.
Bravo Mosè e bravo anche il suo dio dietro il quale si nasconde.

Numeri Cap. 31, vv. 21- 24 (La Bibbia dell'acqua lava tutto)

21*Il sacerdote Eleàzaro disse agli uomini dell'esercito che erano andati alla battaglia: "Questa è la norma della legge che il Signore ha prescritto a Mosè:* 22*"L'oro, l'argento, il bronzo, il ferro, lo stagno e il piombo,* 23*quanto può sopportare il fuoco, lo farete passare per il fuoco e sarà reso puro, purché venga purificato anche con l'acqua della purificazione; quanto non può sopportare il fuoco, lo farete passare per l'acqua.* 24*Laverete anche le vostre vesti il settimo giorno e sarete puri; poi potrete entrare nell'accampamento"".*

Per quanto orrende siano le cose che si fanno, basta un fuoco ed un poco di acqua e tutto viene lavato, ogni delitto scivola via.
In fondo è comoda questa religione per gli assassini!

Numeri Cap. 31, vv. 48- 54 (La Bibbia della spartizione)

48*I comandanti delle migliaia dell'esercito, capi di migliaia e capi di centinaia, si avvicinarono a Mosè e gli dissero:* 49*"I tuoi servi hanno fatto il computo dei soldati che erano sotto i nostri ordini e non ne manca neppure uno.* 50*Per questo portiamo, in offerta al Signore, ognuno quello che ha trovato di oggetti d'oro: bracciali, braccialetti, anelli, pendenti, collane, per compiere il rito espiatorio per le nostre persone davanti al Signore".* 51*Mosè e il sacerdote Eleàzaro presero da loro quell'oro, tutti gli oggetti lavorati.* 52*Tutto l'oro del contributo che prelevarono per il Signore, da parte dei capi di migliaia e dei capi di centinaia, pesava sedicimilasettecentocinquanta sicli.* 53*Gli uomini dell'esercito si tennero il bottino che ognuno aveva fatto per conto suo.* 54*Mosè e il sacerdote Eleàzaro presero l'oro dei capi di migliaia e di centinaia e lo portarono nella tenda del convegno come memoriale per gli Israeliti davanti al Signore.*

In questi versetti ed in molti precedenti, viene minuziosamente , e forse iperbolicamente, descritto il bottino di guerra.
Riporto questi versetti per evidenziare che anche nelle guerre i sacerdoti e leviti fanno affari d'oro e vengono riempiti di doni anche in metalli preziosi.
E' questo il motivo per cui i sacerdoti istigano sempre alla guerra.

Numeri Cap. 32, vv. 2- 5 (La Bibbia spiegata ai popoli stanziali)

2*i figli di Gad e i figli di Ruben vennero a parlare a Mosè, al sacerdote Eleàzaro e ai prìncipi della comunità e dissero:* 3*"Ataròt, Dibon, Iazer, Nimra, Chesbon, Elalè, Sebam, Nebo e Beon,* 4*terre che il Signore ha colpito alla presenza della comunità d'Israele, sono terre da bestiame e i tuoi servi hanno appunto il bestiame".* 5*Aggiunsero: "Se abbiamo trovato grazia ai tuoi occhi, sia concesso ai tuoi servi il possesso di questa regione: non farci passare il Giordano".*

Alcuni Israeliti volevano diventare allevatori e fermarsi sulle terre appena conquistate, e non essere predoni per sempre, ma dio-Mosè aveva altri progetti per loro.
Alla fine il compromesso: avrebbero costruito fortificazioni per il bestiame, le donne ed i fanciulli ed i maschi avrebbero continuato la guerra.
Quando si dice saper ragionare...

Numeri Cap. 33, vv. 50- 56 (La Bibbia dell'istigazione all'odio)

50*Il Signore parlò a Mosè nelle steppe di Moab, presso il Giordano di Gerico, e disse:* 51*"Parla agli Israeliti dicendo loro: "Quando avrete attraversato il Giordano verso la terra di Canaan* 52*e avrete cacciato dinanzi a voi tutti gli abitanti della terra, distruggerete tutte le loro immagini, distruggerete tutte le loro statue di metallo fuso e devasterete tutte le loro alture.* 53*Prenderete possesso della terra e in essa vi stabilirete, poiché io vi ho dato la terra perché la possediate.* 54*Dividerete la terra a sorte secondo le vostre famiglie. A chi è numeroso darai numerosa eredità e a chi è piccolo darai piccola eredità. Ognuno avrà quello che gli sarà toccato in sorte; farete la divisione secondo le tribù dei vostri padri.* 55*Ma se non caccerete dinanzi a voi gli abitanti della terra, quelli di loro che vi avrete lasciati saranno per voi come spine negli occhi e pungoli nei fianchi e vi tratteranno da nemici nella terra in cui abiterete.* 56*Allora io tratterò voi come mi ero proposto di trattare loro"".*

Probabilmente Israele era già dotata di bulldozer, visto che dio ordinò di devastare tutte le alture!
Per il resto la solita istigazione alla pulizia etnica, da parte di questo dio insaziabile di sangue.

Numeri Cap. 34, vv. 1- 5 (La Bibbia delle città in regalo)

1*Il Signore parlò a Mosè nelle steppe di Moab, presso il Giordano di Gerico, e disse:* 2*"Ordina agli Israeliti che dell'eredità che possederanno riservino ai leviti città da abitare; darete anche ai leviti il terreno che è intorno alle città.* 3*Essi avranno le città per abitarvi e il terreno intorno servirà per il loro bestiame, per i loro beni e per tutti i loro animali.* 4*Il terreno delle città che darete ai leviti si estenderà per lo spazio di mille cubiti fuori dalle mura della città tutt'intorno.* 5*Misurerete dunque, all'esterno della città, duemila cubiti dal lato orientale, duemila cubiti dal lato meridionale, duemila cubiti dal lato occidentale e duemila cubiti dal lato settentrionale; la città sarà in mezzo. Tali saranno i terreni di ciascuna delle loro città.*

Qualche capitolo prima sembrava che i Leviti, pur ricevendo una enorme quantità di beni dal popolo, in realtà non potessero essere proprietari di case o di terreni, ma evidentemente l'appetito viene mangiando, ed in questo capitolo addirittura si dispone che divengano proprietari di ben 48 città con i terreni circostanti!
Un poco come le proprietà immobiliari della Chiesa Cattolica (20% del patrimonio immobiliare italiano).

Numeri Cap. 35, vv. 10- 12 (La Bibbia spiegata alla Thyssen -Krupp)

10*"Parla agli Israeliti dicendo loro: "Quando avrete attraversato il Giordano verso la terra di Canaan,* 11*designerete città che siano per voi città di asilo, dove possa rifugiarsi l'omicida che avrà ucciso qualcuno involontariamente.* 12*Queste città vi serviranno di asilo contro il vendicatore del sangue, perché l'omicida non sia messo a morte prima di comparire in giudizio dinanzi alla comunità.*

Sempre nel capitolo 35 si dettano alcune regole amene sulla gestione degli omicidi.
Ci sono varie ipotesi: in caso di omicidio involontario (o colposo?) comunque il colpevole deve scappare e rifugiarsi nelle città asilo perché se viene trovato fuori le mura dai vendicatori potrà essere legalmente ucciso. Questa legge sarebbe ottima per prevenire le morti cosiddette bianche sul lavoro...

Numeri Cap. 35, vv. 16- 19 (La Bibbia del far west)

16*Ma se uno colpisce un altro con uno strumento di ferro e quello muore, quel tale è omicida; l'omicida dovrà essere messo a morte.* 17*Se lo colpisce con una pietra che aveva in mano, atta a causare la morte, e il colpito muore, quel tale è un omicida; l'omicida dovrà essere messo a morte.* 18*O se lo colpisce con uno strumento di legno che aveva in mano, atto a causare la morte, e il colpito muore, quel tale è un omicida; l'omicida dovrà essere messo a morte.* 19*Sarà il vendicatore del sangue quello che metterà a morte l'omicida; quando lo incontrerà, lo ucciderà.*

Lo so che la Bibbia è ambientata nel middle-east e non nel far west, ma la legge è la stessa, quella del taglione e quella della vendetta. Vendetta, badate bene, NON amministrata da uno stato organizzato, da un tribunale, dalle forze dell'ordine, ma dai vendicatori.
E se l'assassino si ribella?
Ah già, sarà dio a guidare la mano del vendicatore...

Numeri Cap. 35, vv. 26- 28
(La Bibbia di chi prega la morte del sacerdote)

26*Ma se l'omicida esce dai confini della città di asilo dove si era rifugiato* 27*e se il vendicatore del sangue lo trova fuori dei confini della sua città di asilo e uccide l'omicida, il vendicatore del sangue non sarà reo del sangue versato.* 28*Perché l'omicida deve stare nella sua città di asilo fino alla morte del sommo sacerdote; dopo la morte del sommo sacerdote, l'omicida potrà tornare nella terra di sua proprietà.*

Ricapitoliamo: Tizio ha ucciso qualcuno per errore, magari un incidente stradale fra bighe, comunque viene obbligato a risiedere, diciamo confinato, nelle città-asilo, e se esce fuori il vendicatore comunque potrà ucciderlo.
Fino a quando dovrà restare nella città-asilo?
Fino alla morte del sommo sacerdote!
Probabile che Tizio preghi e tenti in tutti i modi di abbreviare la vita del sacerdote.
Dov'è la logica di questa prescrizione?

Numeri Cap. 35, v. 33 (La Bibbia spiegata a Beccaria)

33*Non contaminerete la terra dove sarete, perché il sangue contamina la terra e per la terra non vi è espiazione del sangue che vi è stato sparso, se non mediante il sangue di chi l'ha sparso.*

Per lavare il sangue versato occorre versare altro sangue, la Bibbia non fa un passo avanti da questa legge primitiva.

Numeri Cap. 36, vv. 5-9 (La Bibbia dei cacciatori di dote)

5*Allora Mosè comandò agli Israeliti su ordine del Signore: "La tribù dei figli di Giuseppe dice bene.* 6*Questo il Signore ha ordinato riguardo alle figlie di Selofcàd: sposeranno chi vorranno, purché si sposino in una famiglia della tribù dei loro padri.* 7*Nessuna eredità tra gli Israeliti potrà passare da una tribù all'altra, ma ciascuno degli Israeliti si terrà vincolato all'eredità della tribù dei suoi padri.* 8*Ogni fanciulla che possiede un'eredità in una tribù degli Israeliti, sposerà uno che appartenga a una famiglia della tribù di suo padre, perché ognuno degli Israeliti rimanga nel possesso dell'eredità dei suoi padri* 9*e nessuna eredità passi da una tribù all'altra; ognuna delle tribù degli Israeliti si terrà vincolata alla propria eredità".*

Degna conclusione del libo dei Numeri:

il matrimonio come mero passaggio di beni da una famiglia all'altra, altro che amore.

Questo popolo è in realtà un insieme forzato di tribù egoiste ed in perenne lotta fra loro, miseramente attaccate alle loro proprietà e che commerciano in donne così come con i cammelli.

COMMENTO FINALE AI NUMERI

Non si può che ripetere le stesse considerazioni fatte per il Levitico: la lettura dei Numeri è pesante, è un libro che ripete all'infinito genealogie, prescrizioni religiose e censimenti.

In aggiunta viene narrata la guerra di conquista di Israele, che si appropria dei territori sterminando chi già ci viveva. La guerra viene raccontata senza il minimo senso di pietà verso le vittime, ma come diritto-dovere di origine divina.

Il bottino viene minuziosamente diviso, sia che si tratti di asini, che di donne, da perfetti ragionieri di guerra.

Quale sarebbe il senso di questo libro in una raccolta "sacra" che dovrebbe darci anche insegnamenti morali?

Non ne trovo, così come mi è impossibile trovare una lettura allegorica di questi testi, io vedo solo sangue ed ingiustizie volute da dio.

Forse l'unica allegoria che riesco a trovarci è che queste piccole stragi tribali sono le prove generali per i massacri su scala industriale che verranno nei secoli successivi, sempre e comunque istigati dai sacerdoti delle varie religioni ed in particolare da quelli cattolici.

DEUTERONOMIO

Deuteronomio Cap. 2, vv. 30-35 (La Bibbia spiegata a Sicon)

30*Ma Sicon, re di Chesbon, non volle lasciarci passare, perché il Signore, tuo Dio, gli aveva reso inflessibile lo spirito e ostinato il cuore, per metterlo nelle tue mani, come appunto è oggi.* 31*Il Signore mi disse: "Vedi, ho cominciato a mettere in tuo potere Sicon e la sua terra; da' inizio alla conquista impadronendoti della sua terra".* 32*Allora Sicon uscì contro di noi con tutta la sua gente per darci battaglia a Iaas.* 33*Il Signore, nostro Dio, ce lo consegnò e noi sconfiggemmo lui, i suoi figli e tutta la sua gente.* 34*In quel tempo prendemmo tutte le sue città e votammo allo sterminio ogni città, uomini, donne e bambini; non vi lasciammo alcun superstite.* 35*Soltanto prelevammo per noi come preda il bestiame e le spoglie delle città che avevamo preso.*

Il Deuteronomio comincia con un riassunto delle puntate precedenti, che vi risparmio.
Ma già al Cap. 2 ricomincia la solita solfa: se le guerre si vincono è perché dio l'ha voluto, se si perdono è a causa dei nostri peccati, dio c'entra sempre...
E solita storia anche con Sicon, identica a quella che avevamo letta riguardo Mosè ed il Faraone: fu questo dio crudele che indurì il cuore di Sicon, proprio per fare in modo che muovesse guerra contro gli Ebrei, affinché il popolo eletto potesse sterminarlo.
Magari Sicon voleva la pace, convivere con gli Ebrei, commerciare, far sposare le sue donne, ma dio lo obbligò a fare la guerra.
E naturalmente i vincitori si gloriano di non aver lasciato alcun superstite, donna o bambino che sia!

Deuteronomio Cap. 3, vv. 3-7 (La Bibbia delle stragi-fotocopia)

3*Così il Signore, nostro Dio, mise in nostro potere anche Og, re di Basan, con tutta la sua gente; noi lo sconfiggemmo, così che non gli rimase più superstite alcuno.* 4*Gli prendemmo in quel tempo tutte le sue città; non ci fu città che noi non prendessimo loro: sessanta città, tutta la regione di Argob, il regno di Og in Basan* 5*- tutte queste città erano fortificate, con alte mura, porte e sbarre -, senza contare le città aperte, che erano molto numerose.* 6*Noi le votammo allo sterminio, come avevamo fatto con Sicon, re di*

*Chesbon: votammo allo sterminio ogni città, uomini, donne e bambini.*7*Ma prelevammo per noi come preda il bestiame e le spoglie delle città.*

Stesso racconto, stesse stragi, stesse fotocopie.
Gli uomini di dio sono sadici e monotoni.

Deuteronomio Cap. 4, vv. 7-8 (La Bibbia spiegata agli dei distanti)

7*Infatti quale grande nazione ha gli dèi così vicini a sé, come il Signore, nostro Dio, è vicino a noi ogni volta che lo invochiamo?* 8*E quale grande nazione ha leggi e norme giuste come è tutta questa legislazione che io oggi vi do?*

La Bibbia NON afferma l'esistenza di un solo dio onnipotente, onnisciente etc., ma il dio ebraico sarebbe uno dei tanti dei in concorrenza fra loro.
E la concorrenza si batte stando più vicino al proprio popolo e facendogli vincere le guerre contro i popoli appoggiati dagli altri dei.
Insomma, una guerra continua, in cui gli dei sono solo l'arma segreta, la bomba H capace di decidere le sorti del combattimento.
Poco da commentare invece sulla giustezza delle leggi di questo popolo, ogni lettore può farsi la sua opinione...

Deuteronomio Cap. 4, vv. 15-18 (La Bibbia iconoclasta)

15*State bene in guardia per la vostra vita: poiché non vedeste alcuna figura, quando il Signore vi parlò sull'Oreb dal fuoco,*16*non vi corrompete, dunque, e non fatevi l'immagine scolpita di qualche idolo, la figura di maschio o di femmina,* 17*la figura di qualunque animale che è sopra la terra, la figura di un uccello che vola nei cieli,* 18*la figura di una bestia che striscia sul suolo, la figura di un pesce che vive nelle acque sotto la terra.*

Non mi pare ci siano dubbi su questa prescrizione, tra l'altro ripetuta infinite volte: dio non vuole essere raffigurato e non vuole si facciano statue che rappresentino qualsiasi idolo.
Da dove viene tutta la florida iconografia cattolica?
E se è sbagliato leggere alla lettera la Bibbia, in quale altro modo potrebbe essere letta questo ordine di dio?

Deuteronomio Cap. 6, vv. 4-9 (La Bibbia spiegata ai grafomani)

⁴Ascolta, Israele: il Signore è il nostro Dio, unico è il Signore. ⁵Tu amerai il Signore, tuo Dio, con tutto il cuore, con tutta l'anima e con tutte le forze. ⁶Questi precetti che oggi ti do, ti stiano fissi nel cuore. ⁷Li ripeterai ai tuoi figli, ne parlerai quando ti troverai in casa tua, quando camminerai per via, quando ti coricherai e quando ti alzerai. ⁸Te li legherai alla mano come un segno, ti saranno come un pendaglio tra gli occhi ⁹e li scriverai sugli stipiti della tua casa e sulle tue porte.

L'esaltazione del fanatismo religioso, Il fanatico rintrona i propri figli con le storielle su dio ed i profeti, le ripete fino alla nausea, le ripete anche nel sonno, esattamente come un pazzo.
Inoltre il fanatico religioso avrà i segni della propria fede su tutto il corpo consistenti in amuleti, pendagli, croci (ma non erano proibiti gli idoli?), ed inoltre il fanatico religioso è anche molto grafomane ed ama imbrattare con le sue assurde scritte qualunque luogo, privato o pubblico che sia non importa. Il fanatico religioso, come gli animali, marca il territorio che lui reputa suo con le sue fe..di.

Deuteronomio Cap. 6, vv. 10-13
(La Bibbia spiegata agli occupatori di case)

¹⁰Quando il Signore, tuo Dio, ti avrà fatto entrare nella terra che ai tuoi padri Abramo, Isacco e Giacobbe aveva giurato di darti, con città grandi e belle che tu non hai edificato, ¹¹case piene di ogni bene che tu non hai riempito, cisterne scavate ma non da te, vigne e oliveti che tu non hai piantato, quando avrai mangiato e ti sarai saziato, ¹²guàrdati dal dimenticare il Signore, che ti ha fatto uscire dalla terra d'Egitto, dalla condizione servile. ¹³Temerai il Signore, tuo Dio, lo servirai e giurerai per il suo nome.

Il merito di questo dio di parte ed ingiusto è aver dato al suo popolo città che non aveva eretto, case che non aveva riempito, cisterne che non aveva scavato, vigne che non aveva piantato.
Insomma il "buon" dio avrebbe regalato al suo popolo il bottino conquistato in guerra.
Ma questo dio non era il dio anche degli altri popoli?, e se invece è solo il dio degli Ebrei perché lo adoriamo?

Deuteronomio Cap. 7, vv. 1-4 (La Bibbia spiegata alla lega)

^{1}*Quando il Signore, tuo Dio, ti avrà introdotto nella terra in cui stai per entrare per prenderne possesso e avrà scacciato davanti a te molte nazioni: gli Ittiti, i Gergesei, gli Amorrei, i Cananei, i Perizziti, gli Evei e i Gebusei, sette nazioni più grandi e più potenti di te, ^{2}quando il Signore, tuo Dio, le avrà messe in tuo potere e tu le avrai sconfitte, tu le voterai allo sterminio. Con esse non stringerai alcuna alleanza e nei loro confronti non avrai pietà. ^{3}Non costituirai legami di parentela con loro, non darai le tue figlie ai loro figli e non prenderai le loro figlie per i tuoi figli, ^{4}perché allontanerebbero la tua discendenza dal seguire me, per farli servire a dèi stranieri, e l'ira del Signore si accenderebbe contro di voi e ben presto vi distruggerebbe.*

Sempre gli stessi concetti, monotoni ed orribili:
Votare i nemici allo sterminio.
Impedire qualsiasi integrazione con i nemici, proibire i matrimoni misti, isolare, boicottare, recintare, diffidare, insomma diventare perfetti leghisti.

Deuteronomio Cap. 7, vv. 5-6 (La Bibbia spiegata ad Ipazia)

^{5}*Ma con loro vi comporterete in questo modo: demolirete i loro altari, spezzerete le loro stele, taglierete i loro pali sacri, brucerete i loro idoli nel fuoco. ^{6}Tu infatti sei un popolo consacrato al Signore, tuo Dio: il Signore, tuo Dio, ti ha scelto per essere il suo popolo particolare fra tutti i popoli che sono sulla terra.*

Allegorie? Lettura simbolica della Bibbia?
E' con questi brani in mano che i pazzi fanatici hanno devastato e fatto a pezzi gli altari delle altre religioni ed i loro seguaci.

E' con questi argomenti che i dementi cattolici ad Alessandria d'Egitto torturarono ed uccisero la filosofa e scienziata Ipazia e bruciarono la più grande biblioteca dell'epoca!
Inoltre, ancora una volta, dio precisa che lui NON è il dio dell'umanità intera ma SOLO del popolo d'Israele, mi pare scritto a chiare lettere, in realtà i cattolici seguono la religione ebraica, nonostante per due millenni abbiano perseguitato gli Ebrei.

Deuteronomio Cap. 7, vv. 13-15
(La Bibbia delle promesse da marinaio)

[13]*Egli ti amerà, ti benedirà, ti moltiplicherà; benedirà il frutto del tuo seno e il frutto del tuo suolo: il tuo frumento, il tuo mosto e il tuo olio, i parti delle tue vacche e i nati del tuo gregge, nel paese che ha giurato ai tuoi padri di darti.* [14]*Tu sarai benedetto più di tutti i popoli: non sarà sterile né il maschio né la femmina in mezzo a te e neppure in mezzo al tuo bestiame.* [15]*Il Signore allontanerà da te ogni infermità e non manderà su di te alcuna di quelle funeste malattie d'Egitto, che ben conoscesti, ma le manderà a quanti ti odiano.*

Avevamo già visto che il dio biblico cura le sterilità meglio dei più affermati ginecologi e dei migliori veterinari, ma non mi pare che dopo quest'ulteriore promessa il popolo di Israele non abbia più sofferto di malattie infettive, cardiopatie, tumori, artrosi e raffreddori...

Deuteronomio Cap. 7, v. 20 (La Bibbia, libro pungente)

[20]*Anche i calabroni manderà contro di loro il Signore, tuo Dio, finché non siano periti quelli che saranno rimasti illesi o nascosti al tuo sguardo.*

Non sa più che tormento inventarsi il pastore errante per descrivere le piaghe che dio manderebbe ai popoli nemici.
In questo versetto supera di molto il ridicolo.

Deuteronomio Cap. 7, vv. 21- 24
(La Bibbia della distruzione un poco alla volta)

²¹*Non tremare davanti a loro, perché il Signore, tuo Dio, è in mezzo a te, Dio grande e terribile.* ²²*Il Signore, tuo Dio, scaccerà a poco a poco queste nazioni dinanzi a te: tu non le potrai distruggere in fretta, altrimenti le bestie selvatiche si moltiplicherebbero a tuo danno;* ²³*ma il Signore, tuo Dio, le metterà in tuo potere e le getterà in grande spavento, finché siano distrutte.* ²⁴*Ti metterà nelle mani i loro re e tu farai perire i loro nomi sotto il cielo; nessuno potrà resisterti, finché tu le abbia distrutte.*

Adesso capiamo perché la distruzione dei nemici di Israele non poté avvenire in un colpo solo, dio avrebbe potuto, come con una grande esplosione nucleare.
Non poteva perché in quel modo ci sarebbe stata una proliferazione di bestie selvatiche!
Ah bè allora è giustificata anche la lentezza di dio.

Deuteronomio Cap. 7, vv. 25 - 26
(La Bibbia spiegata ai collezionisti di statue di Budda)

²⁵*Darai alle fiamme le sculture dei loro dèi. Non bramerai e non prenderai per te l'argento e l'oro che le ricopre, altrimenti ne resteresti come preso in trappola, perché sono un abominio per il Signore, tuo Dio.* ²⁶*Non introdurrai un abominio in casa tua, perché sarai, come esso, votato allo sterminio. Lo detesterai e lo avrai in abominio, perché è votato allo sterminio.*

Non sognarti di continuare a tenere in casa quella statuina di Budda, tanto carina col pancino di fuori, arriverebbe l'ira di dio e saresti votato allo sterminio.
Ecco perché hai già quel fastidioso mal di testa....
I veri credenti odiano l'arte e la bellezza.

Deuteronomio Cap. 8, vv. 2 – 5 (La Bibbia spiegata ai figli corretti)

²*Ricòrdati di tutto il cammino che il Signore, tuo Dio, ti ha fatto percorrere in questi quarant'anni nel deserto, per umiliarti e metterti alla prova, per sapere quello che avevi*

nel cuore, se tu avresti osservato o no i suoi comandi. ³*Egli dunque ti ha umiliato, ti ha fatto provare la fame, poi ti ha nutrito di manna, che tu non conoscevi e che i tuoi padri non avevano mai conosciuto, per farti capire che l'uomo non vive soltanto di pane, ma che l'uomo vive di quanto esce dalla bocca del Signore.* ⁴*Il tuo mantello non ti si è logorato addosso e il tuo piede non si è gonfiato durante questi quarant'anni.* ⁵*Riconosci dunque in cuor tuo che, come un uomo corregge il figlio, così il Signore, tuo Dio, corregge te.*

Le religioni hanno come loro fondamentale mission quella di umiliare, sottomettere, e, come il padre DEVE umiliare e sottomettere il figlio, impartendo anche punizioni ingiuste, così il sadico dio immaginario si è divertito a portare in giro per il deserto il SUO popolo per ben 40 anni, facendogli provare la fame e raramente nutrendolo a manna, e tutto questo perché era il popolo privilegiato.
Ai popoli bastardi invece dio riserva solo fuoco, piaghe e distruzione.
E mi chiedete perché sono ateo?

Deuteronomio Cap. 9, vv. 5 – 6
(La Bibbia spiegata ai popoli di dura cervice)

⁵*No, tu non entri in possesso della loro terra a causa della tua giustizia, né a causa della rettitudine del tuo cuore; ma il Signore, tuo Dio, scaccia quelle nazioni davanti a te per la loro malvagità e per mantenere la parola che il Signore ha giurato ai tuoi padri, ad Abramo, a Isacco e a Giacobbe.* ⁶*Sappi dunque che non a causa della tua giustizia il Signore, tuo Dio, ti dà il possesso di questa buona terra; anzi, tu sei un popolo di dura cervice.*

Insomma questo dio ha scelto il popolo di Israele non perché è retto e giusto, no, ma perché gli altri sarebbero malvagi.
Ma il contrario di giusto non è proprio malvagio?
Insomma fra tanti popoli tutti uguali dio ne sceglie uno, magari perché aveva fatto una vecchia promessa a degli antenati ed in base a questa scelta quanto mai opinabile difende i privilegiati immeritevoli e stermina tutti gli altri.
Dove starebbe la logica?

Deuteronomio Cap. 9, vv. 17 – 18 (La Bibbia spiegata ai digiunatori)

¹⁷Allora afferrai le due tavole, le gettai con le mie mani, le spezzai sotto i vostri occhi ¹⁸e mi prostrai davanti al Signore. Come avevo fatto la prima volta, per quaranta giorni e per quaranta notti, non mangiai pane né bevvi acqua, a causa del grande peccato che avevate commesso, facendo ciò che è male agli occhi del Signore per provocarlo

Si certo e noi ci crediamo che Mosè rimase per quaranta giorni nel deserto senza pane (e passi) e senza acqua!
Senza acqua 40 giorni nel deserto!
Magari è stato possibile, se si è nutrito a datteri e succhi di frutta, in fondo non sarebbero né pane né acqua!
Il grande illusionista ne ha pensata un'altra delle sue...

Deuteronomio Cap. 11, vv. 16 – 17 (La Bibbia spiegata a Manitou)

¹⁶State in guardia perché il vostro cuore non si lasci sedurre e voi vi allontaniate, servendo dèi stranieri e prostrandovi davanti a loro. ¹⁷Allora si accenderebbe contro di voi l'ira del Signore ed egli chiuderebbe il cielo, non vi sarebbe più pioggia, il suolo non darebbe più i suoi prodotti e voi perireste ben presto, scomparendo dalla buona terra che il Signore sta per darvi.

Ancora una volta ribadisco il concetto: si tratta di un dio arcaico, rozzo, quel dio che i popoli primitivi invocano facendo la danza della pioggia, il dio che fa piovere e che fa uscire il sole, il dio meteorologo, niente di più, niente di nuovo, potrebbe essere chiamato manitou, sarebbe la stessa cosa.

Deuteronomio Cap. 11, v. 29
(La Bibbia spiegata ai disegnatori in bianco e nero)

²⁹Quando il Signore, tuo Dio, ti avrà introdotto nella terra in cui stai per entrare per prenderne possesso, tu porrai la benedizione sul monte Garizìm e la maledizione sul monte Ebal.

Non si capisce cosa dovrebbero starci sul monte della benedizione e su quello della maledizione ed in base a quali criteri dio abbia scelto le due destinazioni d'uso.
Comunque resta il dipinto di una religione in bianco e nero: buono/cattivo, dio/satana, uomo/donna, popolo di dio/infedeli religione giusta/religione abietta.
Sono questi dipinti che fomentano le guerre eterne, dato che la realtà è molto , molto più sfumata.

Deuteronomio Cap. 12, vv. 2 – 3   (La Bibbia spiegata ai cancellini)

²Distruggerete completamente tutti i luoghi dove le nazioni che state per scacciare servono i loro dèi: sugli alti monti, sui colli e sotto ogni albero verde. ³Demolirete i loro altari, spezzerete le loro stele, taglierete i loro pali sacri, brucerete nel fuoco le statue dei loro dèi e cancellerete il loro nome da quei luoghi.

E' esattamente quello che hanno fatto prima gli Ebrei e poi i cattolici, hanno distrutto ogni testimonianza di qualsiasi cultura che non fosse la loro, hanno polverizzato templi, monumenti, sepolcri, hanno bruciato manoscritti, papiri, libri, in modo da impedire alle successive generazioni qualsiasi confronto fra la loro cultura e quella dei perdenti.
I perdenti sono stati diffamati a piacimento dei vincitori, in mancanza di altre testimonianze, o semplicemente cancellati dalla storia. Tanti pensatori, tanti scienziati, tante menti eccelse, non sono mai esistite perché un dio piccolo e geloso ha voluto così.

Deuteronomio Cap. 12, v.19   (La Bibbia spiegata alle mascotte)

¹⁹Guàrdati bene, finché vivrai nel tuo paese, dall'abbandonare il levita.

Povero levita, piccolo e tenero, tesoro di un barboncino indifeso, sarebbe una grande crudeltà abbandonarlo, invece bisogna farlo ingrassare per bene con tante offerte saporite, come il clero di oggi.

Deuteronomio Cap. 13, vv. 2 – 6 (La Bibbia spiegata ai falsi profeti)

²*Qualora sorga in mezzo a te un profeta o un sognatore che ti proponga un segno o un prodigio,* ³*e il segno e il prodigio annunciato succeda, ed egli ti dica: "Seguiamo dèi stranieri, che tu non hai mai conosciuto, e serviamoli",* ⁴*tu non dovrai ascoltare le parole di quel profeta o di quel sognatore, perché il Signore, vostro Dio, vi mette alla prova per sapere se amate il Signore, vostro Dio, con tutto il cuore e con tutta l'anima.* ⁵*Seguirete il Signore, vostro Dio, temerete lui, osserverete i suoi comandi, ascolterete la sua voce, lo servirete e gli resterete fedeli.* ⁶*Quanto a quel profeta o a quel sognatore, egli dovrà essere messo a morte, perché ha proposto di abbandonare il Signore, vostro Dio, che vi ha fatto uscire dalla terra d'Egitto e ti ha riscattato dalla condizione servile, per trascinarti fuori della via per la quale il Signore, tuo Dio, ti ha ordinato di camminare. Così estirperai il male in mezzo a te.*

Come si fa a distinguere i falsi profeti?
Dio non ce lo spiega e quindi ci espone al rischio di credere a sognatori o di non credere ad un vero profeta, anzi, badate bene, anche se ciò che i falsi profeti profetizzano si avvera noi NON dobbiamo seguirli!
Ottimo consiglio, direi, infatti i profeti non sono MAI da seguire, anche se si chiamano Cristo.

Deuteronomio Cap. 13, vv. 7 – 12 (La Bibbia dei talebani)

⁷*Qualora il tuo fratello, figlio di tuo padre o figlio di tua madre, o il figlio o la figlia o la moglie che riposa sul tuo petto o l'amico che è come te stesso t'istighi in segreto, dicendo: "Andiamo, serviamo altri dèi", dèi che né tu né i tuoi padri avete conosciuto,* ⁸*divinità dei popoli che vi circondano, vicini a te o da te lontani da un'estremità all'altra della terra,* ⁹*tu non dargli retta, non ascoltarlo. Il tuo occhio non ne abbia compassione: non risparmiarlo, non coprire la sua colpa.* ¹⁰*Tu anzi devi ucciderlo: la tua mano sia la prima contro di lui per metterlo a morte; poi sarà la mano di tutto il popolo.* ¹¹*Lapidalo e muoia, perché ha cercato di trascinarti lontano dal Signore, tuo Dio, che ti ha fatto uscire dalla terra d'Egitto, dalla condizione servile.* ¹²*Tutto Israele verrà a saperlo, ne avrà timore e non commetterà in mezzo a te una tale azione malvagia.*

L'essenza del cristianesimo: uccidi anche un tuo fratello o un amico se ti vuole convincere a seguire un'altra religione.
Davvero questo libro insegna l'amore.

Degno di commento anche il fatto che questa religione sia da seguire perché avrebbe riscattato Israele dalla situazione servile in Egitto.
E cosa è diventata la situazione del popolo dopo la fuga dall'Egitto se non una schiavitù nei confronti della casta sacerdotale e dei Leviti?

Deuteronomio Cap. 13, vv. 13 – 17 (La Bibbia di Torquemada)

[13]Qualora tu senta dire di una delle tue città che il Signore, tuo Dio, ti dà per abitarvi, [14]che uomini iniqui sono usciti in mezzo a te e hanno sedotto gli abitanti della loro città dicendo: "Andiamo, serviamo altri dèi", dèi che voi non avete mai conosciuto, [15]tu farai le indagini, investigherai, interrogherai con cura. Se troverai che la cosa è vera, che il fatto sussiste e che un tale abominio è stato realmente commesso in mezzo a te, [16]allora dovrai passare a fil di spada gli abitanti di quella città, la dovrai votare allo sterminio con quanto contiene e dovrai passare a fil di spada anche il suo bestiame. [17]Poi radunerai tutto il bottino in mezzo alla piazza e brucerai nel fuoco la città e l'intero suo bottino, sacrificio per il Signore, tuo Dio. Diventerà una rovina per sempre e non sarà più ricostruita.

Fare indagini, investigare, interrogare con cura.
Torquemada sicuramente prese la Bibbia alla lettera, e per millenni è stata presa alla lettera, quando infinite volte si è sterminato in nome della vera religione, si sono distrutte città e passati a fil di spada tutti gli abitanti.
Ma che c'entra il bestiame?
E' possibile convertire ad una religione od un'altra anche un bove?

Deuteronomio Cap. 14, vv. 1 – 2 (La Bibbia delle incisioni sbagliate)

[1]Voi siete figli per il Signore, vostro Dio: non vi farete incisioni e non vi raderete tra gli occhi per un morto. [2]Tu sei infatti un popolo consacrato al Signore, tuo Dio, e il Signore ti ha scelto per essere il suo popolo particolare fra tutti i popoli che sono sulla terra.

Non bisogna farsi incisioni?
E che sarebbe la circo-incisione?
E tanto per sapere vorrei anche sapere cosa ci sia da radere TRA gli occhi!

Deuteronomio Cap. 14, vv. 3 – 20 (La Bibbia spiegata all'irace)

³Non mangerai alcuna cosa abominevole. ⁴Questi sono gli animali che potrete mangiare: il bue, la pecora e la capra; ⁵il cervo, la gazzella, il capriolo, lo stambecco, l'antilope, il bufalo e il camoscio. ⁶Potrete mangiare di ogni quadrupede che ha l'unghia bipartita, divisa in due da una fessura, e che rumina. ⁷Ma non mangerete quelli che ruminano soltanto o che hanno soltanto l'unghia bipartita, divisa da una fessura: il cammello, la lepre, l'iràce, che ruminano ma non hanno l'unghia bipartita. Considerateli impuri. ⁸Anche il porco, che ha l'unghia bipartita ma non rumina, per voi è impuro. Non mangerete la loro carne e non toccherete i loro cadaveri.
⁹Fra tutti gli animali che vivono nelle acque potrete mangiare quelli che hanno pinne e squame; ¹⁰ma non mangerete nessuno di quelli che non hanno pinne e squame. Considerateli impuri.
¹¹Potrete mangiare qualunque uccello puro, ¹²ma delle seguenti specie non dovete mangiare: l'aquila, l'avvoltoio e l'aquila di mare, ¹³il nibbio e ogni specie di falco, ¹⁴ogni specie di corvo, ¹⁵lo struzzo, la civetta, il gabbiano e ogni specie di sparviero, ¹⁶il gufo, l'ibis, il cigno, ¹⁷il pellicano, la fòlaga, l'alcione, ¹⁸la cicogna, ogni specie di airone, l'ùpupa e il pipistrello. ¹⁹Considererete come impuro ogni insetto alato. Non ne mangiate. ²⁰Potrete mangiare ogni uccello puro.

Tornano ripetute più o meno come nel Levitico le follie sugli animali puri od impuri.
In effetti si tratta di pura follia, secondo il mio parere un solo animale può essere definito a ragione impuro: l'homo sapiens.
A solo titolo di esempio non si potrebbero mangiare seppie, calamari, ostriche ed ogni tipo di mollusco, nonché i crostacei.

Deuteronomio Cap. 15, vv. 4 – 6 (La Bibbia spiegata ai banchieri)

⁴Del resto non vi sarà alcun bisognoso in mezzo a voi; perché il Signore certo ti benedirà nella terra che il Signore, tuo Dio, ti dà in possesso ereditario, ⁵purché tu obbedisca fedelmente alla voce del Signore, tuo Dio, avendo cura di eseguire tutti questi comandi, che oggi ti do. ⁶Quando il Signore, tuo Dio, ti benedirà come ti ha promesso, tu farai prestiti a molte nazioni, ma non prenderai nulla in prestito. Dominerai molte nazioni, mentre esse non ti domineranno.

Sembra la parabola del popolo ebraico, il destino di gestire la moneta e di guadagnare con i prestiti (agli altri popoli, naturalmente). Ma è anche la parabola della Chiesa Cattolica, delle sue banche, del suo immenso impero finanziario, lo stato vaticano è quello che non prende prestiti ma ne fa e che arricchisce gestendo un patrimonio infinito, facendo finta di fare la carità.

Deuteronomio Cap. 17, vv. 2 – 5 (La Bibbia dei lanciatori di pietre)

²Qualora si trovi in mezzo a te, in una delle città che il Signore, tuo Dio, sta per darti, un uomo o una donna che faccia ciò che è male agli occhi del Signore, tuo Dio, trasgredendo la sua alleanza, ³che vada e serva altri dèi, prostrandosi davanti a loro, davanti al sole o alla luna o a tutto l'esercito del cielo, contro il mio comando, ⁴quando ciò ti sia riferito o tu ne abbia sentito parlare, informatene diligentemente. Se la cosa è vera, se il fatto sussiste, se un tale abominio è stato commesso in Israele, ⁵farai condurre alle porte della tua città quell'uomo o quella donna che avrà commesso quell'azione cattiva e lapiderai quell'uomo o quella donna, così che muoia.

Il capitolo 16 riporta rimasticamenti di precetti più volte ripetuti, quindi non lo commento.
Anche il concetto che il diversamente credente vada lapidato non è nuovo, ma io vi chiedo:
in che cosa è migliore la Bibbia rispetto al Corano se entrambi i libri premiano i lanciatori di pietre?
Dalle mie parti si dice che sono i pazzi a lanciare le pietre contro altra gente, mi pare che il detto popolare ci azzecchi.

Deuteronomio Cap. 17, vv. 8 – 10 (La Bibbia degli infallibili)

⁸Quando in una causa ti sarà troppo difficile decidere tra assassinio e assassinio, tra diritto e diritto, tra percossa e percossa, in cose su cui si litiga nelle tue città, ti alzerai e salirai al luogo che il Signore, tuo Dio, avrà scelto. ⁹Andrai dai sacerdoti leviti e dal giudice in carica in quei giorni, li consulterai ed essi ti indicheranno la sentenza da pronunciare. ¹⁰Tu agirai in base a quello che essi ti indicheranno nel luogo che il Signore avrà scelto e avrai cura di fare quanto ti avranno insegnato.

La giustizia secondo il libro "sacro": per qualsiasi controversia ci si rivolge al sacerdote e la sua decisione sarà sacra, perché, naturalmente, ispirata da dio.
Da millenni la Chiesa, evidentemente ispirata da questi versetti, rivendica il diritto all'ultima parola su qualsiasi controversia, logicamente interpretano la Bibbia alla lettera (quando fa loro comodo).

Deuteronomio Cap. 17, vv. 15 – 17 (La Bibbia spiegata ai re)

15dovrai costituire sopra di te come re colui che il Signore, tuo Dio, avrà scelto. Costituirai sopra di te come re uno dei tuoi fratelli; non potrai costituire su di te uno straniero che non sia tuo fratello. 16Ma egli non dovrà procurarsi un gran numero di cavalli né far tornare il popolo in Egitto per procurarsi un gran numero di cavalli, perché il Signore vi ha detto: "Non tornerete più indietro per quella via!". 17Non dovrà avere un gran numero di mogli, perché il suo cuore non si smarrisca; non abbia grande quantità di argento e di oro.

Una delle prescrizioni più disattese di tutta la Bibbia, ma si sa, le leggi valgono per il popolo, mica per i potenti!
Sia i re che si susseguirono alla guida del popolo di Israele, sia gli attuali capi di Stato e Presidenti del Consiglio, hanno riempito le loro reggie di cavalli, argento ed oro e soprattutto donne (mogli, concubine, amanti od escort che fossero).
E la stessa cosa hanno fatto naturalmente i membri della casta sacerdotale!
Ma si sa che questo dio ha un occhio di riguardo per i detentori del potere...

Deuteronomio Cap. 18, vv. 1 – 4 (La Bibbia spiegata ai frugali)

1 I sacerdoti leviti, tutta la tribù di Levi, non avranno parte né eredità insieme con Israele; vivranno dei sacrifici consumati dal fuoco per il Signore e della sua eredità. 2Non avrà alcuna eredità tra i suoi fratelli: il Signore è la sua eredità, come gli ha promesso. 3Questo sarà il diritto dei sacerdoti sul popolo, su quelli che offriranno come sacrificio un capo di bestiame grosso o minuto: essi daranno al sacerdote la spalla, le due mascelle e lo stomaco. 4Gli darai le primizie del tuo frumento, del tuo mosto e del tuo olio, e le primizie della tosatura del tuo bestiame minuto.

La grande invenzione della casta sacerdotale: loro non posseggono beni, non ereditano e non lasciano eredità, ma vivono delle offerte dei fedeli. Sembrerebbe una dura condanna essere sacerdote, ma i fatti dimostrano il contrario: vivono senza lavorare e le offerte che ricevono (non sono solo quelle qui elencate) consentono loro di spassarsela da nababbi alle spalle del loro popolo, esattamente come il clero di oggi, che non possiede formalmente i beni di cui gode, ma che se la passa davvero molto bene e soprattutto accumula beni incommensurabili.

Deuteronomio Cap. 18, vv. 10 – 12 (La Bibbia spiegata agli aruspici)

[10]*Non si trovi in mezzo a te chi fa passare per il fuoco il suo figlio o la sua figlia, né chi esercita la divinazione o il sortilegio o il presagio o la magia,* [11]*né chi faccia incantesimi, né chi consulti i negromanti o gli indovini, né chi interroghi i morti,* [12]*perché chiunque fa queste cose è in abominio al Signore.*

E cosa facevano o fanno i sacerdoti se non "divinare" e cioè cercare di comprendere cosa desideri od intenda fare il "divino"?
E cosa fa un esorcista se non togliere un incantesimo?
Il fatto è che i sacerdoti vogliono l'esclusiva della ciarlataneria.

Deuteronomio Cap. 18, vv. 20 – 22
(La Bibbia spiegata ancora agli aruspici)

[20]*Ma il profeta che avrà la presunzione di dire in mio nome una cosa che io non gli ho comandato di dire, o che parlerà in nome di altri dèi, quel profeta dovrà morire".* [21]*Forse potresti dire nel tuo cuore: "Come riconosceremo la parola che il Signore non ha detto?".* [22]*Quando il profeta parlerà in nome del Signore e la cosa non accadrà e non si realizzerà, quella parola non l'ha detta il Signore. Il profeta l'ha detta per presunzione. Non devi aver paura di lui.*

Certo che se si valutassero i profeti come veri o falsi in base al realizzarsi delle loro profezie, avrebbero la vita molto difficile, ma ci sono trucchi semplicissimi per non farsi mai smascherare:

1) Fare profezie a lunga distanza, diciamo che se profetizzo un avvenimento che dovrà realizzarsi fra un millennio è difficile che sarò smascherato, almeno entro l'arco di tempo utile per me.
2) Fare "profezie" di eventi già accaduti. In questo ambito rientra la famosa profezia del terzo mistero di Fatima, svelato dopo che l'evento era accaduto.
3) Fare profezie molto generiche, del tipo: "nel 2013 nel mondo ci saranno molte guerre"
4) In caso di mancato avverarsi di una profezia positiva la scusa è sempre la stessa: "voi avete peccato e dio è adirato con voi".

Deuteronomio Cap. 19, vv. 11 – 13
(La Bibbia spiegata a Sergio Leone)

11Ma se un uomo odia il suo prossimo, gli tende insidie, l'assale, lo percuote in modo da farlo morire e poi si rifugia in una di quelle città, 12gli anziani della sua città lo manderanno a prendere di là e lo consegneranno nelle mani del vendicatore del sangue, perché sia messo a morte. 13L'occhio tuo non lo compianga; così estirperai da Israele lo spargimento del sangue innocente e sarai felice.

Sono prescrizioni già scritte in modo quasi identico nei precedenti libri del Pentateuco, ma che voglio di nuovo riportare per l'orrore che scaturisce da queste righe, in cui si autorizza la faida, la vendetta tribale.
Nessuno può dire che queste prescrizioni siano un refuso, o l'esito di una digestione particolarmente difficoltosa del pastore errante, NO sono precetti che, dato che sono ripetuti costantemente, sono LEGGE, la legge del far west.

Deuteronomio Cap. 19, v.21 (La Bibbia del mondo di ciechi)

21Il tuo occhio non avrà compassione: vita per vita, occhio per occhio, dente per dente, mano per mano, piede per piede.

Quando si dice parlar chiaro...
Alla solita obiezione e cioè che questi siano precetti non attuali, ormai abbandonati dalla Chiesa Cattolica, faccio presente che ancora oggi la

dottrina ufficiale della Chiesa di Roma ammette la pena di morte, in casi eccezionali.
Evidentemente la predicazione dell'occhio per occhio ha avuto il suo formidabile effetto, non solo lungo i bui secoli del medioevo, ma anche al giorno d'oggi: il clero semplicemente non riesce a concepire una giustizia ragionevole, basata su criteri moderni di tutela della società e di rieducazione del reo, e che escluda la vendetta dal Diritto.

Deuteronomio Cap. 20, vv.13 – 14 (La Bibbia spiegata ai cannibali)

13Quando il Signore, tuo Dio, l'avrà data nelle tue mani, ne colpirai a fil di spada tutti i maschi, 14ma le donne, i bambini, il bestiame e quanto sarà nella città, tutto il suo bottino, li prenderai come tua preda. Mangerai il bottino dei tuoi nemici, che il Signore, tuo Dio, ti avrà dato.

Solita istigazione al genocidio del "mein kampf" … Pardon della Bibbia.
Solito ordine di uccidere tutti i maschi e solita raccomandazione di razziare come preda le donne, i bambini ed il bestiame. Al solito le donne vengono accomunate ai cammelli.
Ma l'ultimo periodo è davvero carino: il bottino di guerra può essere mangiato, quindi, se la logica non è acqua, se donne e bambini fanno parte del bottino ed il bottino può essere mangiato, deduco che donne e bambini possano essere mangiati!

Deuteronomio Cap. 20, vv.19 – 20 (La Bibbia spiegata al pero)

19Quando cingerai d'assedio una città per lungo tempo, per espugnarla e conquistarla, non ne distruggerai gli alberi colpendoli con la scure; ne mangerai il frutto, ma non li taglierai: l'albero della campagna è forse un uomo, per essere coinvolto nell'assedio? 20Soltanto potrai distruggere e recidere gli alberi che saprai non essere alberi da frutto, per costruire opere d'assedio contro la città che è in guerra con te, finché non sia caduta.

Che gli alberi da frutta siano rispettati mi sta bene, ma che gli esseri umani siano rispettati meno di un pero mi sta meno bene!

E comunque tutte le tecniche di assedio in ogni epoca, specie nelle guerre "volute da dio" prevede di fare terra bruciata intorno al nemico in modo da prenderlo per fame e per sete.

Deuteronomio Cap. 21, vv.1 – 8 (La Bibbia degli spezzatori di colli)

[1] *Se nel paese di cui il Signore, tuo Dio, sta per darti il possesso, si troverà un uomo ucciso, disteso nella campagna, senza che si sappia chi l'abbia ucciso,* [2]*i tuoi anziani e i tuoi giudici usciranno e misureranno la distanza fra l'ucciso e le città dei dintorni.* [3]*Allora gli anziani della città più vicina all'ucciso prenderanno una giovenca che non abbia ancora lavorato né portato il giogo.* [4]*Gli anziani di quella città faranno scendere la giovenca presso un corso d'acqua corrente, in un luogo dove non si lavora e non si semina e là spezzeranno la nuca alla giovenca.* [5]*Si avvicineranno poi i sacerdoti, figli di Levi, poiché il Signore, tuo Dio, li ha scelti per servirlo e per dare la benedizione nel nome del Signore e la loro parola dovrà decidere ogni controversia e ogni caso di lesione.* [6]*Allora tutti gli anziani di quella città che sono i più vicini al cadavere, si laveranno le mani sulla giovenca a cui sarà stata spezzata la nuca nel torrente.* [7]*Prendendo la parola diranno: "Le nostre mani non hanno sparso questo sangue e i nostri occhi non l'hanno visto spargere.* [8]*Signore, libera dalla colpa il tuo popolo Israele, che tu hai redento, e non imputare al tuo popolo Israele sangue innocente!". Quel sangue, per quanto li riguarda, resterà espiato*

Nel caso si rinvenga casualmente un cadavere sembrerebbe logico fare una seria inchiesta per cercare di scoprire se vi sia stato un delitto e trovare il colpevole, ma NON nel libro degli assurdi:
si spezza il collo ad una giovenca della città più vicina, ci si lava le mani col suo sangue, i sacerdoti recitano che loro non hanno sparso sangue (a parte quello della povera giovenca) e tutto torna a posto, l'assassino è salvo.

Deuteronomio Cap. 21, vv.10 – 14 (La Bibbia spiegata ai manicure)

[10]*Se andrai in guerra contro i tuoi nemici e il Signore, tuo Dio, te li avrà messi nelle mani e tu avrai fatto prigionieri,* [11]*se vedrai tra i prigionieri una donna bella d'aspetto e ti sentirai legato a lei tanto da volerla prendere in moglie,* [12]*te la condurrai a casa. Ella si raderà il capo, si taglierà le unghie,* [13]*si leverà la veste che portava quando fu presa, dimorerà in casa tua e piangerà suo padre e sua madre per un mese intero; dopo, potrai*

unirti a lei e comportarti da marito verso di lei e sarà tua moglie. [14]*Se in seguito non ti sentissi più di amarla, la lascerai andare per suo conto, ma non potrai assolutamente venderla per denaro né trattarla come una schiava, perché tu l'hai disonorata.*

Il maschio ha il potere assoluto sulle donne, figurarsi sulle donne bottino di guerra, potrà portarla a casa, insieme alle altre mucche (pardon donne) e "sposarla", potendola ripudiare in ogni momento, lasciandola andare (probabilmente verso morte sicura), ma non potrà trattarla come schiava perché è disonorata.
Come dire che queste donne-bottino hanno uno status sociale anche inferiore alle schiave, che forse qualche diritto l'avevano!

Deuteronomio Cap. 21, vv.18 – 21
(La Bibbia spiegata ai bamboccioni)

[18]*Se un uomo avrà un figlio testardo e ribelle che non obbedisce alla voce né di suo padre né di sua madre e, benché l'abbiano castigato, non dà loro retta,* [19]*suo padre e sua madre lo prenderanno e lo condurranno dagli anziani della città, alla porta del luogo dove abita,* [20]*e diranno agli anziani della città: "Questo nostro figlio è testardo e ribelle; non vuole obbedire alla nostra voce, è un ingordo e un ubriacone".* [21]*Allora tutti gli uomini della sua città lo lapideranno ed egli morirà. Così estirperai da te il male, e tutto Israele lo saprà e avrà timore.*

Basta poco per un giovane israeliano per finire lapidato, bere un po' troppo o mangiare troppo, essere pigro, fare tardi la sera ed è finita, sommersi da un cumulo di pietre.
Si condanna a morte per ubriachezza, secondo la giustizia, del libro sacro.
 Spero che i giovani leggano davvero la Bibbia, anzi, che venga letta integralmente a scuola, e la facciano commentare liberamente, come sto facendo io con questo libro, in tal caso non resterebbe un solo giovane disposto a credere a questa orrenda religione.

Deuteronomio Cap. 21, vv.22 – 23 (La Bibbia spiegata agli impiccati)

²²*Se un uomo avrà commesso un delitto degno di morte e tu l'avrai messo a morte e appeso a un albero, ²³il suo cadavere non dovrà rimanere tutta la notte sull'albero, ma lo seppellirai lo stesso giorno, perché l'appeso è una maledizione di Dio e tu non contaminerai il paese che il Signore, tuo Dio, ti dà in eredità.*

Il vendicatore può impiccare il colpevole, ma non può lasciarlo penzolare a lungo, deve provvedere a seppellirlo, appena abbia tirato le cuoia.
Infatti dio ama si la giustizia-fai-da-te, come nel far west, ma vuole che sia fatta con un certo senso estetico, che diamine!

Deuteronomio Cap. 22, v.5 (La Bibbia spiegata a Versace)

⁵*La donna non si metterà un indumento da uomo né l'uomo indosserà una veste da donna, perché chiunque fa tali cose è in abominio al Signore, tuo Dio.*

Dio che diventa stilista, che decide quali indumenti uomo e donna possono indossare, cosa sia un abito da donna e cosa sia abito da uomo.
Per secoli anche in Italia una donna che indossasse pantaloni era guardata con sospetto, grazie alle fandonie scritte in un libro scritto qualche millennio fa.
Mi risulta che anche gli antichi sacerdoti indossassero gonne, così come quelli che abbiamo ai nostri tempi, come mai i sacerdoti non sono puniti da dio?

Deuteronomio Cap. 22, vv.6 – 7 (La Bibbia dei ladri di nidi)

⁶*Quando, cammin facendo, troverai sopra un albero o per terra un nido d'uccelli con uccellini o uova e la madre che sta covando gli uccellini o le uova, non prenderai la madre che è con i figli. ⁷Lascia andar via la madre e prendi per te i figli, perché tu sia felice e goda lunga vita.*

Felicità è rubare dei nidi
con dentro i pulcini,
ma senza la mamma

la felicità
felicità
felicità....
(su musica di Albano Carrisi)

Deuteronomio Cap. 22, vv.9 – 11 (La Bibbia contro i mixer)

⁹*Non seminerai nella tua vigna semi di due specie diverse, perché altrimenti tutto il prodotto di ciò che avrai seminato e la rendita della vigna diventerà cosa sacra.* ¹⁰*Non devi arare con un bue e un asino aggiogati assieme.* ¹¹*Non ti vestirai con un tessuto misto, fatto di lana e di lino insieme.*

Quando ho letto di questo brano, postato da un amico su Facebook, non volevo crederci, ho pensato: NO, non sarà vero, sarà un'invenzione, una cattiva traduzione, sarà tratto dalla Bibbia dei testimoni di Geova..
Ed invece è tutto vero, autentica Bibbia CEI, quella vera, nessun errore.
Nella stessa vigna non devo piantare vitigni di Sangiovese e Montepulciano insieme, altrimenti l'uva diventa cosa sacra e quindi, immagino, appannaggio dei leviti.
Ma, affinché non sia considerata la stessa vigna, a che distanza devono stare le due varietà di uva?
Per quanto riguarda i tessuti sto già provvedendo a redimermi dal peccato, sto bruciando tutte le maglie misto-lana.

Deuteronomio Cap. 22, v.12 (La Bibbia-Vogue)

¹²*Metterai fiocchi alle quattro estremità del mantello con cui ti copri.*

Ok già nella Genesi abbiamo visto come a dio piaccia confezionare vestiti e disegnarne i modelli, per il popolo e per i sacerdoti.
Ma non ha previsto che i capi passino di moda?
Perché se adottassimo una moda immutabile, che mestiere faremmo fare ai dipendenti di Vogue?

Deuteronomio Cap. 22, v.13 – 19 (La Bibbia spiegata all'A.V.I.S.)

¹³*Se un uomo sposa una donna e, dopo essersi unito a lei, la prende in odio,* ¹⁴*le attribuisce azioni scandalose e diffonde sul suo conto una fama cattiva, dicendo: "Ho preso questa donna, ma quando mi sono accostato a lei non l'ho trovata in stato di verginità",* ¹⁵*il padre e la madre della giovane prenderanno i segni della verginità della giovane e li presenteranno agli anziani della città, alla porta.* ¹⁶*Il padre della giovane dirà agli anziani: "Ho dato mia figlia in moglie a quest'uomo; egli l'ha presa in odio* ¹⁷*ed ecco, le attribuisce azioni scandalose, dicendo: Non ho trovato tua figlia in stato di verginità; ebbene, questi sono i segni della verginità di mia figlia", e spiegheranno il panno davanti agli anziani della città.* ¹⁸*Allora gli anziani di quella città prenderanno il marito, lo castigheranno* ¹⁹*e gli imporranno un'ammenda di cento sicli d'argento, che daranno al padre della giovane, per il fatto che ha diffuso una cattiva fama contro una vergine d'Israele.*

Comincia qui una serie di orrende prescrizioni sulle donne.
Se un maschio accusa ingiustamente sua moglie di non essere stata vergine all'atto del matrimonio, quest'uomo subirà un'ammenda d 100 sicli, ben altra sorte toccherebbe invece alla donna, come vedremo, se invece l'accusa si rivelasse giusta!
Ma il padre e la madre della donna come faranno a mostrare il panno sporco di sangue; da dove lo prendono, chi l'avrebbe custodito fino al giudizio degli anziani?
E come faranno gli anziani a sapere se quel sangue era proprio il sangue di quella donna ?
Follie maschiliste!

Deuteronomio Cap. 22, vv. 20 – 21 (La Bibbia spiegata alle iene)

²⁰*Ma se la cosa è vera, se la giovane non è stata trovata in stato di verginità,* ²¹*allora la faranno uscire all'ingresso della casa del padre e la gente della sua città la lapiderà a morte, perché ha commesso un'infamia in Israele, disonorandosi in casa del padre. Così estirperai il male in mezzo a te.*

Il seguito del precedente commento, nel caso la donna non fosse vergine all'atto del matrimonio: LAPIDAZIONE.
Magari risultava non vergine perché aveva un imene elastico od un imene poco sviluppato, ed il sangue non era rilevabile, sarebbero stati comunque

ottimi motivi per condannarla a morte, la rottura del sigillo fa decadere la garanzia.
Un appunto: solo le donne e le iene hanno la vagina con l'imene, noi facciamo dipendere l'onore da una banale pellicina, residuo embrionale di nessuna utilità pratica, comune solo ad una animale neanche tanto simpatico, come la iena.

Deuteronomio Cap. 22, vv. 22 – 26
(La Bibbia della violenza nascosta)

²²Quando un uomo verrà trovato a giacere con una donna maritata, tutti e due dovranno morire: l'uomo che è giaciuto con la donna e la donna. Così estirperai il male da Israele.
²³Quando una fanciulla vergine è fidanzata e un uomo, trovandola in città, giace con lei, ²⁴condurrete tutti e due alla porta di quella città e li lapiderete a morte: la fanciulla, perché, essendo in città, non ha gridato, e l'uomo perché ha disonorato la donna del suo prossimo. Così estirperai il male in mezzo a te. ²⁵Ma se l'uomo trova per i campi la fanciulla fidanzata e facendole violenza giace con lei, allora dovrà morire soltanto l'uomo che è giaciuto con lei, ²⁶ma non farai nulla alla fanciulla.

Per quanto crudele la legge sugli adulteri è almeno paritetica: tutti e due a morte e non se ne parli più.
Nel caso di una vergine e fidanzata che venga presa con la forza da un uomo, violentata, perché di questo si parla, le sanzioni sono pesanti perché viene danneggiata la ragazza-merce promessa in sposa.
Differente è la folle decisione sulla punizione, a seconda se la violenza sia accaduta in città od in campagna!
Se il fatto avveniva in città la donna veniva sempre lapidata insieme al maschio, perché si presumeva che se avesse gridato l'avrebbero sentita e la violenza non sarebbe avvenuta.
Evidentemente le città ebraiche erano silenziosissime, ed un grido nella notte veniva udito a centinaia di metri di distanza, traversava le pareti e c'erano sempre pronti i vicini ad accorrere PRIMA che il delitto fosse portato a compimento...
Nel caso opposto, di violenza fatta nei campi, allora solo l'uomo verrebbe messo a morte, perché si presume che la donna abbia gridato ma nessuno l'abbia potuto udire.

Ma chi ci dice che non ci fosse stato qualche contadino nei pressi che avrebbe potuto ascoltare le grida della violentata? E, ma nel caso non ci fosse stato nessuno, che ne sappiamo se la ragazza abbia gridato o no?

Deuteronomio Cap. 22, vv. 28 – 29 (La Bibbia della merce avariata)

[28] Se un uomo trova una fanciulla vergine che non sia fidanzata, l'afferra e giace con lei e sono colti in flagrante, [29] l'uomo che è giaciuto con lei darà al padre della fanciulla cinquanta sicli d'argento; ella sarà sua moglie, per il fatto che egli l'ha disonorata, e non potrà ripudiarla per tutto il tempo della sua vita.

Se la ragazza non è fidanzata non c'è problema: la si può violentare tranquillamente, purché poi la si sposi e si risarcisca il padre con 50 sicli (una miseria...)
Insomma se uno è proprio uno sgorbio e viene rifiutato da una bella donna, non deve scoraggiarsi, basta che la violenti e sarà sua per sempre, per tutta la vita.
L'opinione della donna?
Conta meno di zero.

Deuteronomio Cap. 23, v.1 (La Bibbia della poliandria)

[1] *Nessuno sposerà una moglie del padre, né solleverà il lembo del mantello paterno.*

Mi pare una prescrizione assurda: se una donna è moglie di un uomo ovvio che non può andare in moglie ad un altro, indipendentemente dal fatto che si tratti del padre del pretendente, se invece è stata ripudiata dal padre, non è più sua moglie, non si capisce perché non potrebbe essere sposata dal figlio.
Anche se la prescrizione di non sollevare il lembo del mantello paterno è chiaramente simbolica, suscita comunque ilarità, e si ricollega al precedente episodio in cui Cam fu punito per aver visto il padre nudo.
Follie bibliche.

Deuteronomio Cap. 23, vv. 2 – 3 (La Bibbia spiegata ai bastardi)

²*Non entrerà nella comunità del Signore chi ha i testicoli schiacciati o il membro mutilato.* ³*Il bastardo non entrerà nella comunità del Signore; nessuno dei suoi, neppure alla decima generazione, entrerà nella comunità del Signore.*

Vecchie prescrizioni queste in cui si disprezza chi ha malformazioni sessuali, e nuova discriminazione contro i "bastardi", non meglio definiti. (Sarebbero i figli illegittimi?).

Deuteronomio Cap. 23, vv. 4 – 7 (La Bibbia dell'odio eterno)

⁴*L'Ammonita e il Moabita non entreranno nella comunità del Signore; nessuno dei loro discendenti, neppure alla decima generazione, entrerà nella comunità del Signore.* ⁵*Non vi entreranno mai, perché non vi vennero incontro con il pane e con l'acqua nel vostro cammino, quando uscivate dall'Egitto, e perché, contro di te, hanno pagato Balaam, figlio di Beor, da Petor in Aram Naharàim, perché ti maledicesse.* ⁶*Ma il Signore, tuo Dio, non volle ascoltare Balaam, e il Signore, tuo Dio, mutò per te la maledizione in benedizione, perché il Signore, tuo Dio, ti ama.* ⁷*Non cercherai né la loro pace né la loro prosperità; mai, finché vivrai.*

La Bibbia non istiga solo all'odio contro i nemici, istiga all'odio ETERNO, insanabile, perpetuato di generazione in generazione fino alla soluzione finale da parte di uno dei contendenti.
E' un peccato mortale cercare la pace e la prosperità di chi magari millenni prima ci era stato nemico.

Deuteronomio Cap. 23, vv. 10 – 12 (La Bibbia spiegata ai disertori)

¹⁰*Quando uscirai e ti accamperai contro i tuoi nemici, guàrdati da ogni cosa cattiva.* ¹¹*Se si trova qualcuno in mezzo a te che non sia puro a causa di una polluzione notturna, uscirà dall'accampamento e non vi entrerà.* ¹²*Verso sera si laverà con acqua e dopo il tramonto del sole potrà rientrare nell'accampamento.*

Un ottimo suggerimento per quelli che di rischiare la propria vita in battaglia proprio non se la sentono:

una bella masturbazione la notte prima della battaglia ed il giorno dopo fate presente di non essere puri.
Si torna con gli altri solo dopo il tramonto del sole, a battaglia finita, mica si può scannare i nemici se si è avuta una polluzione!

Deuteronomio Cap. 23, v. 19 (La Bibbia spiegata ai cani salariati)

[19]*Non porterai nel tempio del Signore, tuo Dio, il dono di una prostituta né il salario di un cane, qualunque voto tu abbia fatto, poiché tutti e due sono abominio per il Signore, tuo Dio.*

La Bibbia ce l'ha con le povere prostitute, che in fondo fanno un servizio sociale, specie in una società così tragicamente sessuofobica come quella dei tempi di Mosè, ma qualcuno mi spiega cos'è il salario di un cane?

Deuteronomio Cap. 24, v. 1   (La Bibbia dei libelli)

[1] *Quando un uomo ha preso una donna e ha vissuto con lei da marito, se poi avviene che ella non trovi grazia ai suoi occhi, perché egli ha trovato in lei qualche cosa di vergognoso, scriva per lei un libello di ripudio e glielo consegni in mano e la mandi via dalla casa* [2]*Se ella, uscita dalla casa di lui, va e diventa moglie di un altro marito* [3]*e anche questi la prende in odio, scrive per lei un libello di ripudio, glielo consegna in mano e la manda via dalla casa o se quest'altro marito, che l'aveva presa per moglie, muore,* [4]*il primo marito, che l'aveva rinviata, non potrà riprenderla per moglie, dopo che lei è stata contaminata, perché sarebbe abominio agli occhi del Signore.*

Facile la vita per il maschio mosaico: si scrive qualche giudizio relativo alla moglie su un libello, lo si consegna a lei e via, avanti la prossima!
Non è prevista ulteriore valutazione da parte di nessuno, il marito è giudice supremo.
Ma se la moglie, dopo essere stata regolarmente con un altro, torna libera perché il secondo marito è morto, il primo non potrebbe più riprenderla, perché la donna è "contaminata"
Come mai queste donne si contaminano facilmente ed i maschi non si contaminano mai?

Deuteronomio Cap. 24, v. 14-15 (La Bibbia spiegata a Marchionne)

14Non defrauderai il salariato povero e bisognoso, sia egli uno dei tuoi fratelli o uno dei forestieri che stanno nella tua terra, nelle tue città. 15Gli darai il suo salario il giorno stesso, prima che tramonti il sole, perché egli è povero e a quello aspira. Così egli non griderà contro di te al Signore e tu non sarai in peccato.

Capito, Marchionne? Una volta stabilito un salario, l'operaio non va defraudato, procedendo ad una revisione unilaterale del contratto.
La legge mosaica è migliore dei tuoi contratti-capestro.

Deuteronomio Cap. 24, v. 16 (La Bibbia spiegata ai confusi)

16Non si metteranno a morte i padri per una colpa dei figli, né si metteranno a morte i figli per una colpa dei padri. Ognuno sarà messo a morte per il proprio peccato.

Sarebbe finalmente una prescrizione giusta ed in linea con il diritto moderno:
la responsabilità è personale.
Peccato che dovunque nella Bibbia si ripeta all'infinito che le colpe dei padri ricadono sui figli fino alla settima generazione.
Un poco meno di confusione nel libro ispirato da dio sarebbe meglio.

Deuteronomio Cap. 25, vv. 1-3
(La Bibbia della modica quantità di frustate)

1 Quando sorgerà una lite fra alcuni uomini e verranno in giudizio, i giudici che sentenzieranno, assolveranno l'innocente e condanneranno il colpevole. 2Se il colpevole avrà meritato di essere fustigato, il giudice lo farà stendere per terra e fustigare in sua presenza, con un numero di colpi proporzionato alla gravità della sua colpa. 3Gli farà dare non più di quaranta colpi, perché, aggiungendo altre battiture a queste, la punizione non risulti troppo grave e il tuo fratello resti infamato ai tuoi occhi.

Le punizioni corporali sono un'altra barbarie della legge di dio insieme alla lapidazione, alla vendetta personale ed all'"occhio per occhio".

Ma dio è misericordioso ed allora prescrive la modica quantità di quaranta frustate.

Deuteronomio Cap. 25, v.4 (La Bibbia spiegata al bue)

⁴*Non metterai la museruola al bue mentre sta trebbiando.*

Ok anche io so capire le allegorie, E' evidente che il pastore errante intendesse che, in un contesto festoso e di prosperità, come durante la trebbiatura, bisogna essere magnanimi e lasciare che buoi o persone mangino in abbondanza ed occorre lasciare qualcosa anche per i poveri.
Comunque questa breve frase, inserita nel capitolo come cavolo a merenda, suona assurda.
Di sicuro la Bibbia non è un libro scritto bene.

Deuteronomio Cap. 25, vv. 7 – 10 (La Bibbia delle cognate racchie)

⁷*Ma se quell'uomo non ha piacere di prendere la cognata, ella salirà alla porta degli anziani e dirà: "Mio cognato rifiuta di assicurare in Israele il nome del fratello; non acconsente a compiere verso di me il dovere di cognato".* ⁸*Allora gli anziani della sua città lo chiameranno e gli parleranno. Se egli persiste e dice: "Non ho piacere di prenderla",* ⁹*allora sua cognata gli si avvicinerà in presenza degli anziani, gli toglierà il sandalo dal piede, gli sputerà in faccia e proclamerà: "Così si fa all'uomo che non vuole ricostruire la famiglia del fratello".* ¹⁰*La sua sarà chiamata in Israele la famiglia dello scalzato.*

A volte la legge divina è dura anche con i maschi, magari un uomo ha una cognata impresentabile, bruttissima, col fiato puzzolente e con i peli anche sulla lingua:
sarà comunque obbligato a sposarla ed a farci un figlio, così vuole la legge. Altrimenti la cognata sarà autorizzata a togliergli un sandalo dal piede ed a sputargli in faccia.
- E l'amore?
- Si l'amore...

Deuteronomio Cap. 25, vv. 11 – 12
(La Bibbia spiegata a chi dà una mano)

¹¹*Se alcuni verranno a contesa fra di loro e la moglie dell'uno si avvicinerà per liberare il marito dalle mani di chi lo percuote e stenderà la mano per afferrare costui nelle parti vergognose,* ¹²*tu le taglierai la mano. Il tuo occhio non dovrà avere compassione.*

Non conviene ad una donna di Israele intervenire in una mischia fra uomini, perché, se nel tentativo di dividere i galli dovesse toccare i genitali di maschi che non siano il marito, le verrebbe mozzata la mano, senza alcuna compassione.
Qui suona bene dire: **e che cazzo!**

Deuteronomio Cap. 27, vv. 11 – 12 (La Bibbia delle pietre vergini)

⁴*Quando dunque avrete attraversato il Giordano, erigerete sul monte Ebal queste pietre, come oggi vi comando, e le intonacherete di calce.* ⁵*Là costruirai anche un altare al Signore, tuo Dio, un altare di pietre non toccate da strumento di ferro.* ⁶*Costruirai l'altare del Signore, tuo Dio, con pietre intatte, e sopra vi offrirai olocausti al Signore, tuo Dio.* ⁷*Offrirai sacrifici di comunione, là ne mangerai e ti rallegrerai davanti al Signore, tuo Dio.* ⁸*Scriverai su quelle pietre tutte le parole di questa legge, con scrittura ben chiara".*

Che si pretenda la verginità dalle donne passi, ma che la si pretenda anche dalle pietre mi pare un poco troppo.

Deuteronomio Cap. 28, vv. 16 – 44 (La Bibbia dei mal dicenti)

¹⁶*sarai maledetto nella città e maledetto nella campagna.* ¹⁷*Maledette saranno la tua cesta e la tua madia.* ¹⁸*Maledetto sarà il frutto del tuo grembo e il frutto del tuo suolo, sia i parti delle tue vacche sia i nati delle tue pecore.* ¹⁹*Maledetto sarai quando entri e maledetto quando esci.* ²⁰*Il Signore lancerà contro di te la maledizione, la costernazione e la minaccia in ogni lavoro a cui metterai mano, finché tu sia distrutto e perisca rapidamente a causa delle tue azioni malvagie, per avermi abbandonato.* ²¹*Il Signore ti attaccherà la peste, finché essa non ti abbia eliminato dal paese in cui stai per entrare per prenderne possesso.* ²²*Il Signore ti colpirà con la consunzione, con la febbre, con*

l'infiammazione, con l'arsura, con la siccità, con il carbonchio e con la ruggine, che ti perseguiteranno finché tu non sia perito. ²³*Il cielo sarà di bronzo sopra il tuo capo e la terra sotto di te sarà di ferro.* ²⁴*Il Signore darà come pioggia alla tua terra sabbia e polvere, che scenderanno dal cielo su di te, finché tu sia distrutto.* ²⁵*Il Signore ti farà sconfiggere dai tuoi nemici: per una sola via andrai contro di loro e per sette vie fuggirai davanti a loro. Diventerai oggetto di orrore per tutti i regni della terra.* ²⁶*Il tuo cadavere diventerà pasto di tutti gli uccelli del cielo e degli animali della terra e nessuno li scaccerà.*
²⁷*Il Signore ti colpirà con le ulcere d'Egitto, con bubboni, scabbia e pruriti, da cui non potrai guarire.* ²⁸*Il Signore ti colpirà di delirio, di cecità e di pazzia,* ²⁹*così che andrai brancolando in pieno giorno come il cieco brancola nel buio. Non riuscirai nelle tue imprese, sarai ogni giorno oppresso e spogliato e nessuno ti aiuterà.* ³⁰*Ti fidanzerai con una donna e un altro la possederà. Costruirai una casa, ma non vi abiterai. Pianterai una vigna e non ne potrai cogliere i primi frutti.* ³¹*Il tuo bue sarà ammazzato sotto i tuoi occhi e tu non ne mangerai. Il tuo asino ti sarà portato via in tua presenza e non tornerà più a te. Il tuo gregge sarà dato ai tuoi nemici e nessuno ti aiuterà.* ³²*I tuoi figli e le tue figlie saranno consegnati a un popolo straniero, mentre i tuoi occhi vedranno e languiranno di pianto per loro ogni giorno, ma niente potrà fare la tua mano.* ³³*Un popolo che tu non conosci mangerà il frutto del tuo suolo e di tutta la tua fatica. Sarai oppresso e schiacciato ogni giorno.* ³⁴*Diventerai pazzo per ciò che i tuoi occhi dovranno vedere.* ³⁵*Il Signore ti colpirà alle ginocchia e alle cosce con un'ulcera maligna, dalla quale non potrai guarire. Ti colpirà dalla pianta dei piedi alla sommità del capo.* ³⁶*Il Signore deporterà te e il re, che ti sarai costituito, in una nazione che né tu né i tuoi padri avete conosciuto. Là servirai dèi stranieri, dèi di legno e di pietra.* ³⁷*Diventerai oggetto di stupore, di motteggio e di scherno per tutti i popoli fra i quali il Signore ti avrà condotto.*
³⁸*Porterai molta semente al campo e raccoglierai poco, perché la locusta la divorerà.* ³⁹*Pianterai vigne e le coltiverai, ma non berrai vino né coglierai uva, perché il verme le roderà.* ⁴⁰*Avrai oliveti in tutta la tua terra, ma non ti ungerai di olio, perché le tue olive cadranno immature.* ⁴¹*Genererai figli e figlie, ma non saranno tuoi, perché andranno in prigionia.* ⁴²*Tutti i tuoi alberi e il frutto del tuo suolo saranno preda di un esercito d'insetti.* ⁴³*Il forestiero che sarà in mezzo a te si innalzerà sempre più sopra di te e tu scenderai sempre più in basso.* ⁴⁴*Egli farà un prestito a te e tu non lo farai a lui. Egli sarà in testa e tu in coda.*

In realtà ho riportato solo un piccolo brano delle maledizioni del Deuteronomio, che a me oggi paiono semplicemente ridicole, ma cercate di immaginare lo spaventoso effetto che potessero fare ad un popolo timorato di dio, convinto che ci fosse davvero un'entità capace di mandare

le malattie, la fame, la siccità e che decida di farlo, magari perché ci si è masturbati.
A questa religione non si aderisce per convinzione e per amore, ci si aderisce col terrore delle punizioni divine e terrene.

Deuteronomio Cap. 28, vv. 63 – 64 (La Bibbia del dio sadico)

63Come il Signore gioiva a vostro riguardo nel beneficarvi e moltiplicarvi, così il Signore gioirà a vostro riguardo nel farvi perire e distruggervi. Sarete strappati dal paese in cui stai per entrare per prenderne possesso. 64Il Signore ti disperderà fra tutti i popoli, da un'estremità all'altra della terra. Là servirai altri dèi, che né tu né i tuoi padri avete conosciuto, dèi di legno e di pietra.

Il signore che gioisce nel farci perire e distruggerci.
E poi non venitemi a raccontare del dio buono e misericordioso, si tratta solo di invenzioni per edulcorare la pillola.
Questa è la religione del terrore, l'adorazione di un mostro assetato di sangue.

Deuteronomio Cap. 31, v. 16 (La Bibbia dell'ecumenismo)

16Il Signore disse a Mosè: "Ecco, tu stai per addormentarti con i tuoi padri. Questo popolo si alzerà e si leverà per prostituirsi con dèi stranieri nella terra dove sta per entrare. Mi abbandonerà e infrangerà l'alleanza che io ho stabilito con lui.

Chi segue un'altra religione si prostituisce.
Ecco il livello di tolleranza e di laicità delle religioni monoteistiche, in particolare di quella cattolica che ha fatto proprio questo libro.
A me invece pare che a prostituire la propria mente siano TUTTI quelli che decidono di credere ad un'organizzazione religiosa.

Deuteronomio Cap. 32, vv. 22 – 25 (La Bibbia dei pessimi poeti)

²²*Un fuoco si è acceso nella mia collera
e brucerà fino alla profondità degl'inferi;
divorerà la terra e il suo prodotto
e incendierà le radici dei monti.
²³Accumulerò sopra di loro i malanni;
le mie frecce esaurirò contro di loro.
²⁴Saranno estenuati dalla fame,
divorati dalla febbre e da peste dolorosa.
Il dente delle belve manderò contro di loro,
con il veleno dei rettili che strisciano nella polvere.
²⁵Di fuori la spada li priverà dei figli,
dentro le case li ucciderà lo spavento.
Periranno insieme il giovane e la vergine,
il lattante e l'uomo canuto.*

Questo è un estratto del cantico del capitolo 42, in cui dio, come al solito, dà il meglio di sé in ferocia.
Il Deuteronomio si distingue come il libro delle maledizioni.
Dal punto di vista poetico il capitolo non mi pare valga granché.

Deuteronomio Cap. 32, v. 42 (La Bibbia spiegata a Neruda)

⁴²*Inebrierò di sangue le mie frecce,
si pascerà di carne la mia spada,
del sangue dei cadaveri e dei prigionieri,
delle teste dei condottieri nemici!"*.

Anche in questi versi dio fa capire chiaramente come la pensa.
Non servono altri commenti.

**Deuteronomio Cap. 33, vv. 8 - 9
(La Bibbia spiegata a chi non riconosce i parenti)**

⁸*Per Levi disse:*

*"Da' a Levi i tuoi tummìm
e i tuoi urìm all'uomo a te fedele,
che hai messo alla prova a Massa,
per cui hai litigato presso le acque di Merìba;
⁹a lui che dice del padre e della madre:
"Io non li ho visti",
che non riconosce i suoi fratelli
e ignora i suoi figli.
Essi osservano la tua parola
e custodiscono la tua alleanza,*

Come pretenderà anche Gesù dai suoi fedeli, il vero credente è quel fanatico che disconosce anche la sua famiglia, per seguire il fantasma di un dio illusorio.

Deuteronomio Cap. 33, vv. 16 – 17 (La Bibbia dei cozzatori)

*¹⁶Il favore di colui che abitava nel roveto
Venga sul capo di Giuseppe,
sulla testa del principe tra i suoi fratelli!
¹⁷Come primogenito di toro, egli è d'aspetto maestoso
e le sue corna sono di bufalo;
con esse cozzerà contro i popoli,
tutti insieme, sino ai confini della terra.*

Un modo esemplare di presentare e benedire Giuseppe, che sicuramente promette di ben seguire le orme di criminale di guerra percorse da Mosè.

Deuteronomio Cap. 33, v. 20 (La Bibbia degli sbranatori di crani)

*²⁰Per Gad disse:
"Benedetto colui che amplia Gad!
Come una leonessa ha la sede,
sbranò un braccio e anche un cranio;*

Un'altra felice espressione di questa romantica poesia.
Si sa che la Bibbia è il libro dell'amore.

Deuteronomio Cap. 33, v. 29 (La Bibbia spiegata agli adulatori)

*29Te beato, Israele! Chi è come te,
popolo salvato dal Signore?
Egli è lo scudo della tua difesa
e la spada del tuo trionfo.
I tuoi nemici vorranno adularti,
ma tu calcherai il loro dorso".*

Se sono riuscito a penetrare il senso profondo ed esistenziale di questi versi:
anche quando i nemici si prostrano per adulare il vincitore, il popolo eletto da dio "calcherà" il loro dorso. Bravi!

Deuteronomio Cap. 34, vv. 5 – 7 (La Bibbia spiegata ai tombaroli)

5Mosè, servo del Signore, morì in quel luogo, nella terra di Moab, secondo l'ordine del Signore. 6Fu sepolto nella valle, nella terra di Moab, di fronte a Bet-Peor. Nessuno fino ad oggi ha saputo dove sia la sua tomba. 7Mosè aveva centoventi anni quando morì.

Il fatto che la tomba di Mosè non fosse mai stata trovata non depone affatto bene per sostenere la storicità del personaggio, infatti gli storici affermano che tutto il racconto di Mosè , la schiavitù in Egitto, la fuga, e naturalmente le tavole della legge siano pura invenzione letteraria (di pessima qualità aggiungo io).
Ma quanti cattolici sono convintissimi che Mosè sia davvero esistito?

COMMENTO FINALE AL DEUTERONOMIO

Il Deuteronomio è un pessimo libro, sia perché è una ripetizione infinita di concetti già espressi nei primi 4 libri e di eventi già raccontati, sia perché calca ancora di più la mano sulle minacce di un dio iroso e bilioso, insistendo per pagine e pagine con le maledizioni che dio lancia contro chiunque si macchi di qualsiasi colpa, a cominciare dalla più grave, quella di credere in altri dei.

Insomma la casta sacerdotale assume sempre più il potere e sempre più lo esercita con la forza e con le minacce delle punizioni divine e di quelle terrene ben più reali.

Il libro finisce con la morte di Mosè, questo personaggio totalmente inventato, ma che la fisicità dell'iconografia sacra, a cominciare dalla statua di Michelangelo, esposta nella basilica di san Pietro, lo fa apparire come concreto, realmente esistito, liberatore di un popolo dalle grinfie del Faraone e condottiero fino al benessere della terra promessa.

PICCOLA BIBLIOTECA DEL LIBERO PENSIERO

Di solito nei libri che si rispettino a questo punto c'è la bibliografia.
Nel mio caso ho premesso che avrei fatto una lettura della bibbia **Non** mediata, e pertanto non riporto una vera e propria bibliografia, ma alcuni libri che vorrei consigliare, scritti da autori che si sono cimentati nel compito di leggere criticamente i "sacri" testi e di smontare i dogmi della religione.

LA VIA LATTEA, Piergiorgio Odifreddi, Sergio Valzania, Longanesi, 2008

L'ILLUSIONE DI DIO, Richard Dawkins, Mondatori, 2007

PERCHE' NON POSSIAMO DIRCI CRISTIANI (E meno che mai cattolici), Piergiorgio Odifreddi , Longanesi, 2007

PERCHE' NON SONO CRISTIANO, Bertrand Russell, Tea editrice, 1999

POVERO CRISTO , Mario Trevisan, Lulu ed. 2009

STORIA CRIMINALE DEL CRISTIANESIMO, Karlheinz Deschner, Ariele , 2000-2010

TRATTATO DI ATEOLOGIA, Michel Onfray, Fazi, 2005

INDICE

	Pag.
Prefazione	3
Introduzione	5
Genesi	7
Genesi Cap. 1, vv. 11-15 (La Bibbia spiegata ai botanici)	9
Genesi Cap. 1, v. 21 (La Bibbia spiegata a Loch Ness)	9
Genesi Cap. 1, v. 26 (La Bibbia spiegata agli anatomisti)	9
Genesi Cap. 1, v.26 (La Bibbia spiegata agli animalisti)	10
Genesi Cap. 1, vv. 27-28 (la Bibbia spiegata ai coerenti)	10
Genesi cap. 1, v. 30 (La Bibbia spiegata ai vegetariani)	11
Genesi Cap. 2, vv. 4-6 (la Bibbia spiegata ai rabdomanti)	11
Genesi Cap. 2, v.7 (La Bibbia spiegata ai vasai)	12
Genesi Cap. 2, vv. 8-14 (la Bibbia spiegata all'Istituto Geografico)	12
Genesi Cap. 2, vv. 16-17 (la Bibbia spiegata ai fruttivendoli)	13
Genesi Cap. 2, vv. 18-20 (La Bibbia spiegata agli smemorati)	13
Genesi Cap. 2, vv. 21-25 (La Bibbia spiegata alle donne)	13
Genesi Cap. 3, vv. 1-5 (La Bibbia spiegata al povero serpente)	14
Genesi Cap. 3, vv. 6-13 (La Bibbia spiegata ai ricercatori)	14
Genesi Cap. 3, vv.14-15 (la Bibbia spiegata ai biologi)	15
Genesi Cap. 3, v. 16 (La Bibbia spiegata alle ostetriche)	16
Genesi Cap. 17 vv. 17-19 (La Bibbia spiegata ancora ai vegetariani)	17
Genesi Cap. 3, vv. 20-24 (La Bibbia spiegata ai sarti)	17
Genesi Cap. 4, vv. 2-7 (la Bibbia spiegata agli agnelli)	18
Genesi Cap. 4, vv.8-16 (La Bibbia spiegata agli assassini)	19
Genesi Cap. 4, vv. 17-22 (La Bibbia spiegata ad Edipo)	19
Genesi Cap. 4, vv. 23-24 (La Bibbia spiegata ai poligami)	20
Genesi Cap. 4, vv. 25-26 (la Bibbia spiegata alle puerpere)	21
Genesi Cap. 5, vv. 1-5 (La Bibbia spiegata ai geriatri)	21
Genesi Cap. 5, vv. 21-29 (la Bibbia spiegata ai genetisti)	21
Genesi Cap. 6, vv. 1-3 (La Bibbia spiegata ad Asimov)	22
Genesi Cap. 6, v. 4 (La Bibbia spiegata a Polifemo)	23
Genesi Cap. 6, vv. 5-8 (La Bibbia spiegata agli animali)	23
Genesi Cap. 6, vv. 13-16 (La Bibbia spiegata ai cantieristi)	23
Genesi Cap.6, vv. 17-22 (La Bibbia spiegata agli alimentaristi)	24
Genesi Cap. 7, vv. 1-5 (La Bibbia spiegata ai matematici)	25
Genesi Cap. 7, vv. 10-16 (La Bibbia spiegata ai maggiordomi)	25
Genesi Cap. 7, vv. 17-22 (La Bibbia spiegata ai meteorologi)	26
Genesi Cap. 8, vv. 1-5 (La Bibbia spiegata ancora ai meteorologi)	26

Genesi Cap. 8, vv. 18-21 (La Bibbia spiegata ai macellai 27
Genesi Cap.9, vv. 1-5 (La Bibbia spiegata agli esperti biblisti) 27
Genesi Cap. 9, v. 7 (La Bibbia spiegata ai demografi) 28
Genesi Cap. 9, vv. 8-11 (La Bibbia spiegata a Pinocchio) 29
Genesi Cap. 9, vv. 13-16 (La Bibbia spiegata agli ottici) 29
Genesi Cap. 9, vv. 20-23 (La Bibbia spiegata ai nudisti) 30
Genesi Cap. 9, vv. 24-27 (La Bibbia spiegata ai razzisti) 30
Genesi Cap. 10, vv. 1-32 (La Bibbia spiegata agli storici) 31
Genesi Cap. 11, vv. 1-9 (La Bibbia spiegata ai muratori) 32
Genesi Cap. 11, vv. 10-32 (La Bibbia spiegata ai creduloni) 33
Genesi Cap. 12, vv. 2-3 (La Bibbia spiegata agli imperialisti) 34
Genesi Cap. 12, vv. 11-15 (La Bibbia spiegata ai protettori) 34
Genesi Cap. 12, vv. 16-20 (La Bibbia spiegata ai mariti liberali) 35
Genesi Cap. 13, vv. 6-9 (La Bibbia spiegata ai geometri) 35
Genesi Cap. 13, vv. 11-17 (La Bibbia spiegata ai sodomiti) 36
Genesi Cap. 14, vv. 11-12 (La Bibbia spiegata ai vincitori) 36
Genesi Cap. 15, vv. 8-11 (La Bibbia spiegata agli squartatori di bestiame) 37
Genesi Cap. 15, vv.17-21 (La Bibbia spiegata agli imperialisti) 37
Genesi Cap. 16, vv. 1 - 4 (La Bibbia spiegata ai poligami) 38
Genesi Cap. 16, vv. 6 - 9 (La Bibbia spiegata agli schiavisti) 38
Genesi Cap. 16, vv. 11-12 (La Bibbia spiegata agli asini) 39
Genesi Cap. 17, vv. 6-8 (La Bibbia spiegata alle vittime) 39
Genesi Cap. 17, vv. 9-14 (La Bibbia spiegata ai bambini intagliati) 40
Genesi Cap. 17, vv. 23-27 (La Bibbia spiegata agli intagliatori di prepuzi) 40
Genesi Cap. 18, vv. 17-20 (La Bibbia spiegata a Gianna Nannini) 41
Genesi Cap. 18, vv. 22-32 (La Bibbia spiegata ai piazzisti) 41
Genesi Cap. 19, vv. 4-8 (La Bibbia spiegata ai violentatori) 42
Genesi Cap. 19, vv. 23-26 (La Bibbia spiegata ai neonati) 43
Genesi Cap. 19, vv. 30-38 (La Bibbia spiegata agli incestuosi) 43
Genesi Cap. 20, vv. 1-7 (La Bibbia spiegata agli smemorati) 44
Genesi Cap. 20, vv. 11-13 (La Bibbia spiegata alle mogli-sorelle) 45
Genesi Cap. 20, vv. 17-18 (La Bibbia spiegata alle donne sterili) 45
Genesi Cap. 21, vv. 9-12 (La Bibbia spiegata agli illegittimi) 46
Genesi Cap. 21, vv. 14-20 (La Bibbia spiegata ai diseredati) 46
Genesi Cap. 22, vv. 1-12 (La Bibbia spiegata ai bambini sgozzati) 47
Genesi Cap. 24, vv. 2-4 (La Bibbia spiegata ai palpeggiatori) 48
Genesi Cap. 24, vv. 15-16 (La Bibbia spiegata alle verginelle) 48
Genesi Cap. 24, vv. 22-23 (La Bibbia spiegata agli orafi) 48
Genesi Cap. 24, vv. 34-36 (La Bibbia spiegata agli schiavisti) 49
Genesi Cap. 24, vv. 50-54 (La Bibbia spiegata ai venditori di figlie) 49

Genesi Cap. 24, vv. 65-67 (La Bibbia spiegata alle donne islamiche)   50
Genesi Cap. 25, vv.5-6 (La Bibbia spiegata ai Presidenti del Consiglio)   50
Genesi Cap. 25 vv. 20-21
(La Bibbia spiegata ai ricercatori sulla fecondazione assistita)   51
Genesi Cap. 25 vv. 29-34 (La Bibbia spiegata ai cuochi)   51
Genesi Cap. 26 vv. 6-11 (La Bibbia spiegata ai recidivi)   52
Genesi Cap. 27 vv. 1-17 (La Bibbia spiegata ai truffatori)   52
Genesi Cap. 28 vv. 1-2 (La Bibbia spiegata ancora ai razzisti)   53
Genesi Cap.28 vv. 8-9 (La Bibbia spiegata ancora una volta ai poligami)   54
Genesi Cap. 28 vv. 14-15 (La Bibbia spiegata agli espansionisti)   54
Genesi Cap. 28 vv. 16-17 (La Bibbia spiegata ai terrorizzati)   54
Genesi Cap. 28 vv. 20-22 (La Bibbia spiegata ai riscossori del pizzo)   55
Genesi Cap. 29 (La Bibbia spiegata ai consanguinei)   55
Genesi Cap. 29 vv. 21-30 (La Bibbia spiegata alle cognate)   56
Genesi Cap. 30 vv. 1-13 (La Bibbia spiegata agli scambisti)   56
Genesi Cap. 30 vv. 14-21 (La Bibbia spiegata ancora agli scambisti)   57
Genesi Cap. 30 vv. 37-43 (La Bibbia spiegata a Mendel)   58
Genesi Cap. 31 vv. 4-13 (La Bibbia spiegata ai ladri di bestiame)   59
Genesi Cap. 31 vv. 14-21 (La Bibbia spiegata ai ladri di idoli)   59
Genesi Cap. 32 vv. 25-33 (La Bibbia spiegata agli ortopedici)   60
Genesi Cap. 34 vv. 1-5 (La Bibbia degli stupratori)   61
Genesi Cap. 34 vv. 11-17 (La Bibbia dei mercanti di donne)   61
Genesi Cap. 34 vv. 21-24 (La Bibbia spiegata agli opportunisti)   62
Genesi Cap. 34 vv. 25-31 (La Bibbia spiegata agli spergiuri)   62
Genesi Cap. 35 vv. 2-4 (La Bibbia spiegata agli idolatri)   63
Genesi Cap. 35 vv. 5-10 (La Bibbia spiegata ai rastrellatori)   64
Genesi Cap. 35 vv. 21-22 (La Bibbia spiegata ai triolisti)   64
Genesi Cap. 36 vv. 17-30
   (La Bibbia spiegata ai digitatori random di tastiere)   65
Genesi Cap.37 vv. 2-4 (La Bibbia degli spioni)   65
Genesi Cap. 37 vv. 5-10 (La Bibbia spiegata ai presuntuosi)   66
Genesi Cap. 37 vv. 18-24 (La Bibbia spiegata ai fratelli)   66
Genesi Cap. 37 vv. 25-28 (La Bibbia dei commercianti di fratelli)   67
Genesi Cap. 37 vv. 29-35 (La Bibbia spiegata ai mentitori)   67
Genesi Cap. 38 vv. 6-7
   (La Bibbia spiegata a chi nasce col nome sbagliato)   68
Genesi Cap. 38 vv. 8-10 (La Bibbia spiegata agli onanisti)   68
Genesi Cap. 38 vv. 12-18 (La Bibbia spiegata ai clienti di prostitute)   69
Genesi Cap. 38 vv. 24-25 (La Bibbia spiegata ai rosticcieri)   70
Genesi Cap. 38 vv. 27-30 (La Bibbia spiegata agli incestuosi)   70
Genesi Cap. 39 vv. 11-20 (La Bibbia spiegata ai misogini)   70
Genesi Cap. 41 vv. 1-8 (La Bibbia spiegata agli indovini)   71

Genesi Cap. 41 vv. 56-57 (La Bibbia spiegata agli strozzini) 72
Genesi Cap. 43 vv. 1-2 (La Bibbia spiegata ancora agli affamati) 72
Genesi Cap. 44 vv. 30-34 (La Bibbia spiegata sempre agli affamati) 73
Genesi Cap. 47 vv. 15-17 (La Bibbia spiegata ai cravattari) 73
Genesi Cap. 47 vv. 18- 22 (La Bibbia spiegata ai latifondisti) 74
Genesi Cap. 47 vv. 28-31 (La Bibbia spiegata a chi non ama giurare) 74
Genesi Cap. 48 vv. 12-15 (La Bibbia spiegata ai perdenti) 75
Genesi Cap. 49 3-4 (La Bibbia dei vecchi rancorosi) 75
Genesi Cap. 49 vv. 17-18(La Bibbia spiegata ai velenosi) 75
Genesi Cap. 49 vv. (La Bibbia dei lupi che sbranano) 76
Genesi Cap. 49 vv. (La Bibbia dei lupi che sbranano) 76
Commento finale alla Genesi 77
Esodo 79
Esodo Cap. 1 vv. 6-10 (La Bibbia spiegata ai conigli) 81
Esodo Cap. 1 vv. 15-22 (La Bibbia spiegata alla Hatù) 81
Esodo Cap. 2 vv. 1-10 (La Bibbia spiegata a pollicino) 82
Esodo Cap. 2 vv. 11-15 (La Bibbia spiegata agli assassini) 82
Esodo Cap. 2 vv. 23-25 (La Bibbia spiegata agli Alzheimer) 83
Esodo Cap. 3 vv. 1-6 (La Bibbia spiegata ai pompieri) 83
Esodo Cap. 3 vv. 7-8 (La Bibbia spiegata ai Gebusei, ai Perizziti etc.) 84
Esodo Cap. 3 vv. 19-22 (La Bibbia spiegata agli sciacalli) 84
Esodo Cap. 4 vv. 1-4 (La Bibbia spiegata a Silvan) 85
Esodo Cap. 4 vv. 6-9 (La Bibbia spiegata al C.I.C.A.P.) 85
Esodo Cap. 4 vv. 13-17 (La Bibbia spiegata ai portavoce) 86
Esodo Cap. 4 vv. 21-23 (La Bibbia spiegata ai sadici) 86
Esodo Cap. 4 vv. 14-16 (La Bibbia mai spiegata) 87
Esodo Cap. 6 vv. 11-12 (La Bibbia spiegata ai chirurghi plastici) 87
Esodo Cap. 7 vv.8-13 (La Bibbia spiegata ad Houdini) 88
Esodo Cap. 7 vv. 20-22 (La Bibbia spiegata ai logici) 88
Esodo Cap. 8 vv. 1-3 (La Bibbia spiegata ai deficienti) 89
Esodo Cap.9 vv. 13-18 (La Bibbia spiegata ai megalomani) 89
Esodo Cap. 9 vv. 22-25 (La Bibbia spiegata ai piromani) 90
Esodo Cap. 10 vv. 25-27 (La Bibbia spiegata ai politici) 90
Esodo Cap. 11 vv. 1-3 (La Bibbia spiegata agli arraffatori) 90
Esodo Cap. 11 vv. 4-7 (La Bibbia spiegata agli innocenti) 91
Esodo Cap. 12 vv. 3-9 (La Bibbia spiegata a Vissani) 91
Esodo Cap. 12 vv. 10-11 (La Bibbia spiegata ai ripetenti) 92
Esodo Cap. 12 vv.12-14 (La Bibbia spiegata agli untori) 92
Esodo Cap. 12 vv. 15-20 (La Bibbia spiegata ai fornai) 93
Esodo Cap. 12 vv. 35-36 (La Bibbia spiegata a diabolik) 94
Esodo Cap. 12 vv. 43-48 (La Bibbia spiegata ai leghisti) 94
Esodo Cap. 13 vv. 6-8 (La Bibbia spiegata al saccharomyces cervisiae) 95
Esodo Cap. 13 vv. 11-15 (La Bibbia spiegata agli asini) 95

Esodo Cap. 13 vv. 18-22 (La Bibbia spiegata alla Oto-Melara) 96
Esodo Cap. 14 vv. 1-4 (La Bibbia spiegata a Napoleone) 96
Esodo Cap. 14 vv. 15-18 (La Bibbia spiegata a De Sade) 97
Esodo Cap. 14 vv. 21-23 (La Bibbia spiegata ai geografi) 97
Esodo Cap. 14 vv. 26-31 (La Bibbia spiegata ai terrorizzati) 98
Esodo Cap. 15 vv. 1-18 (La Bibbia spiegata ai poeti) 99
Esodo Cap. 15 vv. 20-21 (La Bibbia spiegata a Maria) 101
Esodo Cap. 15 vv. 24-26 (La Bibbia spiegata ai guaritori) 101
Esodo Cap. 16 vv. 13-16 (La Bibbia spiegata ai diabetici) 102
Esodo Cap. 16 vv. 27-30
    (La Bibbia spiegata alle cassiere degli ipermercati) 102
Esodo Cap. 16 vv. 35-36
    (La Bibbia spiegata agli addetti dell'ufficio pesi e misure) 103
Esodo Cap. 17 vv. 5-7 (La Bibbia spiegata ai rabdomanti) 103
Esodo Cap. 17 vv. 8-13 (La Bibbia spiegata ai direttori d'orchestra) 103
Esodo Cap. 17 vv. 14-16 (La Bibbia spiegata ai pastori erranti) 104
Esodo Cap. 18 vv. 11-12 (La Bibbia delle innumerevoli divinità) 105
Esodo Cap. 18 vv. 14-23 (La Bibbia spiegata ai giudici) 105
Esodo Cap. 19 vv. 1-2
    (La Bibbia spiegata ai disorientati nel tempo e nello spazio) 106
Esodo Cap. 19 vv. 10-15 (La Bibbia spiegata ai portavoce inaffidabili) 106
Esodo Cap. 19 vv. 16-19 (La Bibbia spiegata ai glottologi) 107
Esodo Cap. 19 vv. 20-24 (La Bibbia spiegata alle iene) 107
Esodo Cap. 20 vv. 1-3 (La Bibbia spiegata DA Fabrizio) 108
Esodo Cap. 20 vv. 4-6 (La Bibbia spiegata alle statue di pio da pietrelcina) 111
Esodo Cap. 20 v. 7(La Bibbia spiegata "grazie a dio") 112
Esodo Cap. 20 vv. 8-11 (La Bibbia spiegata agli infermieri di turno) 112
Esodo Cap. 20 v. 12 (La Bibbia spiegata agli utenti del telefono azzurro) 113
Esodo Cap. 20 v. 13 (La Bibbia spiegata a papa pio IX) 113
Esodo Cap. 20 v. 14 (La Bibbia spiegata a Paolo e Francesca) 114
Esodo Cap. 20 v. 15 (La Bibbia spiegata agli affamati) 115
Esodo Cap. 20 v. 16 (La Bibbia spiegata ai giustiziati) 115
Esodo Cap. 20 v. 17 (La Bibbia spiegata a chi non ha nulla) 116
Esodo Cap. 20 vv. 18-21 (La Bibbia spiegata ai vulcanologi) 116
Esodo Cap. 20 vv. 25-26 (La Bibbia spiegata ai marmisti) 117
Esodo Cap. 21 vv. 2-6 (La Bibbia spiegata a Lincoln) 117
Esodo Cap. 21 vv. 7-11
    (La Bibbia spiegata agli appassionati di bunga bunga) 118
Esodo Cap. 21 (La Bibbia spiegata al boia) 118
Esodo Cap. 21 vv. 18-19 (La Bibbia spiegata allo zoppo) 119
Esodo Cap. 21 vv. 20-21 (La Bibbia spiegata ai venali) 119
Esodo Cap. 21 vv. 22-25 (La Bibbia spiegata a dentisti ed oculisti) 120
Esodo Cap. 21 (La Bibbia spiegata ai buoi) 120

Esodo Cap. 22 vv. 1-2 (La Bibbia spiegata alla banda del buco) 121
Esodo Cap. 22 v. 8 (La Bibbia spiegata ai giuristi) 121
Esodo Cap. 22 vv. 15-16 (La Bibbia spiegata ai commercianti di vergini) 121
Esodo Cap. 22 v. 17 (La Bibbia spiegata a Gargamella) 122
Esodo Cap. 22 v. 18 (La Bibbia spiegata agli animalisti) 122
Esodo Cap. 22 v. 19 (La Bibbia spiegata agli ecumenici) 122
Esodo Cap. 22 vv. 21-23 (La Bibbia spiegata agli speranzosi) 123
Esodo Cap. 22 v. 24(La Bibbia spiegata ai debitori) 123
Esodo Cap. 22 v. 27 (La Bibbia spiegata alle opposizioni) 123
Esodo Cap. 22 (La Bibbia spiegata ai contribuenti) 124
Esodo Cap. 23 v. 8 (La Bibbia spiegata a babbo natale) 124
Esodo Cap. 23 v. 13 (La Bibbia dei paradossi logici) 125
Esodo Cap. 23 v.15 (La Bibbia dei regali prenotati) 125
Esodo Cap. 23 v. 18 (La Bibbia spiegata agli atopici) 125
Esodo Cap. 23 v. 19 (La Bibbia spiegata ai vegani) 125
Esodo Cap. 23 v. 23 (La Bibbia spiegata ai Gebusei) 126
Esodo Cap. 23 vv. 25-26 (La Bibbia spiegata alle puerpere) 126
Esodo Cap. 23 v. 27 (La Bibbia che si ripete) 126
Esodo Cap. 24 v. 8 (La Bibbia spiegata a Dracula) 127
Esodo Cap. 24 vv. 9-11 (La Bibbia del dio con i piedi) 127
Esodo Cap. 25 vv. 1-9 (La Bibbia spiegata ai porporati) 127
Esodo Cap. 25 vv. 10-16 (La Bibbia del lusso sfrenato) 128
Esodo Cap. 26 vv. 1-4 (La Bibbia spiegata a re Mida) 128
Esodo Cap. 28 (La Bibbia spiegata ai cardinali) 129
Esodo Cap. 28 vv. 34-38 (La Bibbia spiegata agli arcivescovi) 130
Esodo Cap. 28 vv. 40-43 (La Bibbia spiegata ai mutandari) 130
Esodo Cap. 29 vv. 10-25 (La Bibbia spiegata ai depezzatori) 131
Esodo Cap. 29 vv. 26- 46 (La Bibbia spiegata ai parassiti) 132
Esodo Cap. 30 vv. 7-10 (La Bibbia spiegata agli illegittimi) 134
Esodo Cap. 30 vv. 11-16 (La Bibbia spiegata ai rapitori) 134
Esodo Cap. 30 vv. 17-38 (La Bibbia spiegata ai profumieri) 135
Esodo Cap. 31 vv. 12-16 (La Bibbia spiegata a Buttiglione) 136
Esodo Cap. 31 v. 18 (La Bibbia spiegata ai teo-anatomisti) 137
Esodo Cap. 32 vv. 1-6 (La Bibbia spiegata ai fonditori) 137
Esodo Cap. 32 vv. 14-16 (La Bibbia spiegata ai grafologi) 138
Esodo Cap. 32 (La Bibbia spiegata agli eretici) 138
Esodo Cap. 32 vv. 25-29 (La Bibbia spiegata ai Catari) 139
Esodo Cap. 32 vv.30-35 (La Bibbia della laicità) 140
Esodo Cap. 33 vv. 1-6 (La Bibbia spiegata agli indecisi) 140
Esodo Cap. 33 v.11
    (La Bibbia del colloquio con dio alle 5 del pomeriggio) 141
Esodo Cap. 33 vv. 12-23 (La Bibbia spiegata ai timidi) 141
Esodo Cap. 34 vv. 5-9 (La Bibbia spiegata ai dissociati) 142

Esodo Cap. 34 vv. 11-16 (La Bibbia spiegata nel ghetto)	143
Esodo Cap. 34 vv. 19-20 (La Bibbia spiegata agli esattori)	143
Esodo Cap. 34 vv. 27-28 (La Bibbia spiegata ai dettatori)	144
Esodo Cap. 34 vv. 29-35 (La Bibbia spiegata a Roentgen)	144
Esodo Cap. 35 vv. 4-19 (La Bibbia spiegata ai piranha)	145
Esodo Cap. 36 vv. 8-38 (La Bibbia spiegata agli inventaristi)	146
Esodo Cap. 37 vv. 6-9	
(La Bibbia dei cherubini, angeli, arcangeli e così via)	147
Esodo Cap. 38 vv. 24-31 (La Bibbia dei quintali d'oro)	148
Esodo Cap. 40 vv. 34-35 (La Bibbia spiegata a bhopal)	148
Commento finale all'Esodo	149
Levitico	151
Levitico Cap. 1 vv. 14-17 (La Bibbia spiegata a ai colombi)	153
Levitico Cap. 2 vv. 1-10 (La Bibbia delle sante oblazioni)	153
Levitico Cap. 3 vv. 12-17 (La Bibbia spiegata alle capre)	154
Levitico Cap. 3 vv. 3-12 (La Bibbia spiegata ai giovenchi)	154
Levitico Cap. 4 vv 1-4 (La Bibbia spiegata ai peccatori "a sua insaputa")	155
Levitico Cap. 5 vv. 7-10 (La Bibbia spiegata ai grassi sacerdoti)	156
Levitico Cap. 5 vv. 18-21 (La Bibbia spiegata agli igienisti)	156
Levitico Cap. 9 (La Bibbia spiegata a James Randi)	157
Levitico Cap. 10 vv. 1-7 (La Bibbia spiegata ai camerieri)	157
Levitico Cap. 10 vv. 16-20 (La Bibbia spiegata ai superstiti)	158
Levitico Cap. 11 vv. 1-28	
(La Bibbia spiegata agli animali con l'unghia bipartita)	158
Levitico Cap. 11 vv. 29-33 (La Bibbia spiegata ai topi striscianti)	160
Levitico Cap. 12 vv. 1-8 (La Bibbia spiegata alle puerpere)	160
Levitico Cap. 13 vv. 1-8 (La Bibbia spiegata ai lebbrosi)	161
Levitico Cap. 14 vv. 1-7 (La Bibbia spiegata agli uccelli-aspersori)	162
Levitico Cap. 14 vv. 1-12 (La Bibbia spiegata ai venerei)	163
Levitico Cap. 14 vv. 16-18 (La Bibbia spiegata agli sboroni)	163
Levitico Cap. 14 vv. 19-22 (La Bibbia spiegata ai ginecologi)	164
Levitico cap.16 vv. 20-22 (La Bibbia spiegata ai mobbizzatori)	164
Levitico cap.16 vv. 29-30 (La Bibbia spiegata agli infallibili)	165
Levitico cap.17 vv. 3-6 (La Bibbia spiegata agli addetti ai mattatoi)	165
Levitico cap.17 v. 7 (La Bibbia spiegata ai diversamente credenti)	166
Levitico cap.17 vv. 10-12 (La Bibbia spiegata ai dissanguatori)	166
Levitico cap. 18 vv. 19,29 (Il ciclo della Bibbia)	167
Levitico cap. 18 vv. 22,29 (La Bibbia spiegata all'arci gay)	167
Levitico cap. 19 v.14 (La Bibbia spiegata agli otorinolaringoiatri)	168
Levitico cap. 19 (La Bibbia spiegata agli umanisti)	168
Levitico cap. 19 v. 19 (La Bibbia spiegata agli ortolani)	169
Levitico cap. 19 vv. 23-25 (La Bibbia spiegata agli sbucciatori di pere)	169
Levitico cap. 19 v. 26 (La Bibbia spiegata ad Aronne)	169

Levitico cap. 19 vv. 27-28 (La Bibbia spiegata ai parrucchieri)	170
Levitico cap. 20 vv. 1-5 (La Bibbia degli immolatori di bambini)	170
Levitico cap. 20 vv. 9-14 (La Bibbia spiegata a Beccaria)	171
Levitico cap. 20 vv. 15-16 (La Bibbia spiegata alle bestie antropofile)	171
Levitico cap.20 v. 18 (La Bibbia del flusso nascosto)	172
Levitico cap. 20 vv. 20-21 (La Bibbia spiegata alla cicogna)	172
Levitico cap.20 vv. 23-24 (La Bibbia spiegata agli autarchici)	172
Levitico cap. 21 vv. 1-4 (La Bibbia spiegata ai necrofori)	173
Levitico cap.21 vv. 5-6 (La Bibbia spiegata ai santi per decreto)	173
Levitico cap. 21 vv. 7-8 (La Bibbia spiegata agli esigenti)	174
Levitico cap.21 (La Bibbia del comma 22)	174
Levitico cap. 21 vv. 13-14 (La Bibbia delle primizie)	174
Levitico cap.21 vv. 16-21 (La Bibbia dell'eugenetica)	175
Levitico cap. 22 vv. 3-6 (La Bibbia che discrimina)	175
Levitico cap. 22 vv. 21-25 (La Bibbia spiegata agli orchitici)	176
Levitico cap. 23 vv. 26-32 (La Bibbia umiliante)	176
Levitico cap.23 vv. 42-43 (La Bibbia dei bungalows)	177
Levitico cap. 24 vv. 1-4 (La Bibbia dell'oro massiccio)	177
Levitico cap.24 (La Bibbia spiegata ai blasfemi)	178
Levitico cap. 24 vv. 17-21 (La Bibbia del taglione)	179
Levitico cap. 25 vv. 10-12 (La Bibbia del giubileo)	179
Levitico cap. 25 vv. 24-28 (La Bibbia spiegata ai comunisti)	180
Levitico cap. 25 vv. 32-34 (La Bibbia spiegata ai pagatori di ICI)	180
Levitico cap. 25 vv. 44-46 (La Bibbia spiegata agli schiavi stranieri)	181
Levitico cap. 26 v.1 (La Bibbia statuaria)	181
Levitico cap.26 vv. 3-5 (La Bibbia della danza della pioggia)	182
Levitico cap. 26 vv. 6-8 (La Bibbia spiegata agli animali estinti)	182
Levitico cap. 26 vv. 14-26 (La Bibbia del buon dio)	183
Levitico cap. 26 vv. 27-33 (La Bibbia spiegata ai cannibali)	184
Levitico cap. 26 vv. 36-41 (La Bibbia spiegata ai cardiochirurghi)	184
Levitico cap. 27 vv. 1-8 (La Bibbia spiegata alle metà)	185
Levitico cap. 27 vv. 14-25 (La Bibbia dell'accumulazione primaria)	185
Levitico cap. 27 vv. 28-29 (La Bibbia degli sterminatori)	186
Levitico cap. 27 vv. 30-33 (La Bibbia dei decimatori)	187
Commento finale al levitico	188
Numeri	189
Numeri Cap. 1 vv. 1-4 (La Bibbia dei generali)	191
Numeri Cap. 1 vv. 47-51 (La Bibbia dei disertori)	191
Numeri Cap. 2 vv. 11-13 (La Bibbia spiegata ai pretestuosi)	192
Numeri Cap. 3 vv. 39-43 (La Bibbia dei troppi parassiti)	192
Numeri Cap. 3 vv. 44-51 (La Bibbia spiegata agli eccedenti)	193
Numeri Cap. 4 vv. 5-13 (La Bibbia spiegata ai metodici)	193
Numeri Cap. 4 vv. 17-20 (La Bibbia spiegata ai pubblicitari)	194

Numeri Cap. 4 vv. 46-49 (La Bibbia spiegata ai trasportatori) 194
Numeri Cap. 5 vv. 1-3 (La Bibbia spiegata ancora ai necrofori) 195
Numeri Cap. 5 vv. 6-10 (La Bibbia spiegata ai penitenti) 195
Numeri Cap. 5 vv. 12-28 (La Bibbia spiegata ai mariti gelosi) 196
Numeri Cap. 5 vv. 29-31 (La Bibbia spiegata alle pie donne) 198
Numeri Cap. 6 (La Bibbia spiegata ai votanti) 198
Numeri Cap. 6 vv. 9-12 (La Bibbia spiegata ai votanti) 199
Numeri Cap. 6 vv. 13-20 (La Bibbia spiegata agli arieti) 199
Numeri Cap. 7 vv. 1-9 (La Bibbia spiegata agli sfigati di Keat) 200
Numeri Cap. 7 vv. 84-88 (La Bibbia spiegata agli inventaristi) 201
Numeri Cap. 8 vv. 5-8 (La Bibbia dell'acqua lustrale) 201
Numeri Cap. 9 vv. 13-14 (La Bibbia spiegata ai diversamente credenti) 201
Numeri Cap. 10 vv. 1-8 (La Bibbia spiegata alle reclute) 202
Numeri Cap. 11, vv. 1-3 (La Bibbia spiegata ai pompieri) 203
Numeri Cap. 11, vv 7-9 (La Bibbia spiegata ai pastai) 203
Numeri Cap. 11, vv. 13-15 (La Bibbia spiegata ai manifestanti) 203
Numeri Cap. 11, vv 31-35 (La Bibbia dove piovono quaglie) 204
Numeri Cap. 12, vv 1- 15 (La Bibbia spiegata a Maria) 205
Numeri Cap. 13, vv 21- 24 (La Bibbia spiegata ai vignaioli) 205
Numeri Cap. 14, vv 32- 38 (La Bibbia spiegata agli esploratori) 206
Numeri Cap. 15, vv 13- 16 (La Bibbia spiegata agli stranieri) 206
Numeri Cap. 15, vv 32- 36 (La Bibbia spiegata ai boscaioli) 207
Numeri Cap. 16, vv. 28- 35
    (La Bibbia che fa mancare la terra da sotto i piedi) 207
Numeri Cap. 17, vv. 1- 5 (La Bibbia spiegata agli amanti del fai da te) 208
Numeri Cap. 17, vv. 8- 15
    (La Bibbia spiegata agli sfortunati che vengono prima) 208
Numeri Cap. 17, vv. 21- 24 (La Bibbia spiegata agli ebanisti) 209
Numeri Cap. 18, vv. 8- 15 (La Bibbia degli insaziabili) 210
Numeri Cap. 19, vv. 17- 22 (La Bibbia spiegata agli innaffiatoi) 210
Numeri Cap. 20, vv. 10- 11 (La Bibbia spiegata ai trivellatori) 211
Numeri Cap. 21, vv. 1- 3 (La Bibbia degli stermini) 211
Numeri Cap. 21, vv. 6- 9 (La Bibbia spiegata agli avvelenati) 212
Numeri Cap. 21, vv. 14- 15 (La Bibbia, il libro delle guerre del signore) 212
Numeri Cap. 21, vv. 29- 30 (La Bibbia, il libro dei devastatori) 212
Numeri Cap. 21, vv. 33- 35 (La Bibbia, il libro che non fa prigionieri) 213
Numeri Cap. 22, vv. 9- 14 (La Bibbia del dio 007) 213
Numeri Cap. 22, vv. 20- 22 (La Bibbia spiegata agli ingannati da dio) 214
Numeri Cap. 23, vv. 23- 24 (La Bibbia spiegata alle prede) 214
Numeri Cap. 24, vv. 7- 8 (La Bibbia del dio tritaossa) 214
Numeri Cap. 24, vv. 17- 19 (La Bibbia spiegata ai fracassatori di crani) 215
Numeri Cap. 25, vv. 1- 5 (La Bibbia spiegata ai meticci) 215
Numeri Cap. 25, vv. 6- 13 (La Bibbia spiegata ai lancieri) 216

Numeri Cap. 26, vv. 63- 65 (La Bibbia spiegata ai morti di sete) 217
Numeri Cap. 30, vv. 4- 9 (La Bibbia spiegata ai votanti) 217
Numeri Cap. 31, vv. 7- 12 (La Bibbia spiegata alle prede) 218
Numeri Cap. 31, vv. 14- 17 (La Bibbia spiegata agli stragisti) 218
Numeri Cap. 31, vv. 21- 24 (La Bibbia dell'acqua lava tutto) 219
Numeri Cap. 31, vv. 48- 54 (La Bibbia della spartizione) 219
Numeri Cap. 32, vv. 2- 5 (La Bibbia spiegata ai popoli stanziali) 220
Numeri Cap. 33, vv. 50- 56 (La Bibbia dell'istigazione all'odio) 220
Numeri Cap. 34, vv. 1- 5 (La Bibbia delle città in regalo) 221
Numeri Cap. 35, vv. 10- 12 (La Bibbia spiegata alla Thyssen -Krupp) 221
Numeri Cap. 35, vv. 16- 19 (La Bibbia del far west) 222
Numeri Cap. 35, vv. 26- 28 (La Bibbia di chi prega la morte del sacerdote) 222
Numeri Cap. 35, v. 33 (La Bibbia spiegata a Beccaria) 223
Numeri Cap. 36, vv. 5-9 (La Bibbia dei cacciatori di dote) 223
Commento finale ai Numeri 225
Deuteronomio 227
Deuteronomio Cap. 2, vv. 30-35 (La Bibbia spiegata a Sicon) 229
Deuteronomio Cap. 3, vv. 3-7 (La Bibbia delle stragi-fotocopia) 229
Deuteronomio Cap. 4, vv. 7-8 (La Bibbia spiegata agli dei distanti) 230
Deuteronomio Cap. 4, vv. 15-18 (La Bibbia iconoclasta) 230
Deuteronomio Cap. 6, vv. 4-9 (La Bibbia spiegata ai grafomani) 231
Deuteronomio Cap. 6, vv. 10-13
   (La Bibbia spiegata agli occupatori di case) 231
Deuteronomio Cap. 7, vv. 1-4 (La Bibbia spiegata alla lega) 232
Deuteronomio Cap. 7, vv. 5-6 (La Bibbia spiegata ad Ipazia) 232
Deuteronomio Cap. 7, vv. 13-15 (La Bibbia delle promesse da marinaio) 233
Deuteronomio Cap. 7, v. 20 (La Bibbia, libro pungente) 233
Deuteronomio Cap. 7, vv. 21- 24
   (La Bibbia della distruzione un poco alla volta) 234
Deuteronomio Cap. 7, vv. 25 - 26
   (La Bibbia spiegata ai collezionisti di statue di Budda) 234
Deuteronomio Cap. 8, vv. 2 – 5 (La Bibbia spiegata ai figli corretti) 234
Deuteronomio Cap. 9, vv. 5 – 6
   (La Bibbia spiegata ai popoli di dura cervice) 235
Deuteronomio Cap. 9, vv. 17 – 18 (La Bibbia spiegata ai digiunatori) 236
Deuteronomio Cap. 11, vv. 16 – 17 (La Bibbia spiegata a Manitou) 236
Deuteronomio Cap. 11, v. 29
   (La Bibbia spiegata ai disegnatori in bianco e nero) 236
Deuteronomio Cap. 12, vv. 2 – 3 (La Bibbia spiegata ai cancellini) 237
Deuteronomio Cap. 12, v.19 (La Bibbia spiegata alle mascotte) 237
Deuteronomio Cap. 13, vv. 2 – 6 (La Bibbia spiegata ai falsi profeti) 238
Deuteronomio Cap. 13, vv. 7 – 12 (La Bibbia dei talebani) 238
Deuteronomio Cap. 13, vv. 13 – 17 (La Bibbia di torquemada) 239

Deuteronomio Cap. 14, vv. 1 – 2 (La Bibbia delle incisioni sbagliate)   239
Deuteronomio Cap. 14, vv. 3 – 20 (La Bibbia spiegata all'irace)   240
Deuteronomio Cap. 15, vv. 4 – 6 (La Bibbia spiegata ai banchieri)   240
Deuteronomio Cap. 17, vv. 2 – 5 (La Bibbia dei lanciatori di pietre)   241
Deuteronomio Cap. 17, vv. 8 – 10 (La Bibbia degli infallibili)   241
Deuteronomio Cap. 17, vv. 15 – 17 (La Bibbia spiegata ai re)   242
Deuteronomio Cap. 18, vv. 1 – 4 (La Bibbia spiegata ai frugali)   242
Deuteronomio Cap. 18, vv. 10 – 12 (La Bibbia spiegata agli aruspici)   243
Deuteronomio Cap. 18, vv. 20 – 22
    (La Bibbia spiegata ancora agli aruspici)   243
Deuteronomio Cap. 19, vv. 11 – 13 (La Bibbia spiegata a Sergio Leone)   244
Deuteronomio Cap. 19, v.21 (La Bibbia del mondo di ciechi)   244
Deuteronomio Cap. 20, vv.13 – 14 (La Bibbia spiegata ai cannibali)   245
Deuteronomio Cap. 20, vv.19 – 20 (La Bibbia spiegata al pero)   245
Deuteronomio Cap. 21, vv.1 – 8 (La Bibbia degli spezzatori di colli)   246
Deuteronomio Cap. 21, vv.10 – 14 (La Bibbia spiegata ai manicure)   246
Deuteronomio Cap. 21, vv.18 – 21 (La Bibbia spiegata ai bamboccioni)   247
Deuteronomio Cap. 21, vv.22 – 23 (La Bibbia spiegata agli impiccati)   247
Deuteronomio Cap. 22, v.5 (La Bibbia spiegata a Versace)   248
Deuteronomio Cap. 22, vv.6 – 7 (La Bibbia dei ladri di nidi)   248
Deuteronomio Cap. 22, vv.9 – 11 (La Bibbia contro i mixer)   249
Deuteronomio Cap. 22, v.12 (La Bibbia-vogue)   249
Deuteronomio Cap. 22, v.13 – 19 (La Bibbia spiegata all'A.V.I.S.)   250
Deuteronomio Cap. 22, vv. 20 – 21 (La Bibbia spiegata alle iene)   250
Deuteronomio Cap. 22, vv. 22 – 26 (La Bibbia della violenza nascosta)   251
Deuteronomio Cap. 22, vv. 28 – 29 (La Bibbia della merce avariata)   252
Deuteronomio Cap. 23, v.1 (La Bibbia della poliandria)   252
Deuteronomio Cap. 23, vv. 2 – 3 (La Bibbia spiegata ai bastardi)   252
Deuteronomio Cap. 23, vv. 4 – 7 (La Bibbia dell'odio eterno)   253
Deuteronomio Cap. 23, vv. 10 – 12 (La Bibbia spiegata ai disertori)   253
Deuteronomio Cap. 23, v. 19 (La Bibbia spiegata ai cani salariati)   254
Deuteronomio Cap. 24, v. 1 (La Bibbia dei libelli)   254
Deuteronomio Cap. 24, v. 14-15 (La Bibbia spiegata a Marchionne)   255
Deuteronomio Cap. 24, v. 16 (La Bibbia spiegata ai confusi)   255
Deuteronomio Cap. 25, vv. 1-3
    (La Bibbia della modica quantità di frustate)   255
Deuteronomio Cap. 25, v.4 (La Bibbia spiegata al bue)   256
Deuteronomio Cap. 25, vv. 7 – 10 (La Bibbia delle cognate racchie)   256
Deuteronomio Cap. 25, vv. 11 – 12
    (La Bibbia spiegata a chi dà una mano)   257
Deuteronomio Cap. 27, vv. 11 – 12 (La Bibbia delle pietre vergini)   257
Deuteronomio Cap. 28, vv. 16 – 44 (La Bibbia dei mal dicenti)   257
Deuteronomio Cap. 28, vv. 63 – 64 (La Bibbia del dio sadico)   259

Deuteronomio Cap. 31, v. 16 (La Bibbia dell'ecumenismo)	259
Deuteronomio Cap. 32, vv. 22 – 25 (La Bibbia dei pessimi poeti)	260
Deuteronomio Cap. 32, v. 42 (La Bibbia spiegata a Neruda)	260
Deuteronomio Cap. 33, vv. 8 – 9 (La Bibbia spiegata a chi non riconosce i parenti)	260
Deuteronomio Cap. 33, vv. 16 – 17 (La Bibbia dei cozzatori)	261
Deuteronomio Cap. 33, v. 20 (La Bibbia degli sbranatori di crani)	261
Deuteronomio Cap. 33, v. 29 (La Bibbia spiegata agli adulatori)	262
Deuteronomio Cap. 34, vv. 5 – 7 (La Bibbia spiegata ai tombaroli)	262
Commento finale al Deuteronomio	263
Piccola biblioteca del libero pensiero	264
Indice	265

www.ingramcontent.com/pod-product-compliance
Lightning Source LLC
Chambersburg PA
CBHW060500090426
42735CB00011B/2056